KB212194

Invitation to John

요한복음과 만나다

신약성서 신학의 정점, 그리스도교 신학의 원천

INVITATION TO JOHN

요한복음과 만나다

신약성서 신학의 정점, 그리스도교 신학의 원천

외르크 프라이 지음 김경민 옮김

비아
VIA

| 차례 |

일러두기

· 역자 주석의 경우 *표시를 해 두었습니다.

· 성서 표기와 인용은 원칙적으로 『공동번역개정판』(1999)을 따르되 원문과 지나치게 차이가 날 경우에는 대한성서공회 판 『새번역』(2001)을 따랐으며 한국어 성서가 모두 원문과 차이가 날 경우에는 옮긴이가 임의로 옮겼음을 밝힙니다.

· 단행본 서적은 『　』표기를, 논문이나 글은 「　」 음악 작품이나 미술 작품은 《　》표기를 사용했습니다.

· 교부 시대의 인명과 지명, 교부들의 저서명은 『교부학 사전』(한국성토마스연구소, 2021)을 따랐습니다.

들어가며

    한국의 독자 여러분, 제가 오랫동안 가장 좋아해 온 책으로 여러 분을 초대합니다. 바로 요한의 복음서(이하 요한복음)입니다. 저는 어 렸을 때부터 이 책을 알고 사랑했으며, 1980년대 튀빙겐 대학교에서 신학을 공부하며 이 복음서의 신학적 깊이와 힘을 알게 되었습니다. 그 뒤 30년 넘게 이 책을 두고 씨름했지만, 여전히 요한복음은 저에 게 가장 매력적인 책으로 남아 있습니다. 널리 알려진, 마르틴 루터 Martin Luther가 신약성서 서문에서 한 말을 빌려 말하면 저는 이 복음서 가 "참되고 온화한 복음서"이며, "다른 세 복음서보다 더 자주 읽어 야 할, 더 소중히 간직해야 할 복음서"라고 생각합니다.[1]

---

1   Martin Luther, 'Vorrede auf das Neue Testament'(1546), *Werke. Kritische Gesamtausgabe. Deutsche Bibel vol. 6* (Weimar: Böhlau, 1906), 10.

이 책에서는 요한복음의 문학성과 신학을 설명하고자 합니다. 첫 번째 장에서는 요한복음의 특징을 살필 것입니다. 요한복음은 다른 복음서와 어떻게 다를까요? 왜 다를까요? 그 배경과 기원에 대해 우리는 무엇을, 얼마나 알 수 있을까요? 두 번째 장에서는 이 "네 번째 복음서"의 신학에 초점을 맞출 것입니다. 요한복음은 그리스도와 성육신에 대해 무엇을 말하고 있을까요? 또한, 하느님과 세상, 신앙에 대해서는 어떤 이야기를 하고 있을까요? 세 번째 장에서는 수백 년 동안 우리가 어떻게 요한복음을 읽어왔는지 돌아보고, 현대 성서학계의 다양한 비판적 질문 및 접근 방식을 간략하게 살필 것입니다. 그런 다음에는 오늘날 우리가 이 복음서 이야기에서 어떤 영감을 받을 수 있는지를, 그리고 어떤 역사적 사실, 흥미로운 신학을 발견할 수 있는지를 제시하려 합니다.

책을 쓰는 동안 저는 일반 독자, 예수를 그리스도로 고백하는 독자, 예수에 관한 '좋은 책'에 관심이 있는 열린 독자 모두가 읽을 수 있는 글을 쓰기 위해 노력했습니다. 이 복음서는 그리스도교 신앙을 가진 독자들만을 위한 작품이 아닙니다. 요한복음은 이 책에 관심을 보이는 사람이라면 누구든 "말씀"(요한 1:1)에 귀를 기울여 "예수 그리스도는 기름 부음 받은 자이며 하느님의 아들"이라는 믿음, 즉 "영생"(요한 20:31)을 얻는 믿음을 갖도록 독자들을 초대하는 열린 작품입니다.

01

요한복음 입문

1. 시작

태초에 '말씀'이 계셨다.

그 '말씀'은 하느님과 함께 계셨다.

그 '말씀'은 하느님이셨다.

그는 태초에 하느님과 함께 계셨다. (요한 1:1~2)

　세계 문학사에서 가장 위대한 작품 중 하나인 요한복음은 이렇게 간결하고 짧은, 아름답고 시적인 네 문장으로 시작됩니다('요한복음'이라는 제목은 아마도 책이 쓰이고 한참 후에 추가되었을 것입니다). 성서를 자주 접하는 이들에게는 매우 친숙한 문장이지요. 이 간결한 문장으로 이 복음서는 존재와 사고, 세계와 삶의 기원 혹은 삶의 근거 모두를 이야기하고 있습니다. 하지만 "태초"란 무엇이며, 무엇이 그 "안에" 있었다는 걸까요? 모든 존재와 사고의 근원은 무엇일까요? "말씀"이란 무엇일까요. 아니 누구일까요?

"말씀"은 고대 그리스어 "로고스"λόγος입니다. 고대 그리스 철학은 물론 유대 지혜 전통에서도 이 말을 자주 사용했지요. 또한, "태초"라는 표현(그리스어 '아르케'ἀρχή)은 구약성서의 그리스어 번역본의 도입부에도 등장합니다. "태초에 '말씀'이 계셨다"(요한 1:1)는 요한복음의 첫 번째 구절은 창세기 1장 1절에 나오는 세계의 기원에 관한 이야기와 밀접한 관련이 있지요. 하지만 창세기와 달리 요한복음은 이 말씀, 즉 로고스가 "육신이 되어 우리 가운데 사셨다"(요한 1:14)고 말합니다. 육신이 된 이는 분명 예수 그리스도라는 인물을 가리킵니다. 예수 그리스도는 이 복음서의 핵심 인물로 요한복음은 그의 등장과 활동, 죽음 및 부활에 관한 이야기를 서술합니다. 그러므로 이른바 '서문'Prologue이라고 불리는 요한복음의 첫 구절들(요한 1:1~18)은 전체 내용을 예고하는 틀로, 앞으로 전개할 내용의 요약문이라기보다는 앞으로 전개할 본문을 읽어나가기 위한 기본 설정, 이후 등장하는 서술과는 다른 차원에서 이 책의 주제를 소개한 일종의 소개문이라 할 수 있습니다.

저 수수께끼 같고도 매혹적이며 간결한 문장들은 앞으로 이어질 이야기 전체를 암시합니다. 예수 그리스도라는 인물이 "말씀"이며, 우주가 존재하기 전, 즉 (요한 1:3~4에서 언급한 대로) 태초에 그가 "있었다"니, 어떻게 그것이 가능할까요. 이를 상상하실 수 있겠습니까? 게다가 말씀이 육신을 입다니, 필멸의 존재인 인간이 "하느님"이라니, 그런 존재를 상상할 수 있나요? 고대 세계 사람들은 신을 불멸의 존재로 여겼습니다. 그러나 '말씀'인 예수는 십자가에서 죽음을 맞이했지요. 그렇다면 이 '말씀', 하느님인 로고스는 성서의 하느님, 이스라엘의 유일신과 어떻게 연결되는 것일까요? 둘은 같은 분일까요? 한 분 하느님이 실제로는 두 분이라는 이야기일까요? 혹은 두 분 안에 한 분 하느님이 있는 것일까요? 둘은 어떤 관계를 맺고 있는 걸까요? 하느님과 현세 혹은 인간들이 살아가는 세계 사이에는 어떤 관계가 있을까요? 예수 그리스도의 도래, 그의 사명과 활동, 죽음과 부활, "어둠"(요한 1:5) 속에 있는 세상에 빛이 임하는 것과 어떤 관련이 있을까요? 요한복음 서문에 나오는 구절들, 일견 단순해 보이는 문장들은 여러 질문을 자아냅니다. 예수와 그에 대한 신앙의 기원에 관한 물음, 세계의 궁극적인 근거에 관한 물음, 세상을 하나로 묶어 주는 핵심이 무엇인지에 관한 물음을 불러일으키지요.

요한복음은 다른 복음서들에 비해 훨씬 더 먼 과거에서 시작합니다. 마르코복음(마가복음)은 "하느님의 아들 예수 그리스도의 복음의 시작…"(마르 1:1)이라는 표현과 함께 성서 구절(마르 1:2~3)을 인용한 뒤 세례 요한에 관한 이야기를 이어 갑니다. 마태오복음(마태복음)과 루가복음(누가복음)은 예수 탄생과 관련된 다양한 이야기를 들려 주며 서로 다른 두 가계도를 보여 줍니다. 마태오복음은 이스라엘의 역사를 거슬러 올라가 아브라함까지 이르는 예수의 계보를 다루며 루가복음은 더 나아가 아담과 보편적 지평_{universal horizon}까지 올라가지요. 하지만 요한복음은 여기서 더 나아갑니다. 요한복음 1장 3절에서 언급했듯 이 복음서는 세상이 창조될 때로, 더 나아가 요한복음 1장 1~2절에서 신화처럼 표현했듯 창조 '이전'에 '있던' 존재의 시원까지 거슬러 올라갑니다.

그러한 면에서 요한복음은 여타 복음서를 넘어 구약성서가 다루는 시점 그 이전까지를 다룬다고 할 수 있습니다. 물론 "태초에 하느님이 천지를 창조하셨다"(창세 1:1)는 구절은 요한복음의 첫 문장인 그리스어 "엔 아르케"$\dot{\epsilon}\nu\ \dot{\alpha}\rho\chi\tilde{\eta}$(태초에)에 반영되어 있습니다. 하지만 요한복음의 경우에는 만물이 존재하기 전, 그러니까 창조 이전까지 거슬러 올라가지요. 요한은 의도적으로 성서의 첫 번째 책이 기록한 "태초" 그 이전까지 거슬러 올라갑니다.

이렇게 시작된 요한복음은 마지막에 이르러 과장법을 사용해 거대한 전망을 제시합니다. 이 세상의 어떤 책, 어떤 도서관도 이 책의 주인공인 예수에 관해 온전히 담아낼 수 없을 것이라고 말이지요. 여기서 요한은 분명 책의 세계를 가리키고 있습니다. 요한복음은 교육받지 못한 집단, 소외된 집단에서 멋모르고 했을 법한 순진한 이야기가 아닙니다. 요한복음은 책의 세계, 더 나아가 성서의 세계에 속하고픈 열망을 지니고 있습니다. 그리고 그 열망은 이루어졌습니다. 세계 문학_{world literature}의 중요한 일부가 되었으니 말이지요.

2. 세계 문학과 교회에서의 요한복음 수용

독일의 시인 요한 볼프강 폰 괴테]Johann Wolfgang von Goethe는 그의 유명한 희곡 『파우스트』Faust에서 주인공 파우스트 박사가 신약성서를 공부하며 요한복음의 첫 구절을 번역하기 위해 고군분투하는 장면을 그린 바 있습니다. 괴테는 요한복음 1장 1절을 인용하며, 그리스어 '로고스'의 다양한 번역에 대해 논의합니다.

> 여기 씌어 있기를, "태초에 말씀이 계셨다".
> 이 대목에서 벌써 막히는구나!
> 누가 나를 도와 계속 할 수 있게 해 줄까?
> 나는 말씀이란 말을 그렇게 높이 평가할 수 없다.
> 이 말은 다르게 옮겨야 한다.[1]

그는 이 용어를 어떻게 번역해야 할지 고민합니다. '생각', '힘', '행동' 등. 분명 '로고스'는 그렇게도 번역할 수 있습니다. 그리고 이러한 고민의 배경에는 세상을 움직이는 핵심이 무엇인지에 관한 질문이 있지요. 이 세상의 핵심은 무엇일까요? 모든 것을 아우르는 지성일까요? 힘일까요? 괴테가 낙관적으로 보았던, 스스로 창조 행위를 하는 '파우스트 같은' 인간일까요? 아니면 그가 그리 높게 평가하지 않았던 복음이, 혹은 그리스도교가 전하는 인물, 즉 유일하고 유효한 하느님

---

1 Johann Wolfgang von Goethe, *Faust* I, vv. 1224~1227. 『파우스트』(민음사).

의 말씀이자 형상인, 성육신한 예수일까요?

인류사에서 수많은 시인과 철학자가 요한복음에 관심을 가졌습니다. 그렇기에 다른 많은 언어와 마찬가지로 독일 시문학과 철학을 이해하려면 성서 전통, 무엇보다도 요한복음에 대해 알고 있어야 하지요. 서양 문화사에서 이 책은 교회, 교리, 영성뿐 아니라 문학, 철학, 시각 예술, 음악 등 다양한 문화 영역에 거대한 영향을 미쳤습니다. 달리 말하면, 서양의 문화 전반을 이해하기 위해서는 이와 관련된 성서 전통에 대해 알고 있어야 합니다.

물론 요한복음이 가장 커다란 영향을 미친 곳은 교회였습니다. 이 책은 거의 2,000년 동안 독자들이 예수의 모습, 예수가 한 말들을 접할 수 있게 했으며, 오늘날도 여전히 그러합니다. 그리스도교가 모습을 갖추어 가던 시기, 요한복음이 없었다면 그리스도의 신성, 성령의 인격성, 삼위일체 교리는 형성되기 힘들었을 것입니다. 정경 복음서 중 가장 늦게 기록된 복음서이지만, 다양한 지역에 있던 교회들은 빠른 시간 내 요한복음을 정경으로 받아들였고, 그 가치를 인정했습니다. 요한복음이 쓰이고 교회들에 전해진 지 50~60년 만에 발렌티누스주의자였던 헤라클레온Heracleon은 최초로 요한복음에 대한 주석서를 쓰기도 했습니다(그가 이 책을 통해 제시한 미묘한 우의는 현재 오리게네스Origen가 반박한 내용을 통해서만 알 수 있습니다). 요한 크리소스토무스 John Chrysostom, 몹수에스티아의 테오도루스Theodore of Mopsuestia, 알렉산드리아의 키릴루스Cyril of Alexandria와 같은 교회의 중요 권위자들도 요한복음에 대한 방대한 해설서를 썼고, 서방 교회의 아버지라 불리는 아우구스티누스Augustine는 124편의 박학다식한 설교를 통해 요한복음을 해석하기도 했지요. 유럽 중세 때는 마이스터 에크하르트Meister Eckhart 나 아빌라의 테레사Theresa of Avila 같은 신비주의자들이 요한복음의 심오한 신학과 상징에 관심을 기울였습니다. 종교개혁가 마르틴 루터가 가장 좋아한 복음서 역시 요한복음이었습니다. 그는 바울 서신, 베드로의 첫째 편지(베드로전서)와 함께 요한복음이야말로 신약성서를 이루는 모든 책 중 "핵심이자 골수"이며, 모든 그리스도인은 일용할 양식을 먹듯 이 복음서를 숙지해야 한다고 주장했습니다.[2]

그렇다면 왜 요한복음일까요? 왜 그토록 많은 사람이 이 복음서를 높이 평가했을까요? 루터의 경우에는 예수가 이룬 기적, 예수의 행적보다는 예수가 남긴 말을 더 많이 보도하고 있다는 이유로 이 복음서를 높이 평가했습니다. 루터는 과거 예수의 행적이 오늘날 우리에게는 별다른 도움이 되지 못하는 반면, 그가 남긴 말에는 구원의 능력이 있다고 확신했습니다. 요한복음은 생명과 구원을 주는 예수 그리스도의 말씀을 압축된 형태로 선포하고 있다고 보았고, 바로 이 때문에 다른 세 복음서보다 요한복음이 "훨씬, 훨씬 더 탁월한" 복음서라 생각한 것입니다.

후대 해석자들과 사상가들은 다른 이유로 요한복음을 높게 평가했습니다. 그들은 공관복음과 견주었을 때 요한복음이 빛과 진리, 영생을 더 영적인 방식으로 이야기한다는 점에 주목했습니다. 헤겔

---

2 Martin Luther, 'Vorrede auf das Neue Testament' (1546), *Werke. Kritische Gesamtausgabe. Deutsche Bibel vol. 6* (Weimar: Böhlau, 1906), 10.

Hegel, 피히테Fichte, 셸링Schelling과 같은 독일 관념론 철학자들은 하느님을 "영"(요한 4:24)이라고 부르고, 요한복음이 예수의 담화를 보다 철학적인 방식으로 설계했다는 점, 또한 팔레스타인에서 살았던 예수의 이야기를 보다 일반적이고 보편적인 차원으로 격상시켰다는 점을 높이 평가했습니다. 요한복음에 따르면, 예수는 유대인의 메시아일 뿐만 아니라 온 세상의 구원자입니다(요한 4:42). 더는 특정 산에서만 하느님을 예배하는 것이 아니라 영과 진리로 예배해야 한다고도 말하지요(요한 4:23). 1800년경 헤르더Herder, 피히테, 레싱Lessing, 슐라이어마허Schleiermacher 등 '요한주의자'Johannist였던 철학자와 신학자들은 이러한 '영적인' 가르침에 매력을 느꼈습니다. 공관복음이 묘사하는 예수의 여러 측면은 받아들이기 힘들었지만, 요한복음이 묘사하는 예수상은 자신들이 받아들일 수 있는 것처럼 보였기 때문입니다.

요한복음의 상징주의와 심오함, 요한이 그리는 예수 그리스도상은 여전히 우리를 사로잡습니다. 요한이 그리는 예수는 독자와 청중에게 직접 말을 건네는 듯합니다. 요한이 기록하는 예수 이야기에서는 팔레스타인 땅의 흙과 먼지가 그렇게 무겁게 느껴지지 않습니다. 요한은 역사적 세부 사항들을 그다지 세세하게 그리지 않기 때문에 그와 우리 사이의 거리가 까마득히 멀리 있는 것처럼 느껴지지도 않습니다. 요한복음이 그리는 예수는 다양한 인물뿐만 아니라 독자에게도 직접 말을 건넵니다. 예수는 처음부터 자신에 관한 진리를 설득력 있는 은유로 이야기합니다. 마르코복음처럼 메시아의 신비, 자신이 메시아라는 사실에 대해 침묵하라고 명령하는 대목도 등장하지 않습니다. 대신 요한복음에서 예수는 인상적인 방식으로 자신을 드러냅니다. 그러한 면에서 오늘날 교회에서 신자들을 격려할 때, 견진 성사를 마치고 견진 받은 이를 축복할 때, 성찬을 마무리할 때 요한복음의 구절들이 자주 쓰인다는 사실은 어쩌면 당연한 일입니다. 요한복음에서 예수가 하는 말은 간결하고도 힘이 넘칩니다.

나는 세상의 빛이다. 나를 따르는 사람은 어둠 속에 다니지 아니하고, 생명의 빛을 얻을 것이다. (요한 8:12)

나는 선한 목자이다. (요한 10:11 등)

내 양들은 내 목소리를 알아듣는다. 나는 내 양들을 알고, 내 양들은 나를 따른다. 나는 그들에게 영생을 준다. 그들은 영원토록 멸망하지 아니할 것이요, 또 아무도 그들을 내 손에서 빼앗아 가지 못할 것이다. (요한 10:27~28)

특히나 "하느님께서 세상을 이처럼 사랑하셔서 외아들을 주셨으니, 이는 그를 믿는 사람마다 멸망하지 않고 영생을 얻게 하려는 것이다"라는 요한복음 3장 16절은 복음을 가장 잘 요약한 구절입니다. 이외에도 다른 여러 구절이 읽는 이에게 위로를 줍니다.

너희는 세상에서 환난을 당할 것이다. 그러나 용기를 내어라. 내가

세상을 이겼다. (요한 16:33)

가장 주목할 만한 위로는 십자가 위에서 예수가 마지막으로 남긴 말입니다. 요한복음은 시편 22편 2절을 인용해 하느님과 멀어졌다는 생각에 절규했던 마르코복음(마르 15:34)이나 마태오복음(마태 27:46)과는 다른 모습을 묘사합니다. 구원에 대한 경건을 기도 드렸던 루가복음의 예수와도 다르지요. 요한의 예수는 승리의 외침을 전합니다.

다 이루었다. (요한 19:30)

요한복음의 예수는 기록될 당시 자신의 첫 청중에게 그러했듯 오늘날 독자들에게도 말을 건네는 듯합니다. 이 복음서는 독자를 그저 구경꾼으로 남겨 두지 않습니다. 그를 사로잡아 그의 '현재'를 향해 이야기하며 예수 그리스도를 그와 함께 계시는 분으로 제시하지요.

나를 보아라. 이것이 바로 나다. "나는 …이다."

이러한 말을 하는 그리스도는 마치 아우라에 에워싸인 비잔틴 성화속 예수처럼 독자들의 눈을 응시하는 듯합니다. 그렇게 요한복음은 예수와 독자 사이에 밀도 높은 문학적 만남이 이루어지게 합니다. 요한의 예수는 독자의 반응, 신앙을 요구하며, 또한 일깨우기 때문입니다.

요한복음은 신앙에 호소하는 책임과 동시에 온 세계를 아우르는 깊이를 지닌 책입니다. 아우구스티누스는 이러한 요한복음의 특성을 두고 "어린아이도 물장구칠 수 있지만, 코끼리가 헤엄칠 수도 있는 물"과 같다고 표현한 바 있습니다. 이 복음서는 누구나 쉽게 읽을 수 있으면서도 무한한 깊이를 지니고 있습니다.

3. 요한복음의 특징

이 장에서는 요한복음의 특징을 다루어 보겠습니다. 다른 복음서들과 견주었을 때 요한복음의 특징은 무엇일까요? 여기서는 그중 중요한 몇 가지를 살펴보겠습니다. 요한복음의 구조와 구성, 내용과 주제, 언어와 문체 말이지요.

(1) 구조와 구성

요한복음은 다른 정경 복음서인 마태오, 마르코, 루가복음과 마찬가지로 복음서이지만, 형태나 구조, 구성에 있어서 나머지 세 복음서와 견주었을 때 분명한 차이가 있습니다. 세 권의 공관복음은 서로 유사한 점이 있지만, 요한복음의 자리는 독특하지요.

먼저 이 복음서는 인상적인 서문(1:1~18)으로 이야기를 시작합니다. 다른 복음서들과 달리 요한복음은 육신이 된 말씀인 로고스에 초점을 맞춥니다. 이 서문은 마치 악보에 있는 음자리표clef와 같습니다. 이후 이어지는 모든 내용을 이 음자리표, 혹은 기본 설정 아래 읽어야 한다는 뜻에서 그렇습니다. 서문은 보이지 않는 성서 속 하느님을 직접 본 사람은 아무도 없지만, 육신이 되신 말씀, "아버지의 품속에 계신 외아들('모노게네스μονογενής')이신 하느님께서 하느님을 알려 주셨다"(요한 1:18)는 말로 마무리됩니다. 서문의 결론이라 할 수 있을 이 구절은 독자를 요한복음의 서사 속으로 이끕니다. 그러한 면에서 이 구절은 이후의 본문을 가리키는 구두점colon과 같습니다. 이어지는 본 문 속 예수 이야기에서 보이지 않는 하느님에 대한 유일하고 유효한 계시가 독자들의 눈앞에서 일어난다고 암시하지요. 이제 독자들은 하느님이 실제로 어떤 분인지 볼 수 있습니다. 나중에 예수는 말합니다.

나를 본 사람은 아버지를 보았다. (요한 14:9)

이후 요한복음은 세례 요한부터 시작해 수난과 부활 사건들까지 예수의 활동을 기술합니다. 이 점에서 요한복음은 다른 세 정경 복음서와 마찬가지로 예수의 활동, 죽음 및 부활을 서술한 복음서라 할 수 있습니다. 하지만 이 복음서는 단순히 '역사'를 기록하는 데 그 목적이 있지 않습니다. 오히려 그 사건들의 의미를 해석하고 선포하는 것을 목표로 하지요.

다른 복음서들과 달리, 요한복음은 예수의 긴 담화, 또 개별 인물들과의 대화를 수록하고 있습니다. 사마리아 여인과의 만남(4:1~42), 라자로(나사로)를 되살리는 사건(11:1~44), 빌라도 앞에서의 재판(18:28~19:16) 등과 같은 일부 일화들은 장면이 명확히 나뉘어 있고 일종의 극처럼 구성되어 있어서 마치 연극을 보는 것 같은 느낌을 주기도 합니다. 물론 요한복음의 모든 구절이 그렇게 명확히 구조화되어 있지는 않지만, 이 복음서에는 공관복음보다 훨씬 더 많은 드라마가 들어 있습니다.

요한복음의 첫 번째 부분이라 할 수 있는 1장 19절부터 12장 50절까지는 예수의 공적 활동을 기록하고 있습니다. 세례 요한이 1장 31절에서 말했듯, 예수는 이 공적 활동을 통해 이스라엘에서 알려져야만 했습니다. 이렇게 예수가 사람들에게 나타나 자신을 계시한 일은 예루살렘 권력자들과의 갈등으로 이어졌지요. 그가 유대인의 지도자였던 니고데모, 사마리아 여인과 만난 뒤 5장, 7~8장, 10장에서 갈등은 점차 격화됩니다. 요한복음은 (공관복음과 견주었을 때) 상대적으로 적은 수의 기적을 보고하고 그마저도 (기록된 사건에 그 사건을 넘어서는 특별한 의미가 있음을 가리키는) "표징"('세메이아'σημεῖα)으로 제시합니다. 이러한 표징들 중 가장 인상적인 사건은 나흘간 죽어 있었고 악취 나는 시체였던 라자로를 무덤에서 불러내어 소생하게 한 사건입니다. 이 기적 이후, 유대인 지도자들은 예수를 죽이기로 결정하고, 예수는 몸을 숨깁니다. 이러한 흐름 가운데 12장에서 예수는 이제 자신의 "때가 왔다"(12:23)고, 자신이 죽을 때가 가까이 왔다고 선포합니다. 이어서 요한복음은 많은 동시대 사람의 믿음 없음을 이야기하고 (12:37~43), 청중을 명시하지 않은 채, 특정하지 않은 독자들에게 예수가 마지막으로 한 설교에 대한 요약본을 제시합니다(12:44~50). 이는 예수의 공적 활동에 초점을 맞춘, 요한복음 첫 번째 부분의 결말이라고 할 수 있습니다. 영국의 유명한 신약학자인 C.H.도드C.H.Dodd는 이 첫 부분을 "표징의 책"the Book of Signs이라고 불렀습니다.[3]

요한복음의 두 번째 부분은 예수의 수난과 죽음, 부활에 관한 이야기를 담고 있습니다. 도드는 이 부분을 "수난의 책"the Book of the Passion이라고 불렀습니다만, 요한은 수난과 부활을 독특한 방식으로 연결하고 있으니 "영광의 책"Book of Glory이라고 부르는 편이 더 나을지도 모르겠습니다.[4] 요한복음은 예수의 시련과 수난, 죽음이 이미 예수의 영광을 드러낸다고 묘사합니다. 십자가에서 예수가 마지막으로 남긴 놀라운 말("다 이루었다"(19:30))은 이를 잘 보여 주지요. 중요한 점은 요한복음이 13장부터 21장까지, 거의 절반에 가까운 분량을 예수의 생애 중 마지막에 해당하는 사건에 할애하고 있다는 것입니다 (공관복음보다 훨씬 많은 분량입니다).

특히 고별 담화에서는 이후 사건을 이해할 수 있도록 돕는 설명과 단서를 길게 제시하고 있습니다. 실은 요한복음의 첫 번째 부분에도 예수의 수난과 죽음, 부활을 예비하고 암시하는 부분이 여러 군데 있습니다. 이는 이 복음서가 예수의 수난과 죽음을 올바르게 이해하는 데 중점을 두고 있음을 보여 줍니다.

요한복음의 두 번째 부분은 길고 복잡한 문장으로 시작합니다 (13:1~3). 이는 일종의 "서문" 혹은 다음 나오는 내용을 소개하는 도입

---

3   C.H. Dodd, *The Interpretation of the Fourth Gospel* (Cambridge: Cambridge University Press, 1953), 297.

4   C.H. Dodd, *The Interpretation of the Fourth Gospel*, 390.

부입니다. 이 부분은 자신의 때에 대한 예수의 앎과 자기 사람들에 대한 그의 사랑을 보여 주며, 예수가 그들을 "끝까지" 사랑하리라고, 심지어 완전에 이를 때까지 사랑하리라고 언급합니다. 예수가 하는 일, 죽음을 향하는 그의 걸음의 내적 동기는 바로 이러한 사랑이라고 요한은 말합니다.

이어서 요한복음은 예수와 제자들의 마지막 만찬을 묘사합니다. 요한은 이를 강연과 대화가 있는 일종의 '향연'symposium처럼 그립니다. 흥미로운 점은 공관복음과는 달리 예수가 성찬을 제정하는 부분은 들어 있지 않다는 것입니다. 대신 예수는 식사 중에 다른 상징적 행위를 합니다. 제자들의 발을 씻긴 일입니다(13:4~20). 먼지가 많은 거리에 있다가 식사를 하러 막 들어온 손님을 씻겨 주는 것이라면 그럴 수 있다고 넘기겠지만, 식사 도중에 발을 씻겨 주는 행동은 기이해 보입니다. 그러니 이 행위에는 무언가 특별한 의미가 있다고 짐작할 수 있습니다. 이 상징적 행동은 예수가 죽음을 향해 가는 길에 대한 예고이자, 예수가 그의 친구들을 향해 베푼 사랑의 행위였습니다. 또한, 마지막 식사 자리에는 "예수께서 사랑하시는 제자(애제자)"(13:23)라는 수수께끼 같은 인물이 처음으로 등장합니다. 요한복음은 이 애제자를 수난과 부활의 증인으로 제시합니다. 그는 베드로보다 우월하며, 예수에 더 가까이 있음에도 그 정체가 완전히 밝혀지지는 않습니다. 요한복음에만 나오는 이 애제자가 역사에 실제로 있던 인물인지, 이상화된 인물인지, 일종의 상징인지는 불분명합니다.

만찬 후에는 예수의 확장된 고별 담화(13:31~16:31)가 이어집니다.

이 담화는 일종의 대화와 같은 요소가 있거나 적어도 제자들의 질문 중 일부를 다루고 있습니다. 담화는 방대한 고별 기도(17장)로 마무리됩니다. 이 기도에서 예수는 이미 이 세상이 아닌 한 차원 높은 세계에 있는 듯하며, 세상에서 분리되어, 지상에서의 제자들과의 시간을 돌아보고(17:11~12), 아버지 가장 가까이에 있는 공동체로 올라갑니다.

긴 준비 담화 이후에야 요한복음은 예수의 체포를 서술합니다. 요한은 예수의 체포를 일종의 자수self-deliverance(18:1~11)로 묘사합니다. 자발적으로 체포된 예수는 대제사장 안나스에게 심문(18:12~28)을 받으며, 이 체포 이야기는 베드로가 예수를 부인하는 일화로 잠시 중단되었다가 로마 총독 본디오 빌라도 앞에서 재판받는 장면으로 확장됩니다. 이 재판은 예수의 왕국에 대한 빌라도와 예수 사이의 심오한 대화가 들어 있는 길고 잘 짜여 있는 연극 같습니다. 이 재판의 결말은 판결이 아닙니다. 병사들이 예수를 고문하고 십자가에 못 박을 수 있도록 허락받는 장면으로 마무리되지요. 요한은 예수의 십자가 형벌에 대해서는 매우 간략하게 언급하나(19:18), 세 개의 서로 다른 언어로 새겨진 명패에 대한 메모를 덧붙이고(19:19~22), 매우 상징적인 두 장면을 그립니다. 하나는 예수의 "이음새 없이 위에서 아래까지 통째로 짠" "속옷"과 관련된 장면(19:23~24), 다른 하나는 예수의 어머니와 그의 "애제자"가 십자가 아래 있는 장면입니다(19:25~27). 이를 묘사한 이후에야 이야기는 절정에, 예수의 죽음에 이릅니다. 19장 28~30절은 예수의 죽음을 일종의 성취로 그립니다. 성취와 관련된 용어들이 밀도 높게 쓰이지요. 이후 요한은 더욱 자세히 예수의 죽음을 설명합니다. 창으로 예수의 옆구리를 찌르는 장면(19:34)을 그리고, 십자가 아래 있던 증인을 언급하며(19:35) 중요한 두 개의 성서 구절(19:36~37)을 인용하지요. 이후 예수의 시체가 매장되고(19:38~42), 20장에서는 부활 사건을 그립니다. 여자들이 빈 무덤을 발견하고, 부활한 예수는 막달라 마리아, 제자들, 그리고 마침내 도마와 만납니다. 도마의 고백은 이 복음서의 절정을 이룹니다. 부활한 예수를 마주한 그는 말합니다.

> 나의 주님, 나의 하느님. (요한 20:28)

20장의 끝에 이르러 요한은 이 복음서의 목적을 명시합니다.

> 여기에 이것이나마 기록한 목적은, 여러분으로 하여금 예수가 그리스도요 하느님의 아들이심을 믿게 하고, 또 그렇게 믿어서 그의 이름으로 생명을 얻게 하려는 것이다. (요한 20:31)

본래 복음서는 이 지점에서 마무리되었을 수도 있습니다. 그러나 호숫가에서 부활한 예수가 다시 등장하고, 책의 또 다른 결론이 나옵니다. 애제자라는 수수께끼 같은 인물이 베드로와 관련해 등장하더니 증인이자 책 전체의 저자로 제시되지요. 요한복음 20장 30~31절에서 이미 내용이 종결되었기 때문에 대다수 학자는 21장을 원 복음서의

'후기'epilogue나 '부록'addendum으로 보지만, 이 부분이 누락된 사본은 없습니다.

다시 돌아가, 요한복음의 첫 번째 부분은 예수의 공적인 계시를 다룹니다. 이 부분은 예수와 "유대인들"('유다이오이'Ἰουδαῖοι) 사이의 충돌이 점점 심해지는 양상을 띱니다. 예수를 만나는 사람과 집단은 매우 다양하고, 예루살렘의 축제에 순례를 온 군중은 예수를 두고 각기 다른 반응을 보이기도 하지만(7장), 예수를 적대하는 집단은 기이할 정도로 동질적인 모습을 보입니다. 다른 복음서들에서는 바리사이인(바리새인)과 사두가이인(사두개인), 대제사장들, 그 외 팔레스타인 유대인을 비교적 분명하게 구별하지만, 요한복음에서는 극drama이라는 장르의 특성상 분명하게 구별하지 않습니다. 이 때문에 요한복음에 있는, 신약성서에서 가장 가혹한 반反유대 발언(가령 요한 8:44)들은 해석하기가 매우 어렵습니다.

요한복음의 두 번째 부분의 경우에는 모든 기록이 예수의 죽음과 연결됩니다. 그의 여정과 일어난 모든 사건은 완성된 듯하며 성취의 시간이 이어지지요. 물론 요한복음의 첫 번째 부분도 예수의 "육체"(1:14)를 언급하고, 그를 "하느님의 어린양"으로 제시하는 등 그가 맞이할 미래를 암시하고 설명하는 대목이 여럿 있습니다. 이를 고려하면, 요한복음 전체가 처음부터 예수의 죽음에 초점을 맞추고 있고, 이에 관한 올바른 이해를 목적으로 기록되었다고도 할 수 있을 것입니다.

물론 부활 사건이 덜 중요하다거나 관련이 없다는 뜻은 아닙니다.

부활의 날 예수가 나타난 것, 막달라 마리아와 제자들을 만난 일은 20장과 21장에 기록되어 있을 뿐이지만 부활 경험에서 나온 통찰, 부활과 영광의 빛에 비추어 예수를 바라본 시선이 이미 예수의 지상 활동에 반영되어 있기 때문입니다. 처음부터 예수에게는 부활의 영광이라는 빛이 비추었기에 서문에서는 이미 "우리는 그의 영광을 보았다"는 문구와 함께 증언들의 합창chorus이 등장합니다. 이것이 요한복음의 독특한 빛깔입니다. 예수의 수난은 그의 영광이며, 예수의 지상 활동은 처음부터 부활의 빛에 젖어 있다는 신앙, 그의 부활을 믿는 신앙의 시선으로 이 복음서는 이야기를 전하고 있습니다.

(2) 글감의 차이

공관복음과 요한복음은 이야기 배열뿐 아니라 사용한 글감에서도 차이가 극명하게 드러납니다. 물론 요한복음과 공관복음은 많은 부분을 공유합니다. 공통의 병행 어록과 이야기가 존재하지요. 세례 요한과의 만남(요한 1:29~34), 성전 정화 사건 (요한 2:14~22, 위치는 다릅니다), 오천 명을 먹인 일과 바다 위를 걸은 일(요한 6:1~21), 베드로의 고백(요한 6:66~71), 여인이 예수에게 기름을 부은 사건(요한 12:1~8), 예루살렘 입성(요한 12:12~19) 등이 그 예라 할 수 있습니다. 수난과 부활 이야기에도 여러 병행 본문이 있습니다. 빈 무덤 이야기(요한 20:2~10), 제자들과의 만남(요한 20:19~29) 등을 들 수 있지요. 어록에 있어서도 공관복음과 병행하는 부분들이 있습니다. 이를테면 세례에 대한 전승(요한 1:27,33b,34), 예수가 시몬을 "페트로스", 즉 '바위'라고 부른 일

(요한 1:43), 성전에 관한 말(요한 2:19), 고향에서 예언자가 받는 대우(요한 4:44), 감람산에서의 고난(요한 12:27), 종과 주인에 관한 말(요한 13:16), 영접에 관한 말(요한 13:20), 제자들이 흩어지리라는 이야기(요한 16:32), 매듭을 푸는 것과 매는 것에 관한 말(요한 20:23) 등이 이에 해당합니다. 요한복음은 마르코복음 외에 루가복음과 일치하는 부분도 많습니다. 루가복음 10장 38~40절에 나오는 마리아와 마르다의 이야기(요한 11~12장), 예수가 성령을 보낸다는 이야기(루가 24:49, 요한 15:26, 16:7~11,13~15), 루가복음 5장 1~11절에 나오는 베드로의 이야기(요한 21장에서 베드로가 많은 물고기를 잡는 이야기에 반영되어 있습니다) 등이 그 예라 할 수 있지요.

하지만, 요한복음의 대다수 자료는 요한복음에만 기록되어 있습니다. 가나의 혼인 잔치에서 일어난 포도주의 기적(요한 2:1~11), 니고데모와의 대화(요한 3:1~10), 사마리아 여인과의 만남(요한 4:4~42), 예루살렘 베데스다 못에서 중풍병자를 고친 사건(요한 5:1~18), 태어나면서부터 눈이 먼 사람을 고친 사건(요한 9장), 라자로를 살린 사건(요한 11:1~44), 제자들의 발을 씻어준 일(요한 13:4~20), 막달라 마리아(요한 20:11~18)와 믿지 않는 도마(요한 20:24~29)에게 부활한 예수가 나타난 일, 마지막으로 호숫가에서 부활한 예수가 제자들을 위해 아침 식사를 준비하는 이야기(요한 21:1~14) 등이 그 대표적인 예입니다.

여기서 질문이 하나 생깁니다. 요한은 어떻게 다른 복음서 저자들이 알지 못했던 이야기를 알고 전하게 되었을까요? 또한, 그는 왜 다른 복음서들이 사용한 많은 자료를 생략했을까요? 요한은 역사적 예수의 지상 활동 중 학자들이 가장 확실한 것으로 여기는 활동인 축귀를 보도하지 않았습니다. 그 외에 널리 알려진 공관복음의 자료들도 많이 생략하고 있지요. 예수의 비유들, 주기도문, 산상수훈, 성찬 제정 등은 그 대표적인 예입니다. 왜 그랬을까요? 요한복음의 저자는 그 같은 자료들을 전혀 알지 못했을까요? 그 이유를 생각해 볼 필요가 있습니다. 아니면 단순히 다른 이들에게 없는 자료를 제공하고 싶었을까요? 아니면 요한복음의 기저에는 공관복음과는 다른 신학이 자리하고 있는 것일까요? 문학적인 혹은 극적인 이유가 있을까요?

요한복음에는 다른 복음서들에 등장하지 않는 많은 대화가 있습니다. 이 복음서에서 예수는 다른 복음서에는 등장하지 않는 많은 인물과 대화를 나누지요. 요한복음 1장 45~49절에는 공관복음의 다른 인물과 동일시될 수 없는 나타나엘(나다나엘)과의 만남이 있고, 3장 1~10절에는 니고데모와의 밤 중 대화가, 4장 6~26절에는 사마리아 여인과의 정오의 만남이 있습니다. 또한, 11장에는 라자로의 자매로 등장하는 마리아, 마르다와 예수가 대화하는 장면이 등장하며, 신학과는 전혀 관련이 없어 보이는 사람인 로마 총독 본디오 빌라도와의 심오한 신학적 대화 또한 기록되어 있습니다(요한 18:28~19:16a). 마지막으로 예수는 막달라 마리아(요한 20:11~18), 도마(요한 20:24~29)와 신앙을 바탕으로 한 인격적인 만남을 가집니다. 이러한 만남들은 매우 중요한데, 특히 예수가 만나는 사람 중 상당수가 여자라는 점이 매우 놀랍습니다. 요한복음에서 예수는 그의 어머니(요한복음에서는 어머니의 이름을 언급하지 않습니다) 외에도 사마리아 여인(후대의 전설처럼 전해지는 본문에서는 포티나Photina라고 부릅니다), 마리아와 마르다, 그리고 막달라 마리아를 만납니다. 당시 유대 팔레스타인 지역 관습과 달리 요한복음은 (예수의 어머니를 제외하고는) 이 여자들을 소개할 때 남자, 곧 남편 또는 아버지를 함께 언급하지 않고 독립적인 인물로 그립니다. 특히 사마리아 여인은 예수에게 중요한 질문을 던지는 현명한 대화 상대로 묘사되고 있지요. 이는 당시 팔레스타인 지역 유대교보다는 여성이 좀 더 중요한 사회적 역할을 감당했던 환경, 즉 에페소(에베소)처럼 여성이 아르테미스를 숭배하는 사제로도 일했고 고위 공직과 여러 사회 직책을 맡을 수 있었던 그리스-로마 세계의 도시 환경에서 요한복음이 저술된 것은 아닌지 생각해 볼 수 있습니다.

몇몇 인물과의 대화는 요한복음의 저자가 어떻게 이렇게 사적인 자리에서 나눈 대화의 내용을 알았는지 의문이 들게 하기도 합니다. 몇몇 대화는 별다른 목격자나 청취자를 언급하고 있지 않으며, 이런 대화에서는 당연히 예수가 제자들과 함께 있었을 것이라고 추측해서는 안 됩니다. 니고데모와 밤 중에 나눈 대화, 우물가에서 사마리아 여인과 나눈 대화, 로마 총독 본디오 빌라도가 공관 뒤편에서 예수를 홀로 심문하며 나눈 대화가 여기에 해당합니다. 이 장면들에는 대화를 청취하거나 기록할 수 있는 제자들이 존재하지 않습니다. 예수가 후에 자신이 사랑하는 제자에게 대화의 세부 내용을 알려 주었다는 주장은 어리석고 터무니없습니다. 여기서 우리는 요한복음이 목격자 혹은 청문자earwitness의 정확한 진술을 담고 있는 기록물이 아닌 일종의 문학 작품이라는 사실을 기억할 필요가 있습니다. 과거에 요한복음을 읽었던 독자들은 이를 알고 있었으며 오늘날 독자들 역시 이를 염두에 두어야 합니다.

또한, 요한복음은 일종의 신학 문서이기도 합니다. 예수가 한 말을 그대로 받아쓰고 역사적 사실을 단순히 기록하기만 한 문서가 아니라 그 의미를 전달하려 한 책이라는 점에서 말이지요. 예수가 아람어로 한 말들은 번역 과정을 거쳤을 테고, 복음서 저자는 자신의 신학적 관심과 상상력을 바탕으로 예수가 어떠한 대화를 나누었을지를 상상하고 일종의 극을 창조해 냈다고 보는 편이 훨씬 그럴듯합니다. 따라서 이 대화들에서 예수가 한 말들은 실제로 예수가 한 말로 보기 어려우며, 요한복음의 저자가 창조해 낸 말일 가능성이 더 큽니다.

성서를 읽는 많은 독자는 이를 받아들이기 어려워할지 모르겠습니다. 하지만 저는 역사 지식이 적고 역사비평을 알거나 익히지 못한 독자 중에도 이 같은 문제를 두고 질문하는 경우를 많이 보았습니다. 그러니 그리스도교 신자나 교회 구성원을 보호하겠다는 명목으로 비판적인 질문을 회피한다면 이는 어리석은 일일 것입니다. 그러한 회피는 정직하지 못한 변증을 낳을 뿐이며 우리의 신앙과 이해에 별다른 도움을 줄 수도 없습니다. 역사에 관한 물음, 비판적인 질문을 회피하는 선생을 어떻게 신뢰할 수 있겠습니까. 그리스도교가 사회의 신뢰를 잃지 않기 위해서라도 우리는 이러한 질문을 정직하게 허용하고, 요한복음에 나오는 예수의 말 중 상당수는 실제 예수의 입에서 나온 말을 받아쓴 기록이라기보다는 복음서 저자가 자신의 신학 견해와 관심을 따라 제시한 글임을 인식해야 합니다.

(3) 예수의 담화들

예수가 다른 사람들과 나눈 사적 대화뿐만 아니라 요한복음에 수록된 예수의 담화 역시 마찬가지입니다(비록 수많은 사람이 들었다고 언급하지만 말이지요). 이러한 담화는 요한복음의 또 다른 특징입니다. 물론 마태오복음에도 산상수훈(마태 5~7장)이나 마지막 날에 관한 담화(마태 23장, 24~25장)처럼 매우 긴 담화가 있습니다. 그러나 같은 자료를 사용한 루가복음과 비교했을 때 마태오의 이런 긴 담화는 서로 구별되는 각각의 작은 부분을 모아 엮어 낸 것으로 보입니다. 반면 요한복음에서는 담화에 보다 일관된 흐름이 있습니다. 요한복음의 담화는 원형이나 나선형으로 움직이며 더 작은 단위로 나눌 수 없습니다.

일부 담화에서 요한이 그리는 예수는 이전에 했던 자신의 행적을 해석하기도 합니다. 이를테면 5장에 기록된 베데스다 연못에서 행한 치유 기적을 두고 예수는 하느님에게 받은 권한으로 행한 것이라고 설명합니다. 예수가 기적을 행할 때 실제로 생명을 치유하고, 창조하고, 회복시키는 분은 하느님이시기 때문입니다. 따라서 치유는 하느님께서 하시는 생명 창조 활동의 표징이며, 예수가 사람을 치유할 때, 실제로 하느님께서 그와 동시에 활동하신다고 주장할 수 있습니다.

> 내 아버지께서 이제까지 일하고 계시니, 나도 일한다. (요한 5:17)

요한복음 5장 19~47절의 긴 담화는 바로 이런 설명을 담고 있습니다. 이어서 나오는 오천 명을 먹이는 기적에 대해서도 예수는 긴 담화를 통해, 대화와 함께 해석을 시도합니다. 이 담화에서 그는 참된 생명의 양식은 기적을 통해 몸에 영양을 공급해 준 빵이 아니라 하늘에서 온 빵인 자신이라고 이야기합니다. 그렇게 그가 베푸는 참된 양식은 이스라엘 백성에게 주어졌던 만나를 넘어섭니다(요한 6:30~35). 이 담화의 마지막 부분에서는 급기야 이 빵을 씹고 그 피를 마시라는 상당히 도발적인 이야기가 나옵니다(요한 6:54,56). 이러한 도발적인 표현은 단순한 은유, 영적인 표현이라기보다는 요한복음이 기록될 당시이미 널리 알려져 있던 주의 만찬 예식, 즉 초기 그리스도교 공동체의 공동 식사를 가리키는 것일 가능성이 높습니다. 달리 말하면 요한복음 6장에 나오는 담화는 후대의 교회 문제를 고려하여, 그리고 이를 의식해 만들어진 일종의 공식이라는 것이지요.

예수의 담화에는 그의 유대인 적대자들인 "유다이오이"^{Ιουδαῖοι}와의 중요한 문제도 등장합니다. 이 "유다이오이"라는 일반 명사가 누구를 가리키는지는 분명하지 않습니다. 요한은 정말 모든 유대인이 예수의 적이라고 말하고 싶었던 것일까요? 아니면 성전 귀족 계층, 대제사장 및 사두가이인을 가리키는 것일까요? 여러 맥락을 고려해 보았을 때 이 단어는 다양한 의미로, 함축적인 의미로 쓰인 듯합니다. 요한복음 7장과 8장에는 다양한 유대 지역 사람 혹은 유대인들의 축제를 순례하러 온 사람들이 서로 토론하는 내용이 나옵니다. 여기서 처음에 "유다이오이"는 예수를 죽이려는 권력자 집단임이 분명해 보이지만(요한 7:1,11,15), 유대 축제를 순례하러 온 이들 중 어떤 이들과 군중은 예수에 대해 상당히 긍정적인 인상을 갖고 있기도 합니다. 그러나 8장에 이르면, 예수를 적대하는 집단들은 점차 동질화되고, 마침내 "유다이오이"는 예수를 완강히 반대하는 하나의 통일된 집단으로 그려집니다. 그들은 예수를 귀신 들린 사마리아인이라고 부르며(요한 8:48), 예수는 그들을 악마의 자식(요한 8:44)이라고 부릅니다. 이러한 상호 비난이 예수가 실제로 살아 있을 때 일어났으리라고는 상상하기 힘듭니다. 하지만, 후대 예수 추종자 공동체와 회당 유대교 사이의 긴장이 고조된 상황에서는 충분히 일어날 수 있는 일이었지요.

게다가, 요한복음에서 "유다이오이"라는 말은 일관된 뜻을 지닌 말이 아닙니다. 요한복음의 처음 몇 장에는 분명 유대인에 대한 긍정적인 진술이 나옵니다. 4장 22절("구원은 유대 사람들에게서 나기 때문이다")은 그 대표적인 예이며 예수도 유대인(심지어 유대인 남성)으로 분명하게 제시되고 있지요. 유대인에 대해 중립적으로 진술하는 곳도 여러 군데 있습니다. 그러나 갈등이 이어지면서 유대인의 의미는 점점 부정적으로, 또 논쟁적으로 변합니다. 특히 5장과 7~8장, 10장의 담화에서 예수는 동시대 사람들을 향해 "너희의 율법" 같은 표현을 쓰는데, 그 결과 '유대인' 예수가 마치 유대인이 아닌 것처럼, 유대인을 반대하는 것처럼 보일 수 있습니다. 이 용어의 용례는 분명 요한복음의 이야기에 영향을 받고 있고 이야기 속에서, 각 단락에서 해당 단어가 어떤 의미인지를 가능한 한 정확하게 파악해야 합니다. 분명한 사실은 앞서 언급했듯 이러한 담화들이 후대의 관점, 후대의 갈등을 반영하고 있으며 일정한 드라마에 맞추어 형성되었다는 것입니다. 요한복음에 기록된 담화가 예수 시대 혹은 그 이후 시대의 실제 대화를 그대로 반영한다고 보기는 어렵습니다. 이 점을 염두에 두면 요한복음의 기원과 언어, 배경이 전제하고 있는 갈등에 대해 더 많은 질문을 하게 됩니다. 요한복음 13~17장에 나오는 고별 담화는 이를 가장 잘 보여 주지요. 이 장에서 예수는 제자들과만 함께 있고, 동시대 유대인들과의 갈등은 외부로 밀려나 미미한 역할만을 합니다.

마지막 만찬에서 예수는 자신이 곧 떠나리라고 말하고(요한 13:33), 제자들은 깊은 슬픔에 잠깁니다. 예수는 네 장 이상에 걸쳐 그들의 슬픔을 위로하고, 어떻게 슬픔을 이겨내고 극복할 수 있는지를 조언합니다. 여기서 그리는 제자들의 모습, 그들의 슬픔은 예수가 곧 떠난다는 사실, 예수가 왜 떠나야 하는지에 대한 풀리지 않는 의문에만, 그러니까 부활 이전의 상황에만 기인하는 것 같지는 않습니다. 이 본문은 분명 부활 이후 공동체가 품고 있던 질문과 문제, 부활한 예수가 다시금 물리적으로 부재하게 된 상황을 드러냅니다. 제자들은 자신들이 "고아"가 된 것 같다고 느낍니다(요한 14:18). 예수가 더는 그들 눈에 보이지 않기 때문이지요(요한 16:10). 이에 제자들은 "울며 애통"해 하나 "세상"은 그들의 괴로움을 보며 기뻐합니다(요한 16:20). 예수는 그런 그들을 위로하고 기쁨과 평화의 선물을 보증하며, 하늘의 거처(요한 14:2~3)와 새로운 형태의 친교(요한 14:23)를 약속합니다. 무엇보다도 예수는 상담자, 더 나아가 그들의 변호자advocate로서 성령이 오리라고 선언합니다. 성령은 제자들을 도와 그들이 예수를 이해하고 증언할 수 있도록 할 것입니다. 이 모든 기록은 예수가 지상에 있던, 즉 죽음과 '영광'을 받기 전 상황을 그리고 있지만 어떤 구절은 이미 그 사건이 완료된 것처럼, 예수가 이미 영광을 받은 자로서 이야기하는 것처럼 보입니다. 이를테면 다음 구절들이 그렇습니다.

> 이 세상의 통치자가 심판을 받았기 때문이다. (요한 16:11)

> 내가 세상을 이겼다. (요한 16:33)

그리스어의 완료 시제로 된 이러한 문구들은 이미 완료되고 유효한 것으로 간주되는 사건이 어떤 결과를 낳았음을 강조합니다.

이처럼 요한복음은 부활 이후 교회의 질문과 문제를 제자들의 질문으로, 교회의 통찰을 지상에서 활동했을 때 예수가 했던 말로 제시하고 있습니다. 고별 담화를 보면 예수의 담화가 의도적으로 그런 방식으로 배치되어 있음을 분명하게 알 수 있지요(고별 담화만 이런 특징을 보이는 것은 아닙니다). 이는 요한복음의 가장 중요한 특징입니다. 물론 다른 복음서들도 부활 이후의 관점을 택하고 있습니다. 그러나 요한복음처럼 그러한 관점을 바탕으로 예수의 지상 활동을 서술한 복음서, 체계적이고도 대담하게 그러한 관점을 도입한 복음서는 없습니다. 예수와 제자들의 시대, 그리고 복음서 저자와 그의 공동체의 시대라는 두 지평은 의도적으로 섞여 있습니다. 그리하여 요한복음은 예수가 부활 이후 교회의 상황과 문제를 향해 더 직접 말할 수 있게 합니다. 즉, 이 복음서는 예수가 물리적으로 부재하고, 제자들이 그의 부재를 견디며, 주변의 믿지 않는 세상의 증오와 조롱을 견뎌야 하는 상황을 다루고 있습니다.

요한복음에 기록된 예수의 담화, 그가 사용한 언어를 면밀하게 관찰해 보면 이 점을 좀 더 분명히 알 수 있습니다. 이 담화들은 부활 이후 교회의 관점에서 구성되었습니다. 물론 그 배경에는 일부 과거 전승들이 있겠지만, 현재 우리가 보는 요한복음에 기록된 담화들은 예수가 실제로 남긴 말이기보다는 복음서 저자가 일종의 극으로, 신학을 담아 구성한 본문에 가깝습니다.

(4) 예수의 언어와 양식

이제 요한복음에 등장하는 예수의 언어가 다른 복음서들과 어떻게 다른지 살펴보도록 하지요. 요한복음의 예수는 공관복음에 나타난 예수와는 분명 다르게 말합니다. 공관복음에서 예수는 주로 대화를 나누는 가운데, 혹은 갈등 상황에서 짧은 말이나 비유를 전합니다. 반면, 요한복음에서 예수는 반복되는 구조, 나선형의 사고 구조를 갖춘 긴 담화를 전합니다. 그리고 짤막한 비유가 아니라 "생명의 빵"(6장), "선한 목자"(10장), "참 포도나무"(15장)에 관한 담화들에서 엿볼 수 있듯 긴 비유를 쓰지요. 공관복음의 경우 예수가 한 말 중 일부에서 아람어 원어의 흔적을 발견할 수 있지만, 요한복음에서 예수가 하는 말에서는 그 흔적을 거의 찾아볼 수 없습니다. 이 복음서에서 예수는 단순하지만 정확한 그리스어를 구사하며, 번역된 그리스어가 아닌 부드럽고 독창적인 표현을 씁니다. 이는 다른 모든 신약성서 문헌의 문체와는 확연히 다르지요.

가장 중요한 사실은 요한복음의 경우에는 예수뿐만 아니라 세례 요한과 같은 다른 인물들도 이런 언어를 쓴다는 점입니다. 복음서의 화자도 같은 투로 말하며 요한의 첫째 편지(요한1서) 역시 이와 유사한 언어를 구사합니다. 이를 통해 우리는 요한복음에 기록된 예수의 언어는 요한복음을 저술한 사람 및 주변 사람들의 언어, 즉 저자와 그가 속한 공동체의 언어이며 지상에 있을 때 예수가 쓴 언어가 아니라는 결론을 내릴 수 있습니다. 다른 복음서 전승을 통해서는 예수가 실제로 한 말을 부분적으로나마 재구성할 수 있습니다. 그가 실제로 한 말은 번역의 과정을 거쳤을 뿐 아니라 더 깊은 변형 과정을 거쳤습니다. 그러한 과정을 거친 요한복음 속 예수의 말은 지상에서 예수가 실제로 한 말로 분류하기 힘듭니다. 대신 요한복음에 나오는 예수의 말은 부활 이후 예수의 삶을 회고하는 관점에서 일관성 있는 형태로 구성되었으며, 요한복음의 저자 또는 그가 속한 공동체의 언어로 기록되었습니다. 요한복음의 예수는 부활 이후 예수의 부재로 인한 제자들의 슬픔, 디아스포라 회당과의 분쟁, 후대에 발전한 그리스도론과 같은 문제들에 관해 이야기합니다. 이 중 일부는 이전의 전승에서 파생되었을 수 있습니다. 하지만 요한복음에 나오는 예수의 말과 담화는 대부분 복음서 저자의 말과 담화로 보는 것이 온당합니다.

(5) 서사들

요한복음과 공관복음은 공통된 이야기를 서술할 때도 세부 사항에서 상당한 차이를 드러냅니다. 여기서는 요한복음 1장 35~51절에 나오는, 예수가 제자들을 부르는 장면만 살펴보겠습니다. 공관복음에서는 최초의 제자들을 부르는 일이 갈릴리 바다 해안에서 이루어지며, 그중에는 어부로 일하던 두 쌍의 형제, 즉 베드로와 안드레아(안드레), 그리고 제베대오의 아들인 요한과 야고보가 있고(마르 1:16~20), 나중에 열두 제자가 모입니다(마르 3:13~19). 그러나 요한복음에서는 예수가 제자들을 부른 곳이 갈릴리 바다 근처가 아닙니다. 열두 제자를 언급하지도 않지요. 대신, 예수의 최초 제자들은 본래 세례 요한의 제자들이었던 것으로 나오며, 요한이 활동하던 요르단강 근처에서 예수의 부름을 받습니다. 제자들이 부름을 받는 방식도 매우 다릅니다. 공관복음의 경우 예수가 "카리스마" 있게 명령하고 제자들이 즉시 따르는 모습을 보이지만 요한복음에는 그런 이야기가 없습니다. 요한복음에서는 모든 제자가 다른 사람에게 예수에 관해 들은 후, 예수를 개인적으로 만나고 마침내 믿음을 갖고 다른 사람들에게 이를 증언하지요.

세례 요한은 자신의 두 제자에게 예수를 가리키며 말합니다.

보아라, 하느님의 어린 양이다. (요한 1:36)

그리고 두 사람은 예수를 따라나섭니다. 이에 예수는 돌아서서 그들에게 묻습니다.

> 너희는 무엇을 찾고 있느냐? (요한 1:38)

그리고 제자들은 예수에게 묻습니다.

> 랍비님, 어디에 묵고 계십니까? (요한 1:38)

예수는 "와서 보아라"(요한 1:39) 하며 그들을 초대하고, 둘은 밤에 예수를 만나 보고, 믿고, 그의 곁에 머뭅니다(요한 1:36~40). 이러한 흐름은 요한복음 여러 곳에서 반복됩니다. 한 사람이 다른 사람에게 예수에 관해 이야기하고, 예수에 관해 들은 이는 증언을 따라 예수에게 나아갑니다. 그는 예수를 만나 그의 말을 듣고 제자가 됩니다. 베드로는 그의 형제 안드레아의 증언을 따라 부름을 받았고, 나사렛에서 무슨 선한 것이 나올 수 있냐며 거부감을 가졌던 나타나엘은 필립보(빌립)의 증언을 따라 부름을 받은 후 예수의 말을 듣고 결국 예수를 메시아이자 이스라엘의 왕으로 믿는다고 선포합니다.

이러한 흐름(사람들이 다른 사람의 증언을 듣고 예수와 만나 믿음을 갖게 되는 모습)은 복음서의 다른 곳에서도 엿볼 수 있습니다. 심지어 오늘날에도 이런 일이 일어나지요. 예수는 더는 물리적으로 이 세상에 있지 않기 때문에 오늘날 공관복음에 나오듯 예수의 부름을 직접 받아 그를 따르게 되는 일은 일어날 수 없습니다. 대신 사람들은 성서에 기록된 증언과 다른 신자들의 생생한 증언을 듣고 신앙을 갖곤 하지요. 예수를 향해, 혹은 신자들의 공동체를 향해 발을 내딛는 최초의 움직임은 지상에서 활동하는 예수가 아닌 성령과의 만남, 신앙의 공동체 안에서 이루어지는 만남을 통해 이루어지고, 더 발걸음을 내딛을수록 경험은 다양해지고 깊어집니다.

요한은 의도적으로 다른 복음서들과는 다른 방식으로 예수가 최초의 제자들을 부른 이야기를 기록했습니다. 이는 부활 이후, 예수가 물리적으로 부재한 교회에서도 여전히 그의 부름을 따를 수 있는 본을 제시하려 했기 때문일 것입니다. 요한은 신자들의 증언, 궁극적으로는 이 책의 증언이 그 역할을 대신할 수 있으리라고 기대했을 것입니다. 그는 그렇게 매우 다른 방식으로 이야기를 전달함으로써, 즉 줄거리와 이야기 구조를 바꿈으로써 독자들에게 좀 더 적절하고 도움을 줄 수 있는 그림을 제시하고자 했습니다.

요한복음의 기적 이야기 역시 독특한 형식을 지니고 있습니다. 기적 이야기이기는 하지만, 요한은 이를 독특한 방식으로 설계했습니다. 공관복음에서 예수의 활동 중 가장 중요한 활동은 축귀라 할 수 있습니다. 이는 당시 귀신과 더러운 영에 대한 팔레스타인 유대인들의 믿음에 부합하는 활동입니다. 그러나 요한복음의 예수는 귀신을 내쫓지 않습니다.

또한, 요한복음의 예수는 단순히 질병, 질환, 또는 장애와 같은 위급한 상황에 빠진 이들을 돕고 그에 따른 종교적, 사회적 소외에서 벗어나도록 돕는 이가 아닙니다. 이 복음서에서 예수는 거기서 그치지 않고 자신의 영광, 권위 혹은 진정한 정체성을 보여 주기 위해 기적을 행합니다. 요한복음에서 기적은 "표징"으로 제시되는데, 이는 특정한 의미가 있는 사건으로 나타납니다. 현장에 있는 많은 사람은 그 사건의 의미를 이해하지 못하지만, 요한복음의 독자들은 이를 이해해야만 합니다. 요한은 독자들에게 단순히 예수가 어떤 일을 하는지 관찰하는 게 아니라 문학적으로 구성된 표징에 관한 이야기, 즉 "기록된" 표징(요한 20:31)을 읽음으로써 더 깊은 통찰을 얻으라고 촉구합니다.

"표징"이라는 표현은 이 사건들이 단지 상징이며 "실제", 혹은 사실적인 사건이 아니라는 의미는 아닙니다. 오히려 요한복음이 기록하는 표징은 사건의 물리적 현실성을 강조합니다. 가나의 혼인 잔치에서 예수는 단지 물 한 잔을 포도주로 바꾼 것이 아니라 80리터에서 120리터 정도 되는 항아리를 여섯 개나 채울 만큼 엄청난 양을 만들었고 그 품질도 매우 좋았습니다. 라자로는 죽은 직후에 소생한 것이 아니라 죽은 후 나흘이나 지나 시체에 부패가 진행된 상태에서 다시 살아납니다. 베데스다 못의 앉은뱅이는 단순한 절름발이가 아니라 38년 동안이나 몸이 마비되어 있었기 때문에 자신이 당장 치유 받아야 한다고 생각하지 않았습니다. 이러한 요한의 이야기 서술 방식은 독자들에게 사건의 역사적 차원을 잊게 하는 것이 아니라, 이를 보완하는, 좀 더 깊은 의미를 찾도록 유도합니다.

요한복음에서 예수가 첫 번째로 이룬 기적인 가나의 결혼식을 좀 더 살펴볼까요. 이 사건에는 수많은 상징이 좀좀한 그물망을 이루고 있습니다. 구약성서 전통에서 결혼식과 잔치는 풍성한 포도주와 마찬가지로 종말의 심상을 지니고 있습니다. 그래서 예수가 물을 포도주로 변화시킬 때, 메시아 시대가 시작되었다는 점을 독자들은 간파할 수 있지요. 또한, 요한복음은 결혼식이 "사흘째 되는 날"(요한 2:1) 열렸다고 기록합니다. 그렇기에 독자들은 자연스럽게 부활 사건과 이 사건을 연관 지어 생각해 보게 됩니다. 무엇보다도 독자들은 예수의 어머니가 아들에게 포도주가 떨어졌다고 말할 때 당황할 것입니다. 이때 그녀는 명확하지는 않지만, 아들에게 뭔가를 기대하는 것처럼 보입니다. 그러나 놀랍게도, 예수는 어머니의 말을 퉁명스럽게 일축합니다.

> 여자여, 그것이 나와 당신에게 무슨 상관이 있습니까? (요한 2:4)

이는 분명히 자신을 내버려 두라는 의미입니다. 예상치 못한 부적절한 태도에 대해 독자들이 의아함을 느낄 즈음 예수는 연이어 말합니다.

> 아직도 내 때가 오지 않았습니다. (요한 2:4)

이제 독자들은 수수께끼에 휘말리게 됩니다. 예수가 말한 "때"는 무엇을 의미할까요? 기적을 일으킬 때를 말하는 것일까요? 그러나 이후 이야기를 보면 예수가 곧 기적을 행하기 때문에, 저 말이 기적을 행할 시간이 아직 오지 않았다는 말을 뜻하지는 않아 보입니다. 복음서 후반부에 이르러서야 독자들은 "나의 때", 혹은 "그의 때"라는 문구가 실제로 예수의 죽음과 관련이 있음을 알게 됩니다. 유대인들이 예수를 잡으려고 할 때가 아직 오지 않았으므로, 사람들은 아직 예수를 붙잡을 수 없습니다(요한 7:30, 8:20). 공적인 활동이 끝날 무렵에야 예수는 "인자가 영광을 받을 때가 왔다"(요한 12:23)고 선포합니다. 또한, 이런 말도 남깁니다.

> 밀알 하나가 땅에 떨어져서 죽지 않으면 한 알 그대로 있고, 죽으면 열매를 많이 맺는다. (요한 12:24)

이 지점에서 독자들이 첫 번째 표징으로 거슬러 올라가면, 그들은 요한복음 2장에 등장한 첫 번째 기적도 예수의 죽음과 영광을 언급하고 있음을 알게 됩니다. 요한은 기적 이야기를 함에 있어 이 점을 분명히 합니다. 이 기적 이야기에서 언급하는 영광은 실제로는 예수의 영화glorification 안에서 주어진 영광이라고 말이지요. 가나의 혼인 잔치 이야기는 이렇게 마무리됩니다.

> 잔치를 맡은 이는 신랑을 불러서 그에게 말하기를 "누구든지 먼저 좋은 포도주를 내놓고, 손님들이 취한 뒤에 덜 좋은 것을 내놓는데, 그대는 이렇게 좋은 포도주를 지금까지 남겨두었구려!" (요한 2:9~10)

여기서 잔치를 맡은 이는 신랑이 어리석은 사람인 것처럼 말합니다. 그래서 독자들은 예수야말로 이 이야기의 진정한 "신랑"이 아닌지 의문을 품게 되지요. 좋은 포도주를 제공한 이는 신랑이 아니라 예수였기 때문입니다. 이런 식으로 독자는 가나의 혼인 잔치 이야기를 과거에 일어난 한 사건에 대한 설명으로 읽을 수 있을 뿐만 아니라 예수의 참된 존엄성, 그를 통해 이루어진 구원에 관한 이야기로 읽을 수 있게 됩니다. 혹은, 그렇게 읽을 수 있도록 요한복음은 독자를 인도하고 있습니다.

갈릴리 한 마을에서 열린 잔치에서 예수가 그저 품질 좋은 포도주를 제공했다는 사실 자체는 별다른 의미가 없습니다. 그러나 요한은 여기에 보다 깊은 의미가 담겨 있다고 말해줍니다. 메시아 예수와 함께 종말이 시작되었고, 그를 통해 구원과 영생이 주어진다고. 유대인의 정결 예식(이 예식은 물로 행합니다)은 이제 예수, 즉 메시아의 혼인 잔치에서의 포도주, 참된 신랑인 분이 베푼 구원의 포도주, 기쁨으로 가득 찬 잔치로 대체된다고 말이지요.

이러한 문학 기법은 다른 기적 이야기에서도 반복됩니다. 요한은 예수의 행동을 "표징"으로 제시합니다. 앞에서도 말했지만, 이는 그 행동이 순전히 상징이라는 의미가 아닙니다. 요한은 예수의 행동이 지닌 물리적인 측면, 혹은 물질적인 측면을 분명하게 강조합니다. 하지만 좀 더 중요한 사실은 요한복음 속 모든 기적 이야기가 예수의 전체 활동, 그의 수난, 부활과 이어져 있다는 점입니다. 요한은 늘 이를 함께 언급합니다. 따라서 모든 개별 이야기는 이러한 관점으로 이해해야 하며, 이를 통해 독자는 예수의 모든 행적을 더 깊은 의미를 지닌 사건으로 이해할 수 있습니다.

요한은 예수의 기적을 많이 이야기하지 않았지만, 자신이 선택한 이야기들이 독자들에게 의미 있는 이야기, 호소력 있는 이야기가 되기를 바랐습니다. 그래서 그는 모든 기적 이야기를 예수의 생애와 활동, 특히 그 절정인 죽음과 부활의 맥락 속에 놓습니다. 요한에 따르면, 모든 기적 사건은 예수가 가져온 구원 전체를 드러냅니다.

포도주 기적 이후, 요한은 성전 정화 사건(요한 2:13~22)을 보도합니다. 이는 공관복음에도 등장하는 사건이기에 사료를 다루는 방식에서 공관복음과 요한복음의 도드라지는 차이를, 요한이 줄거리를 어떻게 재배치하고 변경하는지를 엿볼 수 있습니다.

마르코복음에서 성전 정화 사건은 예수의 수난 직전에 일어납니다(마르 11:15~17). 그래서 이 사건은 예수의 체포 및 십자가 처형을 낳는 도발적인 행위로 읽히지요. 반면, 요한은 자신의 복음서 초반에서 이 사건을 다룹니다. 이러한 차이는 역사의 개연성에 대한 판단을 요구하며, 동시에 요한복음의 문학 작품으로서의 성격에 대해 눈을 뜨게 해줍니다. 무엇이 더 실제 역사에서 일어났을 법한가요? 예수가 활동 초기에 성전에서 그러한 도발적인 행동을 할 수 있었을까요? 아니면 이 모순을 조화롭게 해결하고자 했던 해석자들의 제안대로 예수가 두 번이나 그런 일을 했을까요? 요한이 기록한 대로 예수가 활동 초기에 이런 일을 했다면, 그처럼 폭력적인 사건(요한 2:15)을 접하고도 예루살렘 당국이 그를 풀어주고 1~2년 더 활동하도록 내버려

두었다는 뜻일까요? 공관복음의 기록대로 이 일은 예수의 공적 활동 마지막 부분에 위치하는 걸까요? 실제로 그랬다면 요한은 왜 이 이야기를 복음서 시작 부분에 배치했을까요? 그가 공관복음을 기록한 이들보다 더 정확한 정보를 갖고 있었던 걸까요? 아니면 공관복음과는 다른 전승을 따른 것일까요? 아니면 과감하게 예수 활동과 수난의 줄거리를 바꾸고 "유대인들"과의 갈등을 여는 장면으로 쓰기 위해 예수 활동의 시작 부분에 옮겼을까요? 우리는 어떤 식으로든 결정을 내려야만 합니다.

이를 위해서는 요한복음을 면밀하게 읽어 볼 필요가 있습니다. 그렇게 읽다 보면 놀랍게도, 우리는 요한이 '원래' 예수 공적 활동의 마지막 시기에 성전 정화 사건이 일어났다는 사실을 알고 있었음을 발견하게 됩니다. 요한복음 2장 17절에서 요한은 성전 정화 사건의 모든 행동에 대한 해석을 제공하는 시편 69편 10절의 인용문("주님의 집을 생각하는 열정이 나를 삼킬 것이다")을 추가함으로써 아버지 하느님의 집에 대한 열심에서 일어난 예수의 성전 정화가 궁극적으로 자신을 삼킬 것임을, 즉 죽음으로 이어질 것임을 암시하고 있습니다. 또한, 공관복음과 달리 요한복음은 성전 정화를 성전에 대한 예수의 말(마르 14:58 등)과 곧바로 연결해 이 행동에 관한 다른 해석의 여지를 만듭니다. 이 말에서 파괴의 주체는 다름 아닌 유대인입니다.

이 성전을 허물어라. 그러면 내가 사흘 만에 다시 세우겠다. (요한 2:19)

물론 예루살렘 당국이 성전을 파괴하는 일은 당시 누구도 상상할 수 없는 사건이며, 성전을 사흘 만에 재건하겠다는 예수의 말은 더욱 터무니없게 들립니다. 그래서 요한복음의 저자는 "예수께서 성전이라고 하신 것은 자기 몸을 두고 하신 말씀이었다"(요한 2:21)라고, 그의 죽음과 부활을 말하고 있는 것이라고 설명합니다. 당국이 예수를 죽이려 하더라도("성전을 허물어라"), 예수는 죽음으로부터 부활해 성전을 다시 지을 것이라는 말이지요. 이렇게 요한복음의 저자가 성전 정화 사건을 예수의 죽음과 연결하고 있다는 점을 고려하면 그가 수난 전승에서 이 사건의 본래 위치를 알고 있다는 주장, 다른 전승을 채택한 것이 아니라는 주장은 설득력이 있습니다.

요한은 성전 정화 사건이 예수의 공적 활동 말미에 일어났으며, 그 사건이 예수의 죽음과 직접적인 관련이 있음을 알고 있었습니다. 그럼에도 그는 다분히 의도적으로 이 사건을 서두에, 예수와 예루살렘 당국 사이에 일어난 갈등을 다루는 이야기의 서곡에 배치합니다. 하느님의 아들 예수는 아버지의 집에 대한 권위를 주장했고, 이로 인해 예수를 향한 당국의 적대감이 커져 갈등이 격화되고 결국 죽음에 이르게 되었다고 이야기하기 위해서 말이지요.

이 부분은 매우 중요합니다. 요한이 실제 역사와 관련된 전승을 알고 있었음에도 불구하고 이를 의도적으로 재배치하면서 복음서를 서술했음을 알려 주기 때문이지요. 그는 수난 이야기에서 한 부분을 자신이 구성한 줄거리에서 다른 위치에 배치했습니다. 이러한 재배치는 요한이 자신의 역사적 그림을 제시하기 위해 의도적으로 변경한 것입니다.

이는 복음서 저자의 문학 활동과 관련해 여러 생각거리를 남깁니다. 요한이 이를 '의도적으로' 했다면, 그는 자신이 받은 전승을 '있는 그대로' 말하고 싶어 하지 않았음이 분명합니다. 하지만 그렇게 해도 되는 것일까요? 복음서 저자에게는 그런 자유가 있는 것일까요? 아니면 이를 역사를 위조하거나 조작하는 행위로 간주해야 할까요? 하지만 좀 더 중요한 물음은 요한복음 저자에 대해 우리가 갖고 있는 전제에 오류가 있는 건 아니냐는, 있다면 수정해야 하느냐는 물음입니다. 요한은 이야기를 극적으로 구성하기 위해, 또한 자신의 신학을 반영하기 위해 '역사'를 분명하게 바꾸었습니다. 요한복음에서 예수는 공적 활동을 시작할 때부터 적극적으로 자신의 길을 제어하는 이로 묘사되고, 성전 당국과의 치명적인 갈등도 그가 주도하며 시작됩니다. 예수는 아버지의 집에 속한 아들이자 상속인으로서, 즉 그곳을 책임지는 사람으로서 행동합니다. 그렇기에 요한은 역사의 순서를 따지면 나중에 발생한 사건을 이야기의 시작에 배치했습니다.

(6) 연대기

요한복음의 저자가 성전 정화 사건을 이야기의 말미에서 시작 부분으로 옮기면 줄거리가 달라지고 이에 따라 다른 결과가 생깁니다. 예수가 성전을 정화하려면 그는 예루살렘에 있어야 합니다. 그러므로 2장 13절에서 저자는 예수가 유월절을 위해 예루살렘으로 순례를 갔다고 이야기합니다. 이는 그가 죽임을 맞이했던 유월절 이전, 그보다 2년 전의 일입니다. 이렇게 성전 정화 사건의 배열을 달리하면 예수 이야기의 연대기 전체가 바뀝니다. 예수의 활동과 수난에 대한 요한복음과 공관복음 간의 차이는 여기서 발생하게 됩니다.

마르코복음에서 예수는 단 한 번 갈릴리에서 예루살렘으로 갑니다. 활동을 끝내고 유월절을 맞이한 뒤 그곳에서 죽음을 맞이하지요. 반면 요한복음은 성전 정화 사건을 공생애 초반에 배치함으로써 예수가 추가로 예루살렘 순례(요한 2:13)를 했다고 기록합니다. 또한, 요한복음 5장 1절에서 예수는 알려지지 않은 축제(아마도 칠칠절Feast of Dedication)에 참여하기 위해 예루살렘으로 갑니다. 그다음 유월절을 언급하는 부분(요한 6:4)에서 예수는 다시 예루살렘으로 갑니다. 아마도 갈릴리에서 알려지지 않은 기간을 보낸 후(요한 7:1), 초막절을 보내기(요한 7:10) 위해서였던 것 같습니다. 예수는 이때 갈릴리에서 출발한 후 가을의 초막절, 겨울의 성전 봉헌절(요한 10:22)을 거쳐 그가 죽음을 맞는 유월절에 이르기까지 남부 유대 지역에 머물게 됩니다.

이는 예수가 갈릴리와 주변 지역에서 집중적으로 활동하다 유월절에 이르자 예루살렘으로 가 죽음을 맞이했다고 본 공관복음과는 현저한 차이가 있습니다. 공관복음에서 유월절을 단 한 번만 언급했다는 사실은 예수의 공생애가 1년 정도였음을 시사하지요. 반면 요한복음에서 예수는 갈릴리와 예루살렘을 오가며, 갈릴리보다는 예루살렘이나 유대 지방에 훨씬 더 오래 머뭅니다. 그리고 이 복음서에 언급된 축제들은 예수의 활동 기간을 추정해 보게 합니다. 세 번의 유월절을 언급했다는 점에서 우리는 예수가 2년, 혹은 2년이 조금 넘는 기간 동안 활동했다고 추정할 수 있습니다. 다시 말하지만, 이러한 공관복음과 요한복음의 차이를 두고 우리는 역사적 판단을 내려야 합니다. 예수의 공생애 기간은 1년이었을까요? 아니면 2~3년 정도일까요? 결정하기 어려운 문제입니다. 마르코가 보여 주는 시간 틀이 그저 구성상의 문제일 수 있고, 예수나 예수의 독실한 가족이 그의 공생애 이전 혹은 공생애 중 두 번 이상 예루살렘 순례를 했을 가능성도 배제해서는 안 되기 때문입니다.

요한복음은 공관복음보다 예수가 더 많이 축제들을 순례했다고 기록합니다만, 이러한 요한의 설계가 실제 역사를 그대로 반영하거나 지상에서 예수의 삶을 재구성하는 데 더 신뢰할 만한 자료를 반영해 기술했다고 보기는 어렵습니다. 요한복음 2장 13절과 6장 4절에서 언급한 첫 번째 유월절 순례는 일종의 문학적 조정literary manipulation일 수 있습니다. 앞서 언급했듯 요한은 성전 정화 전승을 예수 활동 후반부에서 전반부로 옮기기 위해 2장 13절에서 첫 유월절 순례를 언급했습니다. 성전 사건을 활동 전반부에 넣기 위해서는 예수가 예루살렘으로 떠나야 했고 그 결과 예수의 활동 기간은 1년 연장되었지요.

두 번째로 유월절을 언급한 요한복음 6장 4절 역시 문학적 조정의 결과일 수 있습니다. 오천 명을 먹이는 기적(요한 6:1~15)을 초기 그리스도교의 식사를 예시하는 사건, 더 나아가 성찬을 예시하는 기적으로 해석한다면 "유대 사람의 명절인 유월절이 가까운 때"(요한 6:4)였다는 언급은 이어지는 대화(요한 6:26~59)뿐 아니라 기적 이야기 자체

(요한 6:11)에 의미를 부여하는 진술로 보입니다. 이러한 진술들은 오병이어 기적에서의 음식(빵과 물고기), 그리고 요한 6장 51~58절에 나오는 피와 살을 유월절과 연결하고, 따라서 요한복음 6장에서 이루어지는 해석의 출발점이라 할 수 있는 예수의 죽음과 연결합니다. 그러니 요한복음 2장과 6장에 예수의 활동 시기를 추정하게 하는 이정표들은 문학적 관심, 혹은 그 사건들의 의미에 대한 관심에 따른 기록이지 역사의 정확성을 추구함으로써 나온 기록은 아닐 것입니다. 마르코복음과 요한복음의 연대기는 모두 두 저자의 문학적 관심을 반영해 구성되었다는 점을 고려하면, 예수의 실제 활동 기간은 알 수 없습니다.

복음서들의 연대 기록에는 또 다른 중요한 차이점이 있습니다. 예수는 언제 죽음을 맞이했을까요? 모든 복음서는 그날이 금요일 즉 안식일 전날이었다고 말합니다. 하지만 그 날짜는 정확히 언제였을까요? 이 금요일은 니산월 15일에 지켰던 안식일과는 어떤 관련이 있을까요?

마르코복음과 다른 공관복음에서 예수는 제자들과 함께 유월절 식사를 마지막 식사로 기념합니다. 이 식사는 전통적으로 유월절 전날인 니산월 14일 저녁에 열렸습니다. 하지만 요한복음은 다릅니다. 이 복음서에는 유대 통치자들이 유월절 저녁 식사 전에 부정해질까 두려워 로마 총독 본디오 빌라도의 집에 들어가지 않겠다고 말하는 기록이 있기 때문입니다(요한 18:28). 그러니 예수가 제자들과 마지막으로 식사(요한 13:1~20)를 한 시점은 적어도 봉상적인 유월절 식사 하루 전인 니산월 13일에 이루어졌을 것이며, 이 경우 예수의 마지막 식사는 유월절 식사가 아니었을 것입니다.

요한복음이 기록하는 연대에 따르면 예수는 유월절 준비일인 니산월 14일에 죽음을 맞이했으며, 이는 유월절 양이 성전에서 도살되어 저녁에 가족이나 순례자 집단이 먹을 때쯤입니다. 시간상 공관복음과 하루 차이가 나지요. 공관복음과 요한복음은 모두 금요일에 예수가 죽음을 맞이했다고 보도하지만, 유대인의 달력상 요한복음의 경우에는 니산월 14일, 공관복음은 니산월 15일에 죽음을 맞이했다고 기록하고 있습니다. 그 결과 요한복음과 공관복음의 달력은 서로 다른 날짜를 가리키는 셈이 되지만, 여기서 그 문제는 차치하고 넘어가겠습니다. 중요한 건 둘 중 어떤 게 더 역사적으로 타당하냐는 물음이니 말이지요. 제가 보기에는 예수와 그의 제자들이 유월절 식사를 기념하고, 로마 권력자들이 냉소를 담아, 반유대 활동의 일환으로 유월절에 예수를 십자가에 못 박았다고 보는 공관복음의 연대기가 더 타당한 것 같습니다. 요한복음이 기록하는 연대는 특정한 신학을 반영하고 있다고 보았을 때 훨씬 더 잘 설명할 수 있기 때문입니다. 요한복음 1장 29절과 36절에서 예수를 "하느님의 어린양"이라고 부르고, 19장 36절에서 성서의 유월절 규정(출애 12:10,46)을 예수에게 적용하는 것은 요한복음의 저자가 예수를 참된, 혹은 종말론적인 유월절 어린양으로 이해하고 있음을 분명히 드러냅니다. 따라서 그가 예수가 죽음을 맞이한 날짜를 이 상징과 일치시켰다는 생각이 더 그럴듯해 보이며, 반대일 경우는 개연성이 떨어집니다.

그렇다면 요한은 어째서 다른 복음서들과는 다르게 이야기를 할까요? 일반적인 대답은 요한이 자신의 신학을 담아 일종의 극을 구성하려 했기 때문이라는 것입니다. 공관복음, 특히 마르코복음과 Q 자료에 있는 말들은 역사적 예수와 그의 설교에 가깝습니다. 요한복음과 공관복음 사이에 존재하는 차이는 우리가 어떤 결정을 내리도록 요구합니다. 오랜 기간 이를 조화시키려는 다양한 이론이 있었지만, 그 어떤 이론도 설득력을 지니지 못했기 때문입니다. 결국 어떤 면에서 우리는 결정을 내려야 합니다. 하느님의 말씀에 대한 경외심으로 이러한 질문에 마음을 닫아 버린다면 이는 부정직한 행동일 것입니다. 우리가 말씀을 진지하게 받아들인다면 복음서들의 차이점도 면밀하고 정직하게 살펴보아야 합니다. 비판적인 질문이라고 할 수 있는 질문에도 정면으로 맞서야 합니다. 이러한 물음에 답하기를 주저하거나 말씀을 비판하지 않기 위해 자신 안에서 일어나는 질문, 그리고 타인이 던지는 질문에 귀를 닫는 사람은 성서에 충실하다고 말할 수 없으며, 성육신과 그 의미를 충분히 진지하게 받아들이지 않는 사람이라 할 수 있습니다. 성서 본문의 저자는 자료를 선택하고, 자신의 신학을 따라, 극적 혹은 수사적 효과를 노리고 이야기를 설계했습니다. 성서 본문의 저자들은 단순히 기록 문학을 쓰려하지 않았으며 "역사적"인 관심만 갖지도 않았습니다. 그렇기에 성서에는 다양한 관점과 시각이 존재하며 이는 성서의 생명력을 보여 줌과 동시에 성서가 우리의 실제 삶과 밀접하게 연결될 수 있게 해줍니다.

요한복음의 저자는 자신이 예수의 이야기를 동시대 다른 이들이 알고 있는 그대로 전하지 않고 있다는 점을 잘 알고 있었습니다. 또한, 그는 자신이 오래된 전승의 구절들을 재배열하고 있으며, 이야기를 극적으로 구성하기 위해 성전 정화 사건 및 예수를 죽음으로 이끈 유대 당국의 결정(요한 11:45~53)을 수난이라는 맥락으로부터 예수 공생애의 다른 지점으로 옮김으로써 수난 이야기의 형식을 바꾸고 있음을 인지했습니다. 또한, 요한복음의 저자는 기적 이야기를 "표징"으로 해석하고, 예수의 모든 행적을 전체 이야기, 그의 수난 및 부활로 가는 길과 밀접하게 연결되도록 이야기를 구성하면서 자신이 무슨 일을 하고 있는지 알았을 것입니다.

이에 더해 요한복음의 저자는 본문에서 독자들에게 이 기록의 과정을 드러내기도 했습니다. 예수의 성전에 대한 수수께끼 같은 말 이후 2장 22절과, 예수가 예루살렘에 입성한 장면 이후 12장 16절이 그 대표적인 예입니다.

> 제자들은 처음에 이 말씀을 깨닫지 못하였으나, 예수께서 영광을 받으신 뒤에야, 이것이 예수를 두고 기록한 것이며, 또 사람들도 그에게 그렇게 대하였다는 것을 회상하였다. (요한 12:16, 2:22 참조)

요한의 설명에 따르면 예수가 부활 혹은 영광을 받은 후에야 그의 제자들은 (넓은 의미에서) 성서를 이해하기 시작했고, 예수의 말, 행적, 운명도 이해하기 시작했습니다. 이러한 깊은 이해의 과정을 여기서는 '기억하기'라고 부르겠습니다. '기억하기'라는 회고를 통해 일어난 기억retrospective memory은 단순히 말이나 행동을 정확하게 재현하는 것이 아니라 성서, 추가된 경험, 신학적 통찰에 비추어 과거에 일어났던 일들을 창조적이고도 새롭게 이해하는 것입니다.

요한이 보았을 때 이러한 '기억'을 빚어내는 이는 성령(요한 14:26) 입니다. 고별 담화에서 예수는 제자들에게 무언가를 상기시키고, 가르치며, 모든 진리로 인도할 분으로 보혜사 성령을 약속합니다.

> 그분 곧 진리의 영이 오시면, 그가 너희를 모든 진리 가운데로 인도하실 것이다. 그는 자기 마음대로 말씀하지 않으시고, 듣는 것만 일러주실 것이요, 앞으로 올 일들을 너희에게 알려 주실 것이다. 또 그는 나를 영광되게 하실 것이다. 그가 나의 것을 받아서, 너희에게 알려 주실 것이기 때문이다. 아버지께서 가지신 것은 다 나의 것이다. 그렇기 때문에 내가, 성령이 나의 것을 받아서 너희에게 알려 주실 것이라고 말한 것이다. (요한 16:13~15)

이러한 진술을 통해 요한은 자신이 제시하는 예수 활동의 모습이 다른 동시대 사람들이 눈으로 보고 확인할 수 있었던 모습과 다르다는 사실을 인정합니다. 요한이 그린 예수의 모습은 부활 이후 제자들이 예수의 전체 이야기를 다시 생각하고 새롭게 이해하도록 이끈 성령의 활동을 통해 발전한 모습이었습니다. 성령의 활동이 이미 기록된 성서를 새롭게 이해하도록 이끌었다고 요한은 믿었습니다.

이러한 이해 과정은 궁극적으로 예수에 대해, 그의 신적 존엄성과

정체성에 대해 새로운 관점을 갖게 했으며, 다른 세 정경 복음서와는 다른 방식으로 예수의 활동을 바라보게 했습니다. 요한은 이 새로운 이해 과정을 숨기지 않으며, 동시대 사람들이 보았을 법한 예수를 제시하는 척하지도 않습니다. 대신 요한은 자신이 제시한 내용이 기억의 과정, 즉 성서를 읽고 배우고 묵상하는 과정, 그리고 성령에 의해 가르침을 받은 과정의 결과임을 분명하게 밝힙니다. 이 같은 맥락에서 요한은 자신이 쓴 복음서의 참된 저자는 성령이라고 여겼습니다.

4. 저자와 자료에 대한 질문

요한복음과 공관복음의 차이, 요한복음의 특징을 살폈으니 이제는 이 복음서의 기원과 저자에 관한 질문들을 살필 차례입니다. 요한복음은 언제 기록되었고, 저자는 누구일까요? 이 질문을 학계에서는 '요한 질문'Johannine Question이라고 하는데, 이는 초기 그리스도교 연구에서 가장 어렵고 복잡한 질문 중 하나입니다. 많은 학자는 이 문제를 해결할 수 없는 문제로 여깁니다. 그리고 이에 관한 모든 이야기는 가설에 불과하므로 누구도 이 질문에 확실한 답을 안다고 말할 수 없습니다. 하지만 저는 많은 사람이 그러하듯 이 질문을 해결해야만 요한복음 본문을 이해할 수 있다고, 달리 말하면 이 문제에 대한 해결이 요한복음 이해의 전제 조건이라고 생각하지는 않습니다. 지금까지 본문을 살피고, 저자가 어떻게 작품을 구성하고, 과거 전승을 바꾸었는지, 더 나아가 요한복음 이면에 있는 '기억'과 이해의 과정을 다룬 이유도 이 때문입니다. 저는 이를 먼저 살피면 요한복음의 자료, 저자, 그리고 배경에 관한 일정한 결론을 끌어낼 수 있다고 생각합니다.

일부 학자는 저의 접근 방식과는 반대로 저자 문제를 먼저 해결하려 시도하기도 했습니다. 그들은 복음서의 저자가 예수의 제자, 사도 요한, 목격자라는 전통적인 견해를 확증하면 모든 것이 명확해지리라 믿었습니다. 이렇게 생각하던 학자들은 그 목격자 요한이 더 잘 알고 있고, 역사적으로 정확하며 다른 복음서들을 수정, 보완했다고 여겼지요.

그러나 이렇게 보면 또 다른 문제들이 등장합니다. 이러한 생각에서 다른 복음서들은 많은 부분에서 틀린 본문이 되지요. 앞서 살펴보았듯, 역사적 예수가 요한복음이 묘사하는 예수처럼 말했다면, 그는 공관복음이 그리듯 말하지 않았을 것입니다. 짧은 말을 하지도, 비유를 쓰지도, 아람어 단어나 구절을 짐작할 수 있는 식으로 말하지 않았겠지요. 반대로 예수가 실제 그러한 어투, 즉 우리가 주기도문과 공관복음에서 볼 수 있는 짧은 말과 비유로 말했다면, 요한복음에 있는 담화에서처럼 말하지 않았을 것입니다. 서로 다른 이 두 말투를 억지로 조화시키거나, 상황에 따라 말투가 달라졌다고 보거나, 대중과 의사소통하는 방식과 내부 집단에서 소통하는 방식이 달랐다고 보는 것은 정직한 분석이 아닙니다. 우리는 이 땅에서 살았던 예수가 남긴 말이 복음서라는 기록으로 전해지는 과정에서 번역, 변형 과정을 거쳤으며, 공관복음보다 요한복음이 그 강도가 훨씬 더 높다는 결론을 피할 수 없습니다.

역사적 자료로서 복음서의 가치에 관한 문제도 마찬가지입니다. 예수의 성전 정화는 활동 초기에 일어난 일일까요? 아니면 마지막에 일어난 일일까요? 예수가 제자들과 나누었던 마지막 식사는 유월절 식사인가요, 아닌가요? 이러한 질문은 하나의 답변만을 요구하며 우리는 어느 쪽이 역사적 사실에 가까운지를 결정해야 합니다. 제 눈에는 공관복음의 진술이 실제 예수의 삶에 더 가까워 보이며, 요한복음의 예수 이야기는 신학의 이유, 구성상의 이유로 커다란 변화를 겪었다는 생각이 타당해 보입니다. 설령 요한복음의 저자가 예수의 전체 활동, 예수의 마지막 날들을 목격했으며 80세, 혹은 90세라는 늙은 나이에 이를 기록했다는 견해를 유지한다 해도, 그는 예수의 말과 행적을 현대 문명의 도구들을 활용해 녹음, 녹화하지 않았으며 당시 여느 이야기꾼이 그러했듯 자료를 선택하고, 검토하고, 해석했음이 분명합니다.

요한복음의 첫 번째 결론부에서, 저자는 가능한 여러 자료 중에서 자신이 일정한 의도를 가지고 선택했으며, 분명한 신학적 목적, 내용을 잘 전달할 목적으로 이야기를 구성했다고 밝힙니다. 그리고 예수가 책에 기록하지 않은 다른 표징들도 행했다고 말하고 있지요. 이어서 그는 말합니다.

> 여기에 이것이나마 기록한 목적은, 여러분으로 하여금 예수가 그리스도요 하느님의 아들이심을 믿게 하고, 또 그렇게 믿어서 그의 이름으로 생명을 얻게 하려는 것이다. (요한 20:31)

이 말은 예수를 전혀 모르는 이들을 대상으로 이 복음서를 썼다는 뜻, 요한복음의 목적이 선교에 있다는 뜻이 아닙니다. 오히려 그 반대입니다. 요한복음은 독자들이 복음서 이야기의 주요 인물들, 세례 요한과 베드로 등 자세히 소개하지는 않지만 언급하는 인물들을 어느 정도 알고 있으리라고 전제합니다. 이 복음서는 예수 이야기에 대해 이미 어느 정도 지식을 갖고 있는 독자들을 염두에 두고 더 깊고 진실한 신앙의 이해를 목표로 하고 있는 것처럼 보입니다. 이 목적을 이루기 위해 저자는 자료를 선택하고, 글에 일정한 형식을 부여했습니다.

(1) 요한의 자료를 찾으려는 노력

이쯤에서 요한복음의 자료에 대한 질문을 다루어야 할 것 같기는 합니다만 여기서 그 문제를 자세히 다루기에는 너무 복잡하고, 다른 책을 하나 더 써야 할 정도로 양이 많으므로 간략하게만 다루고 넘어가겠습니다.

20세기 초부터 많은 학자는 요한복음의 저자가 참고한 오래된 자료를 재구성하려는 시도를 했습니다. 어떤 학자들은 단순하고 연속적인 이야기 자료, 즉 '기본 문서'basic document를 제안했습니다. 마르코복음에 가까운, '역사적 예수'을 재구성하는 두 번째 자료로 활용할 수 있을 법한 문서를 상정한 것이지요. 그들은 이 문서가 나중에 요한복음 특유의 요소들, 예를 들어 고별 담화의 후반부(요한 15~17장)와 요한 고유의 신학 언어로 보완되었다고 생각했습니다. 또 다른 학자들은 기적 이야기가 별도의 자료에서 왔다고 보고 그 자료를 추적하면서 요한복음의 저자가 이 자료를 비판적으로 보고 상징으로 해석해 냈다고 보았습니다. 어떤 학자들은 요한이 수난 이야기를 마르코의 기록이 아닌 다른 자료에서 가져왔다고 주장하기도 했습니다. 그중에서도 특히 널리 퍼진 주장은 요한의 인상적인 서문 뒤에는 본래 찬송시나 시편과 유사한 본문이 있었고, 세례 요한에 관한 언급을 추가하고 보완하면서 현재의 형태로 발전했다는 가설입니다.

이 모든 가설은 요한복음의 본문 안에 있는 긴장을 나름대로 관찰함으로써 제기되었지만, 어느 하나 학계의 합의를 끌어내지는 못했습니다. 대신, 또 다른 기준에 따라 요한복음의 자료가 어떻게 구성되었는지에 관한 제안이 등장했습니다. 이 제안을 한 학자들은 요한의 문체, 그 독특하고도 일관된 문체에 주목했습니다. 그의 글쓰기 방식, 문체의 특징을 분석한 결과 학자들은 요한복음의 모든 구절에 그의 문체가 배어 있으며, 이는 특정 집단의 특징이 아닌, 개인의 문체일 확률이 높다고 보았습니다. 그리하여 어떤 자료 가설도 검증할 수 없다는 결론이 나왔지요.

후대 교회가 요한복음 저자의 작업물을 편집했다는, 확장하거나 적어도 수정했다는 꽤나 인기 있는 가정도 마찬가지입니다. 이 가정에 따르면 후대 교회의 편집자는 요한의 편향성을 수정하고 미래 종말론과 성사들에 관한 언급을 추가했습니다. 어떤 학자들은 초기 그리스도인들이 교회의 구조와 윤리에 관심을 갖게 된 시점을 요한복음의 저자가 활동했던 시대 이후로 보았습니다. 편집 비평redactional criticism에 바탕을 둔 이 가설은 복음서가 기록된 배경이 된 공동체, 그 공동체의 역사에 대한 보다 포괄적인 모형을 개발하는 데 쓰였습니다. 이 입장에 따르면 이 공동체들은 처음에는 전적으로 유대-그리스도교 공동체였으며, 예언자 그리스도론, 혹은 저그리스도론low Christology의 관점을 보였습니다. 그러다 점차 예수를 신적 존재로 보는 고그리스도론high Christology이 발전했고, 이 견해를 두고 그리스도인들은 유대인들과 논쟁을 벌이다 끝내 회당과 분리되었습니다. 이어서 후대의 편집자들(그리고 아마도 요한 서신들)은 다수 교회의 견해에 맞게 이러한 고그리스도론 신학을 수정하여 요한의 특징이 물씬 들어 있는 글을 막 정경이 되어가는 복음서에 적용했을 것이라고, 위 관점을 보이는 학자들은 추정합니다.

이러한 주장은 한동안 요한 학계에서 꽤 인기를 얻었습니다. 문제는 이러한 모형들이 가설에 가설을 쌓아 올린 결과여서, 각 해석자의 신학에 따라 편집층의 분포가 달라진다는 것이지요. 이 중 어느 가설도 언어 면에서든, 문체 면에서든 검증할 수 없습니다. 그렇기에 저는 요한복음을 단일한 하나의 글로 보는 접근을 선호합니다. 최근 서사학narratology을 받아들인 연구자들은 주로 이런 관점을 취하고 있지요. 물론 요한복음이 한 번에 쓰이지는 않았으며, 이 복음서가 만들어지기까지 특정 교회 집단에서 오랜 선포와 토론의 역사가 있었을 것입니다. 하지만 저는 요한복음의 기원에 대해서는 자세한 내용을 밝혀낼 수 없다고 생각합니다.

훗날 추가된 것이 확실한 부분은 21장입니다. 21장은 결론으로 볼 수도 있고 20장 30~31절의 첫 번째 결론 이후 편집자가 추가한 것으로 볼 수도 있습니다. 그러나 이 추가 부분 역시 복음서의 다른 부분과 긴밀히 연결되어 있고, 신학을 고려해 보더라도 복음서 전체 본문은 편집 이전의 본문들과 분리될 수 없는 하나의 단위로 해석해야 합니다.

저자가 아무런 자료 없이 요한복음을 기록했다는 뜻이 아닙니다. 요한 역시 자주 구약성서를 인용합니다. 비록 매우 제한된 본문을 선택해서 사용하고 조밀하리만치 넌지시 내비치지만 말이지요. 요한은 다른 복음서 이야기도 잘 알고 있었을 것이라고 저는 추정합니다. 특히 그는 독자들이 마르코복음의 내용에 대해 잘 알고 있다는 것을 전제하고 있습니다. 이를테면 요한복음 1장에 나오는 세례 요한에 관한 묘사는 마르코복음 1장 3절, 7절, 10절에 나오는 진술을 전제하고 있습니다. 요한복음이 세례 요한을 공관복음과는 상당히 다르게 묘사한다는 사실, 그를 심판의 예언자가 아니라 예수의 증인으로 묘사한다는 사실, 심지어 세례 행위조차 서술하지 않는다는 사실은 요한의 신학과 연결해야 이해할 수 있습니다. 요한복음 12장 27~28절과 18장 11절은 마르코복음에 나오는 겟세마네 이야기(마르 14:32~42), 예수가 죽음의 잔을 면하기를 아버지께 간청하는 장면을 수정하고 있으며, 14장 31절도 마찬가지입니다. 이러한 비판적 수용은 예수가 기꺼이 죽음을 감내했다는 요한의 관점과 일치합니다. 요한복음 3장 24절("그때는 요한이 아직 옥에 갇히기 전이었다")에서 저자는 자신의 글을 읽는 독자가 이와는 다른 순서로 서술된 이야기를 알고 있다고 예상하는데 이는 공관복음, 아마도 마르코복음일 가능성이 높습니다. 그러므로 요한이 참조한 예수 이야기 자료를 꼽자면 우선 마르코복음이라 할 수 있을 겁니다. 그는 이 복음서를 비판적으로 받아들이고, 그리스도에 대한 자신의 이해에 비추어 특정 지점에서 수정을 한 다음 자신이 속한 교회 전승에서 나온 다른 자료로 보충했을 것입니다.

일부 지점에서는 요한이 루가복음을 잘 알고 있었고 루가복음에서 특정 주제를 가져온 흔적도 보입니다. 하지만 그는 언제나 그러했듯 그러한 본문들은 매우 제한적으로 썼고, 복음의 선포에 대한 자신의 관점, 신학적 관점에 따라 채택하고 활용했습니다. 이는 요한복음과 마르코복음을 비교해 볼 때 가장 잘 드러납니다.

마르코복음에 나오는 겟세마네 이야기와 비교해 보면 요한복음이 그리는 예수는 죽음의 순간 하느님이 자신을 구해주시기를 바라는 대신 하느님 이름의 영광을 구하고(요한 12:28), 자신의 영광을 위해서도 기도합니다(요한 17:1). 요한의 관점에 따르면, 예수는 아버지와 하나입니다. 그렇기에 그는 예수가 죽음의 운명을 피하려는 모습을 묘사할 수 없었습니다. 마르코복음에 나오는 예수의 마지막 말과 비교했을 때 요한복음에 나오는 예수의 마지막 말("다 이루었다"(요한 19:30))은 분명한 신학적 수정으로 보입니다. 이 모든 것을 고려했을 때 마르코복음 및 루가복음과의 비교를 통해 우리가 추적할 수 있는 부분은 요한이 자신의 해석을 담아 독자들에게 전달하려 한 그리스도의 모습, 성령의 "기억"을 통해 그리스도에 관한 더 깊고도 진실한 모습을 발전시킨 과정뿐입니다.

(2) **고대의 전승**

그렇다면 요한복음의 저자는 과연 누구일까요? 그의 정체를 정확히 밝힐 수 있을까요? 대다수 학자가 인정하듯 '요한에 의한 복음서', '요한복음'이라는 제목이 훗날 추가되었다면, 처음에 이 복음서는 익명으로 유포되었을 것입니다. 그러나 복음서가 기록되고 사본이 생긴 지 100여 년이 지난 2세기 말에는 거의 모든 교회에서 이 복음서에 대한 광범위한 공감대가 형성되어 있었습니다.

당시 교회는 이 복음서의 저자를 (마르코복음에 따르면) 예수가 갈릴리 바다에서 제자들을 불렀을 때 그물을 내려놓고 그를 따르기로 결심한 초기 제자 중 한 사람인 제베대오(세베대)의 아들 사도 요한으로 보았습니다. 요한복음은 이 요한을 명시적으로 언급하지 않고, 심지어 "제베대오의 아들들"이라는 표현도 결론부인 21장 2절에서야 부록처럼 나타납니다. 하지만 초기 그리스도인들은 이 요한을 마지막 식사 때 예수 바로 옆이라는 영광의 자리를 차지한 "예수께서 사랑하시는 제자"(요한 13:23)로 여겼고 특별히 예수와 가까운 인물이라고 생각했습니다. 여러 지역의 초기 교회 저술가들, 특히 소아시아 '장로' 전통을 따르던 리옹의 이레네우스Irenaeus of Lyons, 에페소의 폴리크라테스Polykrates of Ephesus, 알렉산드리아의 클레멘스Clement of Alexandria, 안티오키아(안디옥)의 테오필루스Theophilus of Antiochia, 카르타고의 테르툴리아누스Tertullian of Carthage, 로마의 히폴리투스Hippolytus of Rome 등 많은 사람이 이러한 견해를 공유했지요. 그들은 이 복음서를 높이 평가하며, (때때로 요한 서신과 함께) 사도 요한이 이 복음서를 썼다고 간주했습니다. 또한, 당시에도 사람들은 요한복음이 정경에 있는 네 복음서 중 가장 늦게 쓰였으며, 사도 요한이 트라야누스 황제 시대(기원후 98~117년)까지 소아시아 에페소에서 이 복음서를 저술했다고 입을 모았습니다. 소아시아 전통은 2세기 중반 스미르나의 폴리카르푸스Polykarp of Smyrna까지 거슬러 올라가고, 카이사리아의 에우세비우스Eusebius of Caesarea는 폴리카르푸스가 요한뿐 아니라 "주님을 본 적이 있는 다른 사람들"과 접촉했다고 말합니다. 요한과 자리를 함께했다는 말이지요. 그러나 어떤 요한과 함께했다는 이야기일까요? 에우세비우스는 에페소에 묻힌 두 명의 요한, 즉 "장로 요한"이라고 부르는 요한과 사도 요한을 알고 있었습니다. 그래서 상황은 복잡해집니다. 이 문제에 대해서는 잠시 후 다시 다루도록 하겠습니다.

(3) 복음서로부터의 자료

그렇다면 복음서는 이에 대해 무엇이라고 말하고 있을까요? 아무 말도 하지 않습니다. 적어도 직접적으로는 말이지요. 요한복음 본문은 저자가 누구인지 언급하지 않고 익명으로 되어 있어서, 초기 교회에서는 여러 본문을 수집했을 때 이 본문을 다른 본문과 구별하기 위해 책등에 표시를 하거나 제목을 붙이곤 했습니다. 그렇다면 초기 교회는 왜 이 본문을 굳이 요한이 썼다고 여겼을까요? 책등에 표시를 하거나 본문을 받은 교회가 저자의 이름을 알고 있지는 않았을까요? 아니면 본문을 읽고 거기서 요한이 썼다고 추론하게 된 걸까요?

이를 알기 위해서는 간략하게나마 복음서가 제시하는 자료들을 살펴보아야 합니다. 요한복음의 맨 마지막 부분, 즉 21장 24절에서 "이 모든 일을 증언하고 또 이 사실을 기록한 사람이 바로 이 제자"라고 언급하며, 편집자들의 존재는 복수형으로 추가됩니다.

> 우리는 그의 증언이 참되다는 것을 알고 있다. (요한 21:24)

이때 "그"는 21장 22~23절에서 언급한 애제자를 가리키며 복음서는 그에 관해 주님이 베드로에게 이런 말을 남겼다고 보도합니다.

> 내가 올 때까지 그가 살아 있기를 내가 바란다고 한들, 그것이 너와 무슨 상관이 있느냐? (요한 21:22)

이렇게 예수는 신비로운 방식으로 애제자에 대해 말하고, 그가 마지막 때까지 살아남을 것 같은 암시를 주었습니다. 하지만 그런 식으로 "믿는 사람들"(혹은 "형제들")이 해석하자 저자는 이를 수정합니다.

> 예수께서는 그가 죽지 않을 것이라고 말씀하신 것이 아니라, "내가 올 때까지 그가 살아 있기를 내가 바란다고 한들, 그것이 너와 무슨 상관이 있느냐?" 하고 말씀하신 것뿐이다. (요한 21:23)

이는 해당 제자가 죽었음을 암시하는 것일까요? 아니면 그를 주요 증인, "이 모든 일을 증언하고 또 이 사실을 기록한 사람"으로 여기는 것일까요? 여기서 우리는 이 제자가 그저 상징이거나 이상적인 인물, 문학적인 인물이 아니라 이 복음서와 관련된 공동체에 살았던 실제 인물이라는 점, 꽤 많은 나이까지 살아 그에 대한 소문이 퍼졌으리라는 결론을 내릴 수 있습니다. 그러나 그는 죽었고, 요한복음 21장의 편집자들은 소문을 바로잡아 예수가 그에게 "파루시아"παρουσία, 즉 재림 때까지 죽지 않으리라 약속하지는 않았음을 분명히 하고 싶어 했습니다. 물론 이 제자, 주요 증인은 "그의" 책에서 살아 있으므로, 예수가 다시 올 때까지 중요한 존재로 남아 있다고 보았지만 말이지요.

그렇다면 이 '애제자'는 누구일까요? 그는 요한복음에만 나타날 뿐 다른 복음서에는 등장하지 않습니다. 요한복음에서, 이 제자는 예수와 제자들의 마지막 만남, 즉 최후의 만찬 자리에서 처음으로 나타나며, 그가 고대 향연의 식사 관습에 따라 예수의 품에 "기대어 앉아 있었다"(요한 13:23)고 전해집니다. 명예로운 자리에 앉은 제자로 등장한 것이지요. 베드로는 감히 제자 중 누가 예수를 배신하는지 예수에게 직접 묻지 못하고 이 제자에게 대신 예수에게 물어봐 달라고 부탁합니다.

> 시몬 베드로가 그에게 고갯짓을 하여, 누구를 두고 하시는 말씀인지 여쭈어 보라고 하였다. (요한 13:24)

공관복음의 최후 만찬 기록에는 이런 내용이 등장하지 않습니다. 이를 염두에 둔다면 요한복음에서 이 제자는 예수와 시몬 베드로 사이의 중재자로, 혹은 베드로를 포함한 다른 모든 제자를 능가하는 제자로 기능하며, 그러한 문학적 역할을 하는 것으로 볼 수 있습니다. 이 제자가 등장하는 다음 장면에서도 동일한 흐름이 반복됩니다. 베드로가 자신의 스승을 배반하고 도망쳤을 때 이 제자는 십자가 아래를 지킵니다(요한 19:34). 부활절 아침, 그는 베드로와 함께 예수의 무덤으로 달려가, 베드로보다 먼저 무덤에 도착했으나 들어가지 않습니다. 먼저 무덤에 들어간 베드로는 무슨 일이 일어난 것인지 영문을 이해하지 못했지만, 뒤이어 따라 들어간 이 애제자는 빈 무덤을 보고 믿습니다. 그래서 그는 예수의 부활을 믿은 첫 번째 사람이 됩니다.

주목해 볼 부분은 요한복음에서 이 제자가 수난과 부활 사건과 관련해서만 언급된다는 것입니다. 그는 언제나 베드로와 함께 있으되 늘 그보다 한발 앞서 있습니다. 그는 예수를 오해하지 않는 유일한 제자입니다. 부활 당일 가장 먼저 부활을 믿었고, 미루어 보건대 예수의 참된 정체성을 이해하고 믿은 유일한 사람이었습니다. 즉 이상적인 제자인 셈이지요. 다른 복음서들에는 이러한 인물이 등장하지 않으며, 실제 제자 중 누구도, 심지어 베드로조차 그렇게 이상적인 인물로 그려지지 않습니다. 오직 요한복음만 이 인물을 보도하며, 그는 늘 베드로보다 앞선 위치, 혹은 그보다 높은 위치에 배치되고 수제자였던 베드로는 2등으로 밀려납니다.

예수의 마지막 날 제자이자 증인이었던 그는 정말 실존 인물일까요? 아니면 당시 베드로와 다른 제자들보다 예수를 더 잘 이해해야 한다는 (그리고 자신이 쓴 복음서가 예수에 관한 올바른 지식의 열쇠를 쥐고 있다고 여기던) 저자의 머리에서 나온 이상적인 존재, 일종의 암호 같은 존재일까요? 이 제자는 누구일까요? 상징일까요? 아니면 실제로 존재했던 인물일까요? 아니면 둘 다일까요? 요한복음의 13장과 19장, 20장만 두고 보면 상징적인 측면도 간과할 수 없지만, 후에 추가된 21장을 고려하면 그는 실제 역사 속에서 살았던 중요한 증인 중 하나였던 것 같습니다. 그러나 21장이 기록되던 시점에 이미 세상을 떠난 후였지요. 그러니 아마 그는 편집자들에게 실제 인물인 동시에 전승을 전달한 사람이었고, 그의 증언을 듣고 복음서를 확인한 이들은 그를 복음서의 저자로 불렀던 것 같습니다. 하지만 이는 그가 세상을 떠난 후에 일어난 일이었습니다. 아니면, 요한복음 13~20장에서는 상징적인 인물로 사용된 그를 편집자들이 저자로 오해했을까요? 아니면, 편집자들이 13~20장에 실제로 존재했던 인물을 새겨 넣은 것일까요? 이 질문에 대한 명확한 답은 없으며, 이 수수께끼 같은 인물이 어느 정도 요한복음에 관여했는지, 어떻게 관여했는지는 불분명합니다. 그러나 가장 중요한 사실은 그의 증언이 예수의 수난과 부활을 둘러싼 사건에 한정되어 있다는 것입니다. 그리고 그가 사도 요한으로 밝혀진 곳은 요한복음 본문 어디에도 없습니다.

그렇다면 후대 독자들은 어떻게 이 복음서의 저자가 사도 요한이라는 결론을 내린 것일까요? 단서를 찾아봅시다. 요한복음 초반에 세례 요한의 두 제자가 예수를 찾아와 그를 따르기로 결심하는 장면이 있습니다. 이때 두 제자 중 한 사람만 이름이 언급되며 그의 이름은 안드레아입니다. 그리고 이후 그는 자기 형제인 베드로를 부릅니다

(요한 1:39). 즉, 마르코복음과 달리 요한복음에서는 (베드로가 아니라) 그의 동생 안드레아와 이름이 알려지지 않은 다른 제자가 먼저 예수의 부름을 받은 것이지요.

베드로보다 먼저 부름받은 이 익명의 제자는 누구일까요. 베드로에 대한 문학적 언급이 있으므로 우리는 이 장면을 복음서 후반부 애제자가 언급되는 장면과 연결해 볼 수 있습니다. 요한복음 1장 35~39절에 나오는 이 익명의 제자가 누구인지 알기 위해 어떤 이들은 다른 정경 복음서들을 참조해, 이를테면 마르코복음 1장 16~20절에 나오는 이야기로 그 빈틈을 메울지 모르겠습니다. 마르코복음에서 예수는 두 형제, 베드로와 안드레아, 그리고 제베대오의 아들 요한과 야고보를 부릅니다.

마르코복음 1장에서 언급한 네 명의 제자 중 제베대오의 아들 야고보는 (사도행전 12장 1~2절에 따르면) 아그립바 1세(기원후 41~44년)의 박해 중에 일찍 세상을 떠났습니다. 따라서 요한복음 1장의 공백을 메울 수 있는 유일한 인물은 제베대오의 아들 요한입니다. 그러나 부름을 서술하는 방식이나 등장하는 인물이 모두 너무도 다른 두 책, 요한복음과 마르코복음을 이렇게 이어서 마르코복음을 바탕으로 한 인물을 추정해 요한복음에 삽입하는 것이 적절한 일일까요? 빈자리를 제베대오의 아들 요한으로 메우고 그가 바로 애제자 요한이었다고 보는 것이 본문을 이해하는 데나 역사를 이해하는 데 적절한 방식일까요? 물론 이 부분은 명확하지 않기에 어떤 방식을 택할지는 독자의 자유로 남아 있고, 많은 독자가 위와 같은 방식으로 해석해 온 것도 사실입니다. 하지만 이렇게 인위적으로 본문을 재구성하는 논리는 본문의 고유한 흐름에 들어 있지 않습니다. 서로 다른 복음서를 조화시키려는 독자의 의도에서 나온 논리이지요. 어떤 독자들은 사도행전이 베드로와 요한을 초기 예루살렘 교회의 두 지도자로 그린 것을 보고 더 커다란 확신을 가졌을지도 모르겠습니다.

어쨌든 우리는 이 "애제자"를 사도이자 제베대오의 아들인 요한과 동일시하는 논리를 일견 이해할 수 있습니다. 예루살렘에서 예수의 마지막 순간을 목격했던 이는 이내 전체 이야기의 목격자가 되었고, 익명의 복음서의 저자로, 마침내 사도 요한이 되었습니다. 하지만 정직하게 말하면 우리는 요한복음을 누가 썼는지 정확히 알 수 없습니다.

(4) 어떤 요한?

이레네우스와 같은 초기 그리스도교 저자들도 요한복음의 저자는 사도 요한이라고 생각했습니다. 그래서 이런 기록도 남아 있지요.

그 후 주님의 품에 기대어 있었던 요한이 아시아 에페소에 있을 때 복음을 전했다.

이렇게 생각한 근거로 이레네우스는 앞선 세대의 그리스도인들, 아시아의 "장로들" 중 히에라폴리스의 파피아스Papias of Hierapolis와 스미르나의 주교 폴리카르푸스가 남긴 증언을 언급합니다. 그는 폴리카르푸스가 요한에 대해 한 말을 직접 들었다고까지 이야기했으니, 얼마간은 전승이 그렇게 연결되어 있었던 것으로 보입니다.

하지만 안타깝게도 폴리카르푸스는 기원후 140~150년경 쓴 편지에서 사도 요한과의 만남을 전혀 언급하지 않습니다. 그보다 조금 더 이른 시기인 기원후 125년경, 소아시아 출신의 또 다른 그리스도교 작가인 파피아스는 주님의 말씀을 해석한 다섯 권의 책을 썼는데 그 중 일부는 여전히 남아 있습니다. 파피아스는 젊은 시절 자신이 자료를 수집하기 위해 많은 증인의 구전 증언을 따랐다고 강조합니다. 그는 말했습니다.

초기 증인들을 따랐던 사람을 만나면 나는 초기 증인들이 한 말 즉 안드레아와 베드로가 한 말, 필립보나 도마나 야고보나 요한이나 마태오나 다른 주님의 제자들이 한 말을 물었다. 또한, 주님의 제자인 아리스티온과 장로 요한이 한 말도 물었다.

여기서 주목할 부분은 파피아스가 요한이라는 서로 다른 두 사람을 언급하고 있고 이 둘이 모두 주님의 제자, 즉 그리스도인으로 분류된다는 점입니다. 파피아스가 젊었을 때, 아마도 기원후 80년경 두 요한 중 한 사람은 이미 세상을 떠났기 때문에 그에 관한 정보는 2차 혹은 3차 경로를 통해서만 얻을 수 있었습니다. 그러나 다른 한 사람인 "장로 요한"은 당시 살아 있었고 그래서 파피아스는 그와 아리스티온에 대해 언급할 때 현재 시제로 "말한다"고 표현했습니다. 그러니까 파피아스가 소아시아에서 직접 정보를 받은 요한은 예수의 열두 제자의 한 사람이었던 사도 요한이 아니라 다른 "주님의 제자", 그리스도인이었던 "장로" 요한이었던 것이지요. 후대 일부 문서에서 파피아스는 사도 요한이 유대인들에게 살해되었다는 전승을 제시하기도 합니다. 이 전승은 에페소에서 사도 요한의 행적에 관한 압도적인 전승들 때문에 묵살되었지요. 그러나 파피아스가 쓴 조각 글들을 통해 우리는 에페소 전승이 승리하기 전 시기, 즉 다른 두 요한을 구별하던 시기를 엿볼 수 있습니다. 파피아스와 폴리카르푸스에게 중요했던 소아시아의 전승 전달자였던 장로 요한이 있었고, 팔레스타인을 떠나 에페소에 왔는지 확실하지 않은 사도 요한이 있었습니다. 이 두 요한을 훗날 사람들은 혼동하거나 하나의 인물로 합쳐 에페소에 와 요한복음(그리고 요한 서신과 요한계시록)을 쓰고, 트라야누스 시대까지 거기 살다가, 마침내 (외경 요한 행전이 기록했듯) 무덤을 파고 그 안에 누워 죽은 요한으로 그렸을 가능성이 있습니다.

그렇다면 요한복음의 저자는 사도 요한이 아닌 장로 요한일까요? 신약성서에 들어 있는 두 짧은 요한 서신, 즉 요한의 둘째 편지(요한2서)와 요한의 셋째 편지(요한3서)의 저자로 또 다른 "장로"(프레스비테로 σπρεσβύτερος, 알려지지 않은 또 다른 요한)를 언급한다는 점은 이런 견해를 뒷받침하는 듯합니다. 하지만 이 용어는 (당시 일부 교회에서 그랬듯) 직분을 가리키는 말이기보다는 특별한 존칭일 가능성이 높습니다. 이 편지들의 저자는 자신을 가리킬 때 이름을 언급하지 않고 '장로'라는 말을 씁니다. 적어도 그가 요한복음과 요한의 편지들을 저술한 집단의 권위자이자 전승의 전달자였음에는 분명하지만, 전승의 수호자였는지 요한복음의 창조적 저자였는지는 분명치 않습니다. 그리고 이러한 논의가 가정이 많고 복잡한 자료를 연결하고 추론해 세운 가설이라는 사실도 정직하게 받아들여야 합니다. 복음서를 쓴 사람이 정확히 누구인지는 여전히 베일에 싸여 있으며, 복음서 본문은 이러한 질문에 대해 명확하게 해명하지 않습니다.

(5) 복음서의 권위

"요한에 의한" 복음서라는 이름이 붙여진 이 복음서는 분명 자신의 저명함을 강조하지 않습니다. 특별한, 혹은 대단한 '영감'을 받아 복음서를 기록했다고 강조하고 있지도 않습니다. '사도의 권위'를 주장하지도 않습니다. 요한복음 1~20장 본문은 저자가 누구인지 짐작할 수 있게 해주는 어떤 단서도 남기지 않은 채, 21장에 이르러서야 애제자의 증언에 초점을 맞춥니다.

> 이 모든 일을 증언하고 또 이 사실을 기록한 사람이 바로 이 제자이다. 우리는 그의 증언이 참되다는 것을 알고 있다. (요한 21:24)

그리고 여기서 볼 수 있듯 그의 증언이 참되다는 것을 보증해 주는 이들은 "우리"입니다. 이러한 요한복음의 구성으로 인해 독자는 요한복음 1장과 나머지 부분의 간극을 발견하고(요한복음이 이를 유도했다고도 볼 수 있습니다), 그 간극을 메우려 공관복음과 요한복음을 비교해 볼지 모릅니다. 다만 이는 독자들과 그들이 하는 탐구에 달려 있지요. 다시 말하지만, 요한복음, 좀 더 정확하게는 '요한에 의한 복음'이라는 제목은 이 복음서가 쓰인 이후에 첨가된 것으로 그 요한이 누구인지, 사도 요한인지, 장로 요한인지, 아니면 또 다른 인물인지 설명해 주지 않습니다. 요한의 둘째 편지, 요한의 셋째 편지를 읽으면 언급하는 "장로"가 요한이라는 결론을 내릴 수 있지만, 요한의 첫째 편지와 요한복음은 "장로 요한"을 가리키는 내용이 없고 익명의 저자는 신비 속에 감춰져 있습니다. 게다가 "요한"이라고 명시한(계시 1:4,9, 22:8) 계시록의 저자도 어떤 "사도의 권위"도 갖고 있지 않습니다.

요한복음의 권위는 장로 요한도 사도 요한도 아닌 예수 그리스도와 성령에게서 나옵니다. (저자를 포함한) 제자들이 예수의 이야기를 더 깊이, 더 참되게 이해하도록 돕는 성령이 이 책에 권위를 부여한 제1 주체이며 이 책의 궁극적인 권위입니다. 요한복음의 주장에 따르면 이 복음서는 실제로 성령의 복음서라 할 수 있습니다. 이 복음서는 특정 사도나 목격자가 기록했기 때문에 권위를 갖게 되지 않았으며, 나중에 권위를 승인받지도 않았습니다. 특정 사도의, 혹은 목격자의 증언을 담고 있기에 권위를 갖게 되지도 않았습니다. 이 책의 권위는 당시 교회가 널리 받아들이던 공식 권위에 근거해 나오지 않았습니다. 요한복음의 권위는 전체 주제인 그리스도 안에 있습니다.

5. 저작 연대와 장소

복음서의 저자에 대한 고대의 전승(저자가 사도라는 주장)은 비판해야 하지만, 연대와 장소의 경우에는 신뢰할 만한 부분이 있습니다. 요한복음은 네 정경 복음서 중 가장 나중에 쓰인 복음서로 알려져 있으며, 이러한 견해를 뒷받침할 만한 여러 사실이 있습니다.

우선 요한복음은 그저 공관복음 이전의 전승pre-Synoptic tradition만을 사용했다고 보기 어렵습니다. 마르코복음 및 다른 공관복음 자료를 사용할 때 적어도 요한복음의 저자는 마르코복음 편집본에 대한 지식이 있었던 것으로 보이며 루가복음도 일부 내용을 선택해 활용한 듯합니다. 요한복음은 몇 가지 지점에서 마르코복음을 비판적으로 채택했습니다. 이를테면, 요한복음의 저자는 예수가 죽음을 면하게 해달라고 기도했다는 견해를 도무지 받아들일 수 없었습니다. 그래서 요한의 예수는 기꺼이 자신에게 주어진 죽음의 잔을 받아 마시고(요한 18:11), 오직 영광을 위해 기도합니다(요한 12:27~28).

또한, 요한복음 3장 24절("그때는 요한이 아직 옥에 갇히기 전이었다")에서 저자는 일부 독자들이 알고 있을 예수의 생애를 의식하며 자신의 연대기를 옹호하기도 합니다. 그는 예수가 세례 요한의 투옥 이후에 활동하기 시작했다고 말합니다(마르 1:14 참조). 이를 고려하면 요한은 마르코복음을 알고 있었을 뿐 아니라, 자신의 복음서를 읽는 최초 독자들도 이를 알고 있다고 전제하는 것처럼 보입니다. 그러므로 요한의 저술 시기는 적어도 마르코복음 저술 시기 이후, 그 이후로도 2~30년 정도의 시간이 지난 시점일 것으로 추정할 수 있습니다(마르코복음의 저술 시기는 통상 기원후 70년 직전이나 직후로 봅니다).

요한복음의 저술 시기를 짐작할 수 있게 해주는 또 다른 구절은 11

장 47~50절입니다.

> 대제사장들과 바리사이파 사람들은 공의회를 소집하여 말하였다.
> "이 사람이 표징을 많이 행하고 있으니, 어떻게 하면 좋겠습니까?
> 이 사람을 그대로 두면 모두 그를 믿게 될 것이요, 그렇게 되면 로마
> 사람들이 와서 우리의 장소(성전)와 민족을 없애버릴 것입니다." 그
> 가운데 한 사람으로서, 그 해의 대제사장인 가야파가 그들에게 말하
> 였다. "당신들은 아무것도 모르오. 한 사람이 백성을 위하여 죽어서
> 민족 전체가 망하지 않는 것이, 당신들에게 유익하다는 것을 생각하
> 지 못하고 있소." (요한 11:47~50)

이러한 서술은 분명 기원후 70년, 유대 성전이 파괴되고 대제사장들
이 백성에 대한 권력을 상실한 이후 상황을 암시하고 있습니다.

　마지막으로 강력한 논거는 요한복음의 고그리스도론입니다. 요한
복음에서는 예수를 단순히 메시아나 "하느님의 아들"이 아니라, "하
느님"(요한 1:1,18, 20:28)이라고까지 부릅니다. 유일신론을 믿는 유대
교라는 배경 아래서 이러한 대담한 언어가 나오기까지는 어느 정도
시간이 필요했습니다. 신약성서 중 초기 저작들을 썼던 바울이나 마
르코, 심지어 마태오와 루가도 이러한 표현을 쓰지 않았고, 비슷한
진술은 신약성서 중 상대적으로 후기 저작들, 가령 계시록이나 목회
서신, 베드로의 둘째 편지(베드로후서) 등에서만 나타납니다. 신약성서
외 초기 그리스도교 문헌을 포괄한다면 이그나티우스의 서신에서 비

숫한 표현이 등장하지요. 흥미롭게도 "나의 주님, 나의 하느님"(요한 20:28)이라는 표현은 도미티아누스 황제가 자기 신하들에게 듣기 원했던 호칭과 일치합니다. 또한, 이는 트라야누스 시대까지 에페소에서 사도 요한이 살았다는 고대 전승의 정보와도 일치하지요.

어떤 학자들은 요한복음의 저작 연대를 2세기 너무 늦지 않은 시기로 잡기도 합니다. 하지만 요한복음의 저작 연대를 130~140년, 혹은 그 이후의 시기로 보는 제안은 오래된 주장이든 최근의 주장이든 근거가 없고 설득력이 떨어집니다.

첫째로, 2세기에 기록된 문서들을 보면 이미 요한복음을 받아들였음을 보여 주는 증거들이 너무나 많습니다. 파피루스 증거들에 대해서도 이야기할 수 있겠습니다만, 여기서는 그에 대해 논의하지는 않겠습니다. 최근 가장 오래된 파피루스(특히 파피루스 𝔓52)에 대한 연대 측정에 의문이 제기되고 있는 상황이라 이를 확실한 근거로 보기는 힘들기 때문입니다. 여기서는 문헌학 차원에서 이루어지는 고증에만 초점을 맞추겠습니다.

2세기 전반부에 작성된 문서들에서 이미 요한복음의 영향을 감지할 수 있습니다. 기원후 120년경 쓰인 이그나티우스의 서신을 예로 들 수도 있겠습니다만, 여기에는 논란의 여지가 있습니다. 이 서신에서 본명 요한의 영향을 엿볼 수 있기는 하지만, 이그나티우스가 요한복음에 대해 알고 있었는지 그저 요한 공동체의 전승에 대해 알고 있었던 것인지 불확실하기 때문입니다. 요한복음의 영향은 앞서 언급했던 파피아스의 기록에서 더 분명하게 드러납니다. 그는 "장로 요한"을 언급할 뿐만 아니라, 마르코복음의 순서가 잘못되었다고 비판하기도 합니다. 이러한 파피아스의 견해는 그가 요한복음에 영향을 받았으리라는 추정을 가능케 합니다.

마르코복음의 두 번째 긴 결말(마르 16:9~20) 역시 요한복음의 영향을 받았을 것으로 보입니다. 이 부분은 기원후 135년경에 추가된 것으로 보이며, 예수가 막달라 마리아에게 나타난 장면(요한 20:11~18)을 언급하기 때문이지요. 2세기 중반경, 이른바 "영지주의" 학파의 수장이었던 바실리데스Basilides와 발렌티누스Valentinus도 요한복음을 알고 있었던 것으로 보이지만, 그들이 초기 "그리스도교" 본문들을 인용하지 않기 때문에 정확하게 확인하기는 어렵습니다. 이후 2세기 후반 (외경 편지인)「사도들의 편지」Epistula Apostolorum(약 170년경)와 에거튼 복음서the Egerton Gospel(150~250년경)를 살피면 요한복음 자료를 많이 사용한 모습을 관찰할 수 있습니다. 순교자 유스티누스(160년경)가「호교론」Apologia 61장 4~5절에서 니고데모 대화를 암시할 때, 그가 요한복음을 알고 그 부분을 기록했다는 사실만큼은 분명해 보입니다. 그 후의 호교론자들, 특히 타티아누스Tatian(170년경)와 사르데스의 멜리톤Melito of Sardis(180년경)의 저술들에서는 훨씬 더 강력한 증거를 발견할 수 있지요. 이러한 증거들을 고려할 때 요한복음의 저술 연대는 1세기 후반에서 120년대 정도까지로 좁힐 수 있으며, 트라야누스 시대(100~110년)에 쓰였다고 보는 편이 합리적입니다.

요한복음이 에페소에서 쓰였는지 소아시아에서 쓰였는지에 대해서는 학계가 명확한 결론을 내리지 못하고 있습니다. 요한복음과 그리스도교 영지주의의 유사성을 강조하는 학자들은 종종 요한복음의 기원을 시리아에서 찾기도 했고, 어떤 이들은 로고스 개념이 필론Philo of alexandria과 유사할 뿐 아니라 고대 철학으로 요한복음을 해석할 수 있는 부분이 있다는 점을 들어 알렉산드리아 기원설을 주장하기도 했습니다. 현존하는 신약성서의 모든 파피루스는 이집트에서 나왔지만, 이 사실이 각 문헌이 쓰인 장소가 이집트라는 이야기는 아닙니다. 지중해 지역 주요 도시 어느 곳이나 복음서가 기록된 장소일 수 있습니다.

요한복음 및 이와 밀접한 관련이 있는 세 편의 요한 서신은 저술 장소를 언급하고 있지 않습니다. 요한복음의 배경은 유대 팔레스타인 지역이지만, 저술 장소는 또 다른 문제이지요. 요한 서신들의 경우에는 수신자들의 공동체 이름이나 장소를 언급하지 않습니다. 요한의 둘째 편지와 요한의 셋째 편지는 단일한 공동체를 향해 쓰인 것으로 보이며, 요한의 첫째 편지는 회람문처럼 보이지만 어느 지역에서 회람했는지에 대해서는 어떤 단서도 남아 있지 않습니다. 꽤 시간이 흐른 뒤 (같은 요한이 썼다고 여겨졌던) 쓰인 요한계시록만 아시아의 7개 도시를 언급하며, 에페소부터 시작하여 스미르나(서머나), 베르가모(버가모), 티아디라(두아디라), 사르디스(사데), 필라델피아(빌라델비아), 라오디게이아(라오디게아)를 거치며 시계 방향으로 이 문서가 회람되었다고 묘사합니다. 계시록은 이 도시 중 하나, 그중에서도 가장 가능성이 높은 중심지인 에페소에서 쓰였을 것이며, 주된 독자 역시 에페소의 신자들이었을 것입니다.

초기 교부들은 모두 요한복음(그리고 요한 서신들)의 저술 장소로 에페소를 지목합니다. 특히 소아시아에서 그리스도를 따르던 사람들의 유월절 관습은 요한의 연대기를 따랐으며, 이는 이 지역에 요한복음 전승이 커다란 영향을 미쳤음을 보여 줍니다. 에페소의 주교 폴리크라테스Polykrates of Ephesus(190년경)는 로마의 비판에 답하며 니산월 14일에 부활절을 기념하는 관습을 옹호하기 위해 소아시아 교회에서 영웅으로 여기던 (히에라폴리스에서 죽은) 필립보와 "주님의 품에 기대어 있다가 ... 에페소에서 영원한 안식에 들어간" 요한을 근거로 제시했습니다. 기원후 125년경 태어난 것으로 추정되는 폴리크라테스가 소아시아에서 "요한계" 관습을 지키는 공동체의 오랜 전승을 언급한 것이지요. 여기서 요한과 동일시되고 있는 애제자와 함께 언급되는 필립보는 요한복음에서 가장 그 역할이 두드러진 제자 중 하나입니다. 190년경 있었던 부활절 날짜에 대한 논쟁은 소아시아에서 요한복음 전승이 커다란 영향을 미쳤음을 보여 줍니다.

이레네우스(180년경)는 "소아시아에서 주님의 제자 요한과 함께 모였던" 아시아 장로들의 전승을 언급합니다. 또한, 그는 스미르나의 폴리카르푸스를 요한 전승의 중요한 전달자로 지목하며, 그가 요한(아마도 "장로 요한")을 실제로도 알고 있었다고 말하기도 했습니다. 어쨌든, 폴리카르푸스가 쓴 편지(150년경)는 요한의 첫째 편지 구절을 강하게 암시합니다.

예수 그리스도께서 육체로 오셨다고 고백하지 않는 사람은 누구나

적그리스도입니다. (필리피 신자들에게 보낸 편지 7:1, 1요한 4:2, 2요한 1:7 참조)

이는 요한 전승의 영향을, 폴리카르푸스가 요한 서신들에 대해 알고 있었음을 보여 줍니다.

소아시아 지역에서 요한 전승이 미친 영향을 엿볼 수 있는 가장 초기 증인, 동시에 가장 수수께끼 같은 증인은 앞서 언급했던 히에라폴리스의 파피아스입니다. 그 덕분에 요한 전승이 소아시아 저자들에게 영향을 미친 시기는 130년경까지 거슬러 올라갑니다.

요한 전승의 영향력에 대한 또 다른 증거는 소아시아의 "요한계" 인물들에 대한 기억입니다. 에페소에서의 요한에 대한 기억 외에도 외경인 요한 행전을 통해, 필립보와 안드레아에 대한 기억이 두드러집니다. 이 둘은 요한복음에서도 가장 두드러졌던 인물들로, 특히 "그리스 사람"(요한 12:20~22)과 연결되어 있던 이들입니다. 필립보와 안드레아는 소아시아와도 연결되어 있습니다. 필립보는 히에라폴리스에서 기념되며commemorated, 안드레아는 보다 북쪽 지역인 폰투스 지역에서 기념됩니다.

이러한 초기 전승의 내용을 종합해 보면, 요한복음이 에페소에서 작성되고 전파되었다는 가설은 꽤 지지할 만하지만, 어떤 요한이 실제로 그곳에서 활동했는지에 대해서는 보다 주의가 필요하다고 하겠습니다.

물론, 요한복음이 채택한 일부 전승은 유대 팔레스타인 지역에서 소아시아로 전해졌다고 가정하는 편이 더 합리적인 해석입니다. 아마도 유대 전쟁 동안에, 혹은 그 이후 많은 유대인이 디아스포라로 흩어지면서 이 전승들이 전해졌을 것입니다. "요한 이전"pre-Johannine 유대-그리스도교 자료 가설에 의존하는 학자들은 전체 공동체가 그 문서들을 가지고 소아시아로 이주했으리라 추측하기도 합니다. 보다 간결한 설명은 팔레스타인 유대 배경을 가진 저자가(책에 드러난 유대와 예루살렘에 대한 지식으로 볼 때 이렇게 추정할 수 있습니다) 이 시기에 소아시아로 와서 그곳에 학교 혹은 신앙 공동체를 세웠고, 그 공동체에 전승을 권위 있게 전달했다고 보는 것입니다.

이 저자가 실제로 예루살렘에서 예수의 마지막 날을 목격했는지 아닌지는 증명할 수 없습니다. 저자를 그런 인물로 보려면 어쩔 수 없이 다소 소설 같은 설명, 애제자에 대한 이상적인 진술을 역사적 진술로 대폭 수용해야 합니다. 저자, 혹은 "장로 요한"이 사도 요한의 제자였다는 (꽤 널리 퍼져 있는) 가정 역시 복음서의 후기 저자와 사도 기원을 어떤 식으로든 연결하려는 시도의 산물입니다만, 이는 우리가 가진 자료로는 검증할 수 없는 추정이며, 보수적인 학자들의 바람에 불과합니다.

6. 요한복음의 지적, 종교적 환경

그렇다면 이 책은 어떤 환경에서 기록되었을까요? 이 복음서의 수신자 또는 최초 독자들의 공동체에 대해 우리는 무엇을 말할 수 있을까요? 또한, 요한복음은 어떤 지적, 종교적 배경에서 나온 것일까요?

(1) 복음서가 전제하고 있는 것은 무엇인가?

우선 복음서를 살폈을 때 발견할 수 있는 몇 가지 사실부터 이야기를 시작하겠습니다. 앞서 자료에 관한 논의에서 보았듯, 요한은 예수 이야기에 대해 독자들이 어느 정도 알고 있으리라고 가정했습니다. 이를테면, 시몬 베드로가 처음 등장하는 요한복음 1장 40절에서 요한은 그에 대해 별다른 소개를 하고 있지 않습니다. 이미 알려진 인물처럼 언급하지요. 예수의 세례 이야기도 마찬가지입니다.

> 요한이 또 증언하여 말하였다. "나는 성령이 비둘기같이 하늘에서 내려와서 이분 위에 머무는 것을 보았습니다. 나도 이분을 몰랐습니다. 그러나 나를 보내어 물로 세례를 주게 하신 분이 나에게 말씀하시기를, '성령이 어떤 사람 위에 내려와서 머무는 것을 보거든, 그가 바로 성령으로 세례를 주시는 분임을 알아라' 하셨습니다."(요한 1:32~33)

이 장면은 독자들이 공관복음에 나온 예수가 세례 요한에게 세례받은 이야기를 알고 있어야 이해할 수 있습니다. 요한복음의 저자는 독자들이 예수 이야기의 핵심 서사를 이미 알고 있다고 가정하며, 일부 독자는 마르코복음에 대해서도 잘 알고 있으리라고 예상하는 듯합니다. 즉, 그리스도를 믿는 신자들의 공동체에서 생산된 이 복음서는 이미 그리스도교에 대해 배운 바가 있는 이들을 주된 독자로 하며, 그들의 신앙을 강화하거나 심화하기 위해 기록되었습니다.

성서의 다양한 전승에 대한 요한의 언급도 이러한 맥락에서 이해할 수 있습니다. 요한복음은 아브라함이나 모세, 야곱과 같은 중요 인물뿐 아니라, 광야에서 뱀을 세운 이야기(민수 21:4~9)와 같은, 위 인물들에 관한 이야기로부터 동떨어져 있는 이야기에 대해서도 독자들이 잘 알고 있으리라고 가정합니다(요한 3:14). 요한복음의 저자는 독자가 성서에 대해 많이 알수록 자신의 예수 이야기에서 더 많은 세부 사항과 미묘한 점들을 발견할 수 있게 해 놓았습니다.

또한, 요한복음의 저자는 유월절이나 초막절과 같은 유대인의 축제 전통도 이야기의 소재로 사용합니다. 때로는 유대인들의 해석 기법이나 주장들을 언급하기도 하지요. 특히 율법이나 예수의 유산legacy에 대한 '유대인들'과의 논쟁을 보도하는 장면(요한 7:22~23 혹은 10:34~36)이 그렇습니다. 따라서 요한이 염두에 둔 독자 중 일부는 회당에서 교육을 받은, 유대 배경을 가진 사람이었으리라고 가정할 수 있습니다. 반면, 특정 유대인 관습에 대해서는 낯선 이들을 위한 설명이 있다는 점으로 미루어 모든 독자가 이에 익숙하지는 않다는 것을 염두에 두었던 것으로 보입니다. 이는 요한이 속한 공동체가 예수를 따르는 유대인과 이방인의 혼합 공동체였음을 시사합니다.

이러한 맥락에서 보면 요한복음 7장 35절은 요한이 독자들에게 남긴 일종의 암시로 볼 수도 있습니다.

유대 사람들이 서로 말하였다. "이 사람(예수)이 어디로 가려고 하기에, 자기를 만나지 못할 것이라고 하는가? 그리스 사람들 가운데 흩

어져 사는 유대 사람들에게로 가서, 그리스 사람들을 가르칠 셈인
가?"(요한 7:35)

물론, 수사rhetoric라는 맥락에서 볼 때, 이러한 생각은 요한복음 8장 22
절에서 "유대인들"이 예수가 자살하리라고 추측한 것과 마찬가지로
터무니없는 오해입니다. 하지만 두 진술은 심오한 진실을 담고 있습
니다. 예수가 생명을 다시금 얻기 위해서는 자신의 생명을 내려놓을
권한도 있으며(요한 10:18), 그리스인들에게까지 가서 그들을 가르칠
수 있습니다(결국 이 복음서를 통해 그렇게 되지요).

요한복음 12장에서는 "그리스 사람"이 다시 언급됩니다.

> 명절에 예배하러 올라온 사람들 가운데 그리스 사람이 몇 있었는데,
> 그들은 갈릴리 벳새다 출신 필립보에게로 가서 청하였다. "선생님,
> 우리가 예수를 뵙고 싶습니다." 필립보는 안드레아에게로 가서 말
> 하고, 안드레아와 필립보는 예수께 그 말을 전하였다. (요한 12:20~22)

이 "그리스 사람"들이 예수를 만났는지 만나지 못했는지 복음서는 언
급하지 않습니다. 그러나 이어지는 예수의 담화에서 그는 자신이 승
천한 후 "모든 사람을 내게로 이끌어 올 것"(요한 12:32)이라고 약속합
니다. 그러니 예수가 죽기 전에 "그리스 사람"들을 만나지 못했다면,
부활 후에 만남이 이루어졌을 것입니다. 요한복음이 언급한 "그리스
사람"들은 어떤 의미에서는 가장 앞서 이 책을 읽을 이들, 독자들의

선봉이라고 할 수도 있습니다. 이는 요한복음의 저자가 애초에 비유대인, 이방인 독자를 많이 고려하였다는 점을 확인해 주는 부분이 될 수도 있습니다.

한편, 이 "요한 공동체"의 구성원 중 일부는 본래 디아스포라 유대 회당 소속이었고, 어떤 이유에서든 분열이나 배제의 기억을 갖고 있는 이들이었던 것으로 보입니다. 그리스어로 만들어 낸 새로운 단어 '아포쉬나고고스'ἀποσυνάγωγος(요한 9:22, 12:42, 16:2)가 이를 분명하게 보여 주지요. 여전히 유대교 배경과 관습을 실천했을 이 그리스도 추종자들은 분열이나 분리 과정에서 깊은 상처를 받은 것 같습니다. 성서 해석을 둘러싼 회당과의 치열한 논쟁과 요한이 그리는 예수가 '유대인들'을 향해 던지는 신랄한 비판은 이 분열의 비극을 여실히 증언하고 있지요.

예수의 공생애 이야기(요한 2~12장)에서 '유대인들'과의 논쟁이 커다란 비중을 차지하고 있기 때문에, 적잖은 학자는 요한복음을 회당이나 유대교의 틀에 속한 문서로 보았습니다(이후에 쓰신 서신들은 보다 "그리스적인" 틀에 속한 문서로 보았지요). 이러한 시각은 "유대인들"을 향한 예수의 비판을 유대교 내부 논쟁으로 이해하거나 혹은 적어도 분열 또는 "길의 분리"를 앞두고 일어난, "유사성에서 일어나는 비극"으로 보는 데 도움을 줄 수 있습니다.

그러나 요한복음에서 유대인들과의 다툼이 두드러지는 부분은 이 복음서의 첫 번째 부분, 즉 예수의 공생애 부분뿐입니다. 서문과 (16장 2절을 제외한) 고별 담화에는 그러한 내용이 없으며, 복음서 수신자들의 상황과 가장 밀접한 부분은 오히려 이 부분들입니다. 이들에게 주된 적은 '유대인들'이 아니라 "세상"입니다. 서신서들도 마찬가지입니다. 우리가 '요한 공동체'에 대해 알고 있는 사람들의 이름(가이오, 데메드리오, 디오트레페(디오드레베))은 유대인의 이름이 아니라 이방인들의 이름입니다. 그러니 10년 혹은 20년 전에 유대인과 이방인 사이의 분열이 있었을 수 있고, 그 기억이 복음서에 흔적을 남겼을 수 있습니다. 할례와 음식 규정 정결법 준수와 같은 유대 정체성의 특정 요소들이 더는 요한 공동체에 역할을 하지 않는 것 같고, 일부는 여전히 디아스포라 유대인 전통에 배경을 두고 있을 수 있지만 말이지요. 복음서(그리고 서신들)의 수신자들, 즉 요한 공동체에는 유대교 회당에 속하지 않았으며, 혈통상 유대인도 아닌, 이방인 출신이면서도 그리스도를 따르는 공동체에 유입된 이들이 점차 늘어나고 있었을 것입니다.

(2) 요한 '학파'

요한복음과 요한 서신은 언어가 유사하다는 점에서 서로 밀접하게 연결되어 있습니다. 요한복음의 저자와 요한 서신의 저자(혹은 저자들)를 구분할 수 있는지, 그리고 구분해야 하는지는 논란의 여지가 있습니다만, 이 둘이 밀접하게 연결되어 있다는 점에는 이견이 없지요.

이들의 언어가 서로 유사한 것을 두고 어떤 학자들은 서로 관련이 있는 공동체가 사용하는 "내부자 언어"로 보기도 하지만, 한 저자의 고유한 문체fingerprint로 볼 여지도 있습니다. 어떠한 경우든, 요한복음과 요한 서신 사이의 긴밀한 연결은 이러한 글들이 쓰였거나, 적어도 전파되었던 환경을 재구성하는 데 도움이 됩니다. 요한복음은 현재 상황을 직접 다루지 않고 먼 지역에서 있었던 과거의 일들에 대해 이야기하지만, 요한 서신들은 현재 자신들이 처한 상황에 대해 직접적으로 다루고 있기 때문입니다.

요한 서신들에서 우리는 권위 있는 방식으로("어린이 여러분"(1요한 2:18)) 교회들에 호소하는 "장로"와 특정 교회들 사이에 연결망이 있었음을 알 수 있습니다. 저자는 지역 교회 지도자들에게 자신의 권위를 호소하면서 그곳에서 생긴 위기를 다루려 합니다. 자신이 가르침을 전할 자격이 있는 자로 받아들여지기를 요구하며 지역 교회 지도자가 이를 거부하는 모습을 비판합니다(3요한). 장로는 칭찬하고, 책망하며, 무엇이 옳은지 그른지를 정의합니다. 서신서를 보면 권위를 가진 개인은 이미 존재했으나 교회 직분은 아직 명확히 구조화되지 않았던 것으로 보입니다. 복음서는 이를 확증하는데, 제자들을 "친구"로 묘사하고 있고, 어떤 계급적 차이나 (이후) 교회 직책을 언급하지 않지요. 이러한 사실들로 미루어 볼 때 요한계 문헌이 작성된 시기 요한 공동체는 아직은 조직화되지 않았던 친교 모임 형태였을 가능성이 있습니다. 반면, 동시대 다른 그리스도 추종자들의 공동체에서는 이미 교회의 직책(주교, 혹은 감독('에피스코포스'ἐπίσκοπος), 부제, 혹은 집사('디아코노스'διάκονος))이 발전하기 시작했을 가능성이 있습니다.

이러한 사실들은 요한계 문헌(요한복음과 요한 서신)이 권위 있는 전승 전달자에 의해 형성되었거나 그와 깊이 연결된, 그리스도를 따르는 이들이 모인 공동체들의 연결망 속에서 형성되었음을 시사합니다. 요한복음은 이 특정 전승을 따르거나 전달했던 것 같습니다.

신학적으로도 활발히 활동했던 이들이니 '학파'로 여길 수도 있지만, 그 학파가 실제로 어떻게 운영되었는지는 알 수 없으며, 그리스의 철학 학파들이나 이후 그리스도교의 가르침을 전했던 학파들, 이를테면 알렉산드리아 학파 등과 비교하는 것은 적절하지 않습니다. 요한의 지역 공동체에 얼마나 많은 교사가 있었을까요? 그 규모는 컸을까요? 아니면 작았을까요? 우리가 아는 것은 일부 선교사나 교사들이 상당한 권위를 가졌으나, 권위를 두고 경쟁했던 "장로"와 관련되어 있었다는 사실 뿐입니다. 요한의 셋째 편지에 나오는 디오드레페가 장로의 이야기를 전하는 이들을 받아들이지 않고 거부한 이유는 개인적이거나 교리적인 차이 때문이었을 것입니다. 이와 달리 일반 '학파'에서는 교류하며 "형제들"을 받아들였습니다.

또 하나 염두에 두어야 할 것은 요한 '학파'가 에페소에서 예수를 따르는 유일한 집단이 아니었다는 것입니다. 1세기 후반부터는 조직 형태, 세계관, 신학이 서로 다른 다양한 예수 추종자 집단이 존재했습니다. 이들 중에는 바울 서신 모음, 목회서신, 에페소인들에게 보낸 편지(에베소서)로 대표되는, 일종의 '바울 학파' 영향을 받은 추종자들도 있었습니다. 요한계시록 저자를 중심으로 한 모임도 있었고, 이들은 아마 바울을 따르는 이들에 대해 상당히 비판적이었던 것으로 보입니다. 요한복음과 요한 서신 배후에 있다고 추정하는 '요한 학파'

는 이러한 학파, 모임과 더불어 있었습니다. 이 집단들은 서로 알고 접촉했을 수 있지만, 에페소나 소아시아 도시에서 교류했다는 증거는 거의 없습니다.

요한 학파가 자신의 입장을 정교하게 세워가는 데 영향을 미친 전승은 여러 가지였을 것이며 그중 일부 전승은 '종말론적'apocalyptic 특징을 갖고 있었습니다. 요한의 첫째 편지에서 그러한 면모를 엿볼 수 있지요.

> 어린이 여러분, 지금은 마지막 때입니다. 여러분이 그리스도의 적대자가 올 것이라는 말을 들은 것과 같이, 지금 그리스도의 적대자가 많이 생겼습니다. 그래서 우리는 지금이 마지막 때임을 압니다. (1요한 2:18)

여기서 저자는 수신자들이 "그리스도의 적대자(적그리스도)가 올 것이라는 말"을 들었다고 언급합니다. 종말론 견해를 가진 학파의 전승이 그들이 당시 겪고 있던 위기에 적용되고 있는 것이지요. 다른 학파의 전승의 경우 요한 서신과 복음서에 등장하는 말이나 주제를 살피면 어느 정도 재구성할 수 있지만, 그 범위는 추정하기 어렵습니다.

요한의 둘째 편지, 요한의 첫째 편지에 반영된 분열은 주로 그리스도론의 차이로 인해 일어난 것처럼 보입니다. 요한의 둘째 편지 7절, 요한의 첫째 편지 2장 18~22절, 4장 2~3절에서 "예수 그리스도께서 육신을 입고 오셨음을 시인하는"(1요한 4:2) 것을 진리의 기준으로 제시하고 있기 때문이지요. 물론 이러한 분열은 부유한 정도의 차이, 그리스-로마 사회에 근접한 정도, 당대 사회에 뿌리내린 정도로 인해 일어났을 수도 있습니다. 요한의 첫째 편지 2장 16절에 따르면 "반대 자들"은 자신들의 생활 방식이나 부를 자랑한 것처럼 보이며, 3장 17 절에 따르면 그들은 도움이 필요한 "형제들"에게 지원을 철회했을 수 있습니다. 이는 당시 교회에 더 부유한 사람들이 있었고, 그들이 다른 이들과는 다른 사회 환경에 속해 있었음을 암시합니다. 이 교회의 구성원들, "이 세상의 재화", 집과 약간의 재산이 있던 이들은 도와야 하는 이들을 후원해야만 했습니다. 후견인이 가족 구성원을 돕는 것이 의무였듯 이들은 가난한 이들을 지원해야 할 의무가 있었습니다.

일부 공동체 구성원들의 사회경제적 지위를 통해서만 요한계 문헌 뒤에 있는 도시라는 배경을 엿볼 수 있는 건 아닙니다. 다른 초기 그리스도교 문헌과 비교해 보면 요한 공동체는 그리스-로마 도시에 있던 자발적 협회들과 가장 유사함을 알 수 있습니다. 이들은 당시 자발적 협회들이 그러하듯 조직론(교회론)이 발달하지 않았고, 놀라울 만큼 구성원들 간 경계가 없는, 동등한 "친구들"의 모임이었습니다.

요한복음 말미에서 언급하는 "책들"이라는 표현에서 우리는 요한 공동체의 교육 환경을 짐작할 수 있습니다. 그들은 도서관이 있던 곳에 살았던 것으로 보이며, "말씀(로고스)", "빛"(1요한 1:6), "진리"('알레테이아'ἀλήθεια) 같은 용어들을 사용하고 하느님을 "영"(요한 4:24)으로 이해하는 것으로 보았을 때 당시 철학 전통을 알고 있음과 동시에 그러한 개념에 매료된 이들과 상호작용할 수 있는 환경에 있던 것 같습니다. 또한, 요한복음에 만연한 극적 기법은 연극 기법에 대해 저자가 알고 있음을 보여 줍니다. 여성이 주체적인 모습으로 드러나는 것 역시 에페소라는 도시의 맥락을 고려하면 잘 이해할 수 있습니다. 당시 에페소에서는 아르테미스 신전의 사제부터 입법을 담당하는 민회의 집행위원회였던 '프뤼타네이스'πρυτάνεις의 위원에 이르기까지, 여성이 다양한 직책을 맡을 수 있었기 때문입니다. 이러한 점들을 고려하면 요한복음은 구약뿐 아니라 그리스-로마의 철학, 수사학 기술에 대한 교육이 어느 정도 이루어졌던 도시 환경에서 기록되었음이 분명합니다. 복음서의 저자가 수신자들도 자신과 비슷한 능력을 갖고 있기를 기대하는 걸 염두에 두더라도 말이지요.

7. 복음서의 목적

요한복음 20장 30~31절이라는 결론부는 요한복음을 쓴 목적을 기록합니다. 그러나 이와 별개로 공동체의 상황과 질문이 가장 투명하게 드러나는 부분은 고별 담화에서 보이는 제자들의 모습인 듯합니다. 요한복음의 저자는 곤경에 처한 공동체가 예수의 이야기로 다시 돌아갈 수 있도록 독려하고 힘을 주려 노력합니다. 요한의 예수는 자신의 제자들이 아닌 후대의 제자들을 위로합니다.

그러나 용기를 내어라. 내가 세상을 이겼다. (요한 16:33)

요한복음에 나오는 불신앙에 대한 이야기는 예수에 대한 유대인들의 부정적인 반응을 가리키기보다는 "세상"의 불신앙을 가리킵니다. 예수의 추종자들은 이 세상에서 버림받았다고 느낍니다. 예수는 더는 이 세상에 육신으로 존재하지 않고, 눈에 보이지 않으며, 신자들은 동료 시민들의 조롱에 노출되어 있습니다.

너희의 신은 어디 있느냐, 우리에게 보여라!

예수의 부재는 신자들을 짓눌렀습니다. 그들은 신앙을 버리고 세상으로 돌아가고픈 유혹에 시달립니다. 요한은 이러한 상황을 좀 더 일반적인 방식으로 표현합니다. 그는 기본적으로 자신이 속한 공동체의 특정 문제를 염두에 두고 요한복음을 저술했을지 모릅니다. 하지만 그렇다 하더라도 요한은 이를 보다 일반적인 용어로 표현함으로써 당대의 독자뿐 아니라 후대의 독자들도 제자들의 질문을 통해 자신의 문제를 발견하고 예수가 제시한 답에서 해결책을 찾을 수 있게 했습니다. 요한복음은 읽는 이들에게 위로와 힘을 주려고 이러한 상황, 필요, 고통에 대해 기록하고 있습니다. 이 복음서는 우리가 예수의 이야기를 기억함으로써, 십자가에 못 박히고 부활한 예수의 삶에 비추어 우리의 길을 이해하도록 우리를 부릅니다. 그는 세상의 어둠에 위축되지 않고, 이를 극복한 예수를 바라보라고 말합니다.

그 빛이 어둠 속에서 비치니, 어둠이 그 빛을 이기지 못하였다. (요한 1:5)

어둠은 빛을 억누르지 못합니다. 이것이 복음서의 시작과 고별 담화 마지막을 통해 요한이 독자들에게 전하고자 하는 말입니다.

> 내가 세상을 이겼다. (요한 16:33)

예수의 이야기가, 그의 사명, 십자가를 향하는 길이 부활 사건이라는 빛 속에서 드러날 때 불확실한 삶을 살아 내야 하고 무수한 도전을 마주해야 하는 제자들은 힘을 얻을 수 있습니다. 요한은 더 나은 신학, 예수에 관한 보다 풍부한 이야기, 예수 그리스도가 누구이며 그의 사명이 실제로 어떤 의미가 있는지를 다룬 더 깊고도 정교한 그림을 제시함으로써 읽는 이들에게 힘을 불어넣고자 했습니다. 수신자들이 이를 통해 예수를 더 깊이 믿게 되고, 다시금 용기를 내어 세상에 복음을 전할 수 있도록 말이지요.

> 아버지께서 나를 보내신 것 같이, 나도 너희를 보낸다. (요한 20:21)

이 복음서의 일차 독자들이 누구이며 그들이 어떤 상황에 있었는지는 단편적으로 재구성할 수 있을 뿐이지만, 예수의 이 말은 이 말을 처음 들었던, 혹은 읽었던 독자들을 넘어, 이후 모든 독자에게 교회의 사명과 토대를 일깨웠습니다. 그러한 면에서 요한복음은 그 자체로 하나의 선포이자 오늘날까지 영향을 미치는 성령의 복음입니다. 이 복음서는 이후 엄청나게 넓고 다양한 식으로 받아들여졌으며 그 결과 세계 문학의 중요한 일부가 되었습니다.

02

요한 신학의 다양한 측면

1. '신학자' 요한, 그리스도의 신성과 성육신의 도전

초기 그리스도교 공동체에서 오늘날 동방 정교회에 이르기까지 교회는 요한에게 '신학자'the theologian라는 명예로운 칭호를 부여했습니다. 이때 '신학'은 오늘날 우리가 이해하는 학문으로서의 신학, 즉, 그리스도교 신앙과 실천 및 그 증언에 대한 이성적인 성찰을 뜻하지 않습니다. 요한이 그러한 칭호를 받은 이유는 그가 그리스도의 신성, 달리 말해, 예수 그리스도가 하느님이라고 가장 분명하게 말했기 때문이었습니다. 요한복음은 예수를 메시아, 주님, 하느님의 아들이라고 말하고 있으며 이는 이전의 복음서들, 심지어 바울조차 하지 못했던 일이었습니다.

⑴ 그리스도의 신성

그리스도의 신성, 즉, 부활한 예수의 신성뿐 아니라 성육신한 예수의 신성은 요한복음과 요한 서신 전반에 걸쳐 밀도 있게 드러납니다. 그 절정은 요한의 첫째 편지에 나오지요.

> 하느님의 아들이 오셔서, 그 참되신 분을 알 수 있도록, 우리에게 이해력을 주신 것을 우리는 압니다. 우리는 그 참되신 분 곧 하느님의 아들 예수 그리스도 안에 있습니다. 이분이 참 하느님이시요, 영원한 생명이십니다. (1요한 5:20)

예수가 "하느님"이라는 주제는 요한복음 서문을 감싸고 있으며, 더 나아가 복음서 전체를 구성하는 틀이 됩니다. 서문 첫 구절부터 요한은 태초에 계셨던 말씀이 "하느님이셨다"(요한 1:1)고 명시적으로 밝힙니다. "하느님"을 뜻하는 그리스어 '테오스'θεός는 정관사 없이 쓰였습니다. 즉, 말씀은 본질적으로 "하느님"God이지만, "한 하느님"a God이 아니며 "유일한 하느님the (one and only) God"도 아닙니다. 이 미묘한 표현은 요한이 신과 관련된 용어를 사려 깊게 구분하고 있음을 보여 줍니다. 로고스, 말씀은 단순히 "신적인 것"이 아니며, 성서에서 증언하는 하느님 자체도 아닙니다. 말씀은 유일하신 한 분 하느님에 매우 가까우며 피조물이 아닙니다. 말씀은 유일신인 하느님과 구별되면서도 그분에게 속해 있습니다.

그러므로 요한복음 1장 14절에서 이 말씀이 "육신이 되어" 우리

가운데 "사셨다"고 말할 때, 성육신한 나자렛 예수가 바로 하느님의 로고스, 즉 아버지의 "외아들"이며, 하느님이신 동시에 보이지 않는 하느님을 드러낸다는 것이 분명해집니다. 이는 서문 마지막 구절인 요한복음 1장 18절에서도 확인됩니다.

> 일찍이, 하느님을 본 사람은 아무도 없다. 아버지의 품속에 계신 외아들이신 하느님께서 하느님을 알려 주셨다. (요한 1:18)

이렇게 말씀, 성육신하신 분이 "하느님"이라는 고백은 서문의 틀을 잡고, 복음서의 나머지 부분, 즉 예수의 활동과 죽음으로 향하는 길을 어떻게 읽어 낼지를 알려 주는 악보의 음자리표 역할을 합니다.

그러다 복음서의 맨 마지막 부분인 20장 28절에서, 도마가 부활한 예수를 만나 고백할 때 다시 '테오스'라는 말이 등장합니다.

> 나의 주님, 나의 하느님! (요한 20:28)

여기서 도마가 "하느님"으로 인식하고 고백하는 이는 단순히 부활한 이가 아니라 십자가에 못 박혔던 예수입니다. 도마는 예수의 손과 옆구리에 있는 십자가에서 못 박혔던 상처 및 흉터를 보면서 그의 정체성을 깨닫게 됩니다. 자신이 따랐던 지상에서의 예수, 십자가에 못 박혔던 이와 지금 자신에게 나타나 말씀하시는 분이 동일한 분임을 깨달으면서 이전까지 갖고 있던 의심이 무너진 도마는 최고의 신앙

고백을 하게 됩니다.

> 나의 주님, 나의 하느님!

이처럼 예수의 신성은 서문부터 마지막까지 요한복음 전체를 감싸는 괄호bracket 역할을 합니다.

(2) 유대교와 그리스 사상에 대한 도전

이는 결코 자명한 사실이 아닙니다. 당시 유대인과 그리스인 모두에게 이러한 주장은 너무나도 대담한 표현이었습니다. 유대교 전통을 보고 들으며 자란 청중에게 유일신 신앙은 신앙의 근간이었습니다.

> 이스라엘은 들으십시오. 주님은 우리의 하느님이시요, 주님은 오직 한 분뿐이십니다. (신명 6:4)

이스라엘의 하느님이 유일한 신이고, 다른 어떤 존재도 숭배하거나 신으로 부를 수 없다면, 어떻게 하느님의 전령, 하느님이 보낸 메시아를 "하느님"이라고 할 수 있을까요? 이는 신성모독이거나, 배교가 아닐까요? 순진한 다신교나 이교도의 신앙, 정도를 넘어선 믿음이 아닐까요? 당시 일부 유대인들은 요한의 표현을 그렇게 이해했습니다. 그들은 분노했고, 복음서는 그들의 비난을 인용합니다.

유대 사람들은 ... 예수를 죽이려고 하였다. 그것은, 예수께서 안식일을 범하셨을 뿐만 아니라, 하느님을 자기 아버지라고 불러서, 자기를 하느님과 동등한 위치에 놓으셨기 때문이다. (요한 5:18)

유대 사람들이 ... 대답하였다. "우리에게는 율법이 있는데 그 율법을 따르면 그는 마땅히 죽어야 합니다. 그가 자기를 가리켜서 하느님의 아들이라고 하였기 때문입니다." (요한 19:7)

유대 율법에 따르면 예수의 발언은 사형에 해당하는 신성모독이었습니다. 예수에 관한 이러한 혐의는 아마도 요한 학파와 그들이 선포한 내용을 두고 동시대 유대인들이 품었던 의혹과 분노를 반영했을 것입니다. 그리고 이러한 고그리스도론은 결국 지역 유대 회당과 요한이 속한 예수 추종자 집단의 분열을 초래했습니다. 예수가 "하느님"이라고 말하는 것은 그리스도교인인 우리에게는 익숙하다 할지라도 결코 당연한 일이 아닙니다. 말씀이 육신이 되었다거나 하느님이 인간이 되었다는 요한의 생각을 따르기도 쉽지 않지요. 이는 그다음 도전입니다.

그리스, 혹은 그리스-로마 배경을 가진 독자들은 다른 이유로 요한의 개념을 불편해했습니다. 그들은 수많은 신을 알고 있었습니다. 제우스와 올림피아의 신들(또는 로마의 대응물), 도시의 신, 신비의 신, 가정의 신, 그리고 인간으로 살다가 이후에 신으로 승격된 헤라클레스와 같은 반신들을 알고 있었지요. 그리스-로마 문화에서는 인간과

신 사이의 경계가 성서나 유대교 사상보다는 덜 확고했고 서로의 세계로 침투하는 것이 가능했습니다. 성서나 유대교 사상에서는 신과 인간 사이의 경계가 훨씬 더 분명했지요. 성서의 하느님은 결코 인간이 될 수 없었지만, 그리스의 신들 중 적어도 일부는 지상에 나타날 수 있었습니다. 제우스가 아름다운 여인에게 접근하고 싶을 때 그렇게 했듯 말이지요. 제우스는 동물이나 심지어 인간의 모습을 하고 나타났지만, 바람을 피운 뒤에는 다시 신이 되어 사라져 버리면서 지상의 일들을 멀리서 내려다보곤 했습니다. 이렇게 이방인들의 신은 지상에 나타날 수는 있지만, 영구적으로 인간이 되지는 못했습니다. 게다가 당시 사람들에게 신은 다른 무엇보다 '불멸의 존재'였습니다. 따라서 누군가가 죽으면 그는 신일 수 없다고 생각했지요. 예수가 죽었다면 그는 신이 될 수 없으며, 그가 신이었다면 죽지 않고 십자가에 못 박히기 전에 허공으로 사라지거나 어떻게든 십자가에서 벗어났으리라고 사람들은 여겼습니다.

요한이 말씀이 육신이 "되셨다"고 서술하고, 일정 시간 동안만 육신의 모습으로 나타난 것이 아니라 심지어 성육신하신 말씀이 결국에는 체포되어 십자가에 못 박혀 죽었다고 서술했을 때, 이는 그리스인들도 고개를 흔들며 반발할 정도로 전례 없는 대담한 이야기였습니다. 따라서 그리스-로마의 수신자들은 예수의 참된 인성, 그가 인간으로서 느낀 감정, 실제적인 고통, 특히 그의 죽음을 이해하는 데 어려움을 겪었습니다. 예수가 천상의 존재, 신적인 존재라면 그는 실제 고통을 겪을 수 없는 존재, 특히나 죽을 수 없는 존재여야 했기 때문입니다. 2세기 해석가들은 이러한 문제를 해결할 방법을 고안했습니다. 어떤 이들은 플라톤의 방식으로 진정한 신적 로고스와 물질세계를 창조하고 형성한 로고스를 구분할 필요를 느꼈습니다.[1] 예수의 본질을 재고해야 한다고 여기는 이들은, 신체가 가진 특성을 고찰하거나 예수가 실제로 이 땅에 흔적을 남겼는지를 두고 논의했습니다. 교회에 가장 충격을 주었던 해석은 십자가에 못 박히기 직전에 신성한 힘이 인간 예수로부터 떠났기 때문에 그의 죽음에는 관여하지 않았다는 해석이었습니다.[2] 이러한 해석들은 종종 "가현설"Docetism이라고 부정확하게 분류되곤 합니다. 이러한 해석들은 당시 그리스-로마 독자들에게 성육신의 역설과 신성한 존재의 죽음이 얼마나 충격적이며 이해하기 어려웠는지를 알려 줍니다.

(3) 신학자 요한의 대담함

그러므로 요한의 서문은 유대인과 그리스인 모두가 이해하기 어렵고 거리끼는 표현입니다. 성육신, 즉 말씀이 육신이 되었다는 이야기, 심지어 하느님이 인간이 되었다는 이야기는 성서에서도 독특한 표현이었습니다. 요한복음의 저자 역시 자신이 표현하는 개념과 자신이 사용하는 단어들이 당대에는 물론 후대에 이르기까지 얼마나 도발적인 이야기로 들릴지 잘 알고 있었을 것입니다.

---

1 이를테면 다음을 참조하십시오. Heracleon, *Exposition of John* 1:3(frg. 1). Origen, *Commentary on John,* book 2, 14.100~103. Ptolemaios, *Letter to Flora* (이 본문은 다음 문서에서 인용했습니다. Epiphanius, Panarion 33.3~7).

2 이를테면 다음을 참조하십시오. Irenaeus, *Against Heresies*, 1.25.2, 1.26.1.

그리스도교 교회에서 우리는 이 도발적인 주장을 야생 동물 길들이듯 길들여 왔습니다. 요한의 서문을 성탄절 예배 본문으로 삼고, 베들레헴의 구유에서 태어난 아기에 관한 루가복음의 성탄 이야기와 결합해 요한의 성육신 가르침을 약화했지요. 이는 후대에 와서야 이루어진 작업이며 서로 다른 복음서 이야기를 조화시키기 위한 읽기에 불과합니다. 로고스 성육신 개념은 예수의 잉태나 탄생과는 무관하며, 동정녀 탄생과도 아무런 관련이 없습니다. 따라서 요한이 예수의 실제 아버지로 요셉을 언급하더라도 아무런 문제가 되지 않지요. 성육신은 그저 또 하나의 기적이 아닙니다. 그 이상의 사건입니다. 하느님의 영광이 인간에게 나타나고, 하느님이 인간이, 진정한 참 인간이 되는 일은 세상의 질서를 뒤흔드는 사건입니다. 참으로 신성하고 영원한 로고스, 말씀이 환상이나 일시적인 깨달음으로 나타난 것이 아니라 구체적인 인간, 유대 팔레스타인의 외딴 지방 나자렛 출신의 유대인, 마침내 십자가에서 가장 수치스러운 죽음을 맞이한 예수로, 구체적인 인간으로 들어오면서 변화를 겪은 사건입니다.

요한복음 1장 14절을 통해 요한은 유대인과 그리스-로마 독자들에게 모두 걸림돌이 되는 이야기를 던지며 그들 모두를 도발합니다. 성육신은 세계와 세계의 완전성에 의문을 제기하는 혁명적인 개념입니다. 이전에는 상상할 수 없던 방식으로 신성과 인간이 결합했다고 요한복음은 과감하게 선포하며, 그러한 면에서 요한은 신약성서에서 가장 대담한 신학자라 할 수 있습니다.

2. 예수의 죽음

(1) 중심축으로서의 예수의 죽음

요한복음의 신학을 살펴보기 위해 우선은 서문이 아닌 마지막 부분, 요한복음의 모든 이야기가 모이는 한 지점인 예수의 죽음부터 다루려 합니다.

> 그 뒤에 예수께서는 모든 일이 이루어졌음을 아시고, 성경 말씀을 이루시려고 "목마르다" 하고 말씀하셨다. 거기에 신 포도주가 가득 담긴 그릇이 있었는데, 사람들이 해면을 그 신 포도주에 듬뿍 적셔서, 우슬초 대에다가 꿰어 예수의 입에 갖다 대었다. 예수께서 신 포도주를 받으시고서, "다 이루었다" 하고 말씀하신 뒤에, 머리를 떨어뜨리시고 숨을 거두셨다. (요한 19:28~30)

여기서 "다 이루었다"라고 번역된 그리스어 '테텔레스타이'τετέλεσται는 "끝났다"로도 번역될 수 있습니다. 바로 이 '테텔레스타이'에 주목할 필요가 있습니다. 요한복음 19장 28~30절에서 '텔-'τελ이라는 어근은 세 번 나오며, 그 중 두 번은 '테텔레스타이'에서 쓰입니다. 이 말은 19장 28절에서 "모든 일"이 이루어졌다고 말할 때 처음 사용되며, 막간에 성서의 성취('텔레이오오'τελειόω)를 언급할 때 쓰이고 마침내 예수의 마지막 말, 이야기의 절정에서 승리를, 완성을 확언하는 말로 등장합니다. 이때 예수는 "다 이루었다"고 말한 뒤, 머리를 떨어뜨리고

"자신의 영을 넘겨" 줍니다.*

요한복음에서 십자가에 달린 예수가 마지막으로 남긴 말은 마르코복음이나 마태오복음에서 십자가에 달린 예수가 마지막으로 남긴 말(시편 22편에서 인용한 "나의 하느님, 나의 하느님, 어찌하여 나를 버리셨습니까?"(마르 15:34, 마태 27:46))와는 현저하게 다릅니다. 요한복음에는 애통함도, 기도도 없습니다. 요한의 예수는 오히려 승리를, 성취를, 자신의 주권을 선언합니다. 그렇다면 십자가에서 무엇이 성취되었을까요? 예수가 목숨을 바쳐 아버지께서 맡기신 일을 완수한 것일까요? 단지 그것만은 아닙니다(요한 4:34 참조). 시편 69편을 인용한 다른 구절에 기록된 대로, 요한복음 19장 29절에 나오는 군인들의 행동에 의해서만 "성서"가 "성취된" 것도 아닙니다. 이 장면은 히브리 성서에 기록된 창조 이야기의 마지막 구절을 암시하고 있습니다. 70인역 창세기에 따르면 여섯째 날 하느님은 그 모든 일을 완성(쉬네텔레산 συνετέλεσαν)하셨습니다. 창세기 2장 1~2절이 '쉰텔레오'συντελέω라는 단어를 두 번 사용했듯, 요한은 '텔레인'τελεῖν을 두 번 사용하여 복음서의 결론 부분을 설계했습니다. 이는 우연이 아닙니다. 요한이 창세기를 은밀히 참조한 것이지요. 그는 예수의 활동이 그가 죽음을 맞이하는 순간 완성되었다 말하고 이를 하느님의 첫 번째 활동인 천지 창조에 견줍니다. 예수의 종말론적 활동은 태초에 일어난 하느님의 활동을

---

* 개역개정판, 새번역과 같은 주요 한국어 성서는 이를 '숨을 거두셨다'고 표현했으나, 원문은 '파레도켄 토 프뉴마'παρέδωκεν τὸ πνεῦμα로, 예수가 자신의 영을 주체적으로 넘겨준 것으로 이해할 수 있다.

재개합니다. 지금 완성된 예수의 활동은 새로운 창조를 이루고, 새로운 생명의 선물을 주시는 하느님의 활동입니다. 참으로 신적인 이활동은 하느님이 그 안에 계셨고, 여전히 그 안에서 일하고 계신 예수를 통해 이루어졌습니다.

(2) 예수 죽음의 중심성

요한복음의 이야기들은 모두 마지막 장면, 예수가 죽음을 맞는 순간으로 모입니다. 요한은 분명 예수가 죽음에 이르는 길을 보여 주고 그 이야기를 설명하는 데, 또한 독자들이 이 사건을 잘 이해하고 그 위에서 신앙의 기초를 다지는 데, 이 사건을 더 깊고 적절하게 이해하도록 돕는 데 주된 관심이 있습니다.

물론 모든 정경 복음서가 예수의 수난과 십자가 처형을 이야기하며, 각 복음서에서 커다란 비중을 차지합니다. 마르코복음은 사실상 확장된 서론이 있는 수난 이야기로 보는 게 적절할 정도지요. 그러나 그 이야기를 다루는 분량의 측면에서, 요한복음과 견주었을 때 마르코의 수난 이야기는 제한적입니다. 마르코복음 전체 16장 중에서 수난 이야기는 단 두 장뿐이며, 복음서 중반에 이르러서야 예수는 자신의 임박한 죽음에 대해 말하기 시작합니다(마르 8:31 참조). 그리고 나서야 그는 유월절을 맞이해 예루살렘으로 향하고 그곳에서 죽음을 맞이합니다. 마르코복음의 첫 번째 부분은 수난에 대해 언급하지 않으며, 예수가 공생애 기간 치유 활동을 하고 비유로 설교할 때 누구도 그가 죽으리라고 예상하지 못합니다.

이와 달리 요한복음은 13장부터, 요한복음을 전반부와 후반부로 나누었을 때 후반부 전체를 예수의 마지막 날들에 할애합니다. 두 번째 부분을 시작하는 작은 서문에서, 서술자는 예수가 앞으로 일어날 모든 일을 알고 있었으며, 자기 곁의 사람들을 "끝까지" 사랑했다는 점을 언급하지요.

> 유월절 전에 예수께서는, 자기가 이 세상을 떠나서 아버지께로 가야 할 때가 된 것을 아시고, 세상에 있는 자기의 사람들을 사랑하시되, 끝까지 사랑하셨다. (요한 13:1)

이어 마지막 만찬, 고별 담화와 고별 기도, 그리고 수난 이야기가 전체 21장 중 일곱 장에 걸쳐 그려집니다. 고별 담화의 경우에는 예수가 지상을 떠나는 일, 나중 세대가 겪을 예수의 부재 문제를 집중적으로 다루고 있지요. 이때 예수는 앞으로의 장들에서 나타날 수난을 제자들이 더 잘 이해할 수 있도록 그들을 위로하고 그들에게 단서를 줍니다. 20장과 21장에 묘사된 부활 이야기와 함께, 예루살렘에서 있었던 예수의 마지막 주 사건들에 관한 이야기는 요한복음에서 거의 절반을 차지합니다.

(3) 수난을 이해하도록 돕는, 수난을 예시하는 단서들

사실 후반부 이전부터, 정확히는 처음부터 요한복음은 예수의 수난에 대해 계속 언급합니다. 서문에서 말씀이 "육신"이 되었다는 언급, 즉 약하고 필멸하는 인간이 되었다는 언급도 예수의 죽음을 미묘하게 암시하는 것일 수 있습니다. 1장 29절에 나오는 "하느님의 어린 양", 2장 4절에서 예수가 "때"를 언급하는 장면, 2장 19절에 나오는 (성전에 대한 열심이 예수를 삼킬 것이라는) 시편의 인용구 모두 예수의 죽음을 가리킵니다.

> 예수께서 그들에게 말씀하셨다. "이 성전을 허물어라. 그러면 내가 사흘 만에 다시 세우겠다." 그러자 유대 사람들이 말하였다. "이 성전을 짓는 데에 마흔여섯 해나 걸렸는데, 이것을 사흘 만에 세우겠다구요?" 그러나 예수께서 성전이라고 하신 것은 자기 몸을 두고 하신 말씀이었다. 제자들은, 예수께서 죽은 사람들 가운데서 살아나신 뒤에야, 그가 말씀하신 것을 기억하고서, 성경 말씀과 예수께서 하신 말씀을 믿게 되었다. (요한 2:19~22)

여기서 요한은 성전이 예수의 몸을 가리키는 것으로 해석하며, 22절 삽입구에서는 부활을 언급합니다. 또한, 3장 13~14절에서 예수는 말합니다.

> 하늘에서 내려온 이 곧 인자 밖에는 하늘로 올라간 이가 없다. 모세가 광야에서 뱀을 든 것 같이, 인자도 들려야 한다. (요한 3:13~14)

성서에 나오는 광야의 뱀을 언급함으로써 요한은 최초로 고난이 아닌 예수 그리스도가 드높여지는 사안에 대해 선언합니다. 그는 십자가 위에서, 그리고 영적인 차원에서 아버지에 의해 드높여져야 합니다.

이 수수께끼 같은 성서 구절들은 예수의 죽음에 대한 강력한 상징이며 상상력을 불러일으킵니다. 광야에서 뱀이 막대기에 들렸던 것처럼, 사람의 아들 예수도 또 다른 나무인 십자가에 달리기 위해 들어 올려져야 하며, 광야에서 이스라엘 백성이 살기 위해 구리 뱀을 바라봐야 했던 것처럼, 사람들은 믿음으로 십자가에 못 박히고 높아지신 예수를 바라보아야 한다고, 그들이 영원한 생명을 받을 것이라고 요한은 힘주어 말합니다. 이처럼 그는 처음부터 독자들이 앞으로 일어날 수난에 대비할 수 있게 합니다. 요한은 십자가 사건이 예수 생애의 중심에 있음을 지적하고, 이를 이해할 수 있는 주제와 단서(하느님의 어린양, 예수의 몸인 성전, 십자가에 못 박히고 높임 받은 분의 구원 능력)들을 제시합니다.

예수의 공적 활동과 당국의 갈등을 서술하는 부분에도 예수의 죽음 및 부활에 관한 언급이 있습니다. 예수를 붙잡으려는 적대자들과 예수를 넘기려 하는 가룟 유다에 관한 이야기가 나올 때까지 어떤 이야기가 펼쳐지는지 되짚어 볼까요. 예수는 자신을 선한 목자로서 자신의 "양"을 위해 목숨을 버리겠다고 말하고(요한 10:11), 목숨을 버렸다가 다시 얻겠다고도 말합니다(요한 10:17). 심지어 그는 자신이나 곁에 있는 이들을 위해서뿐만 아니라 "세상에 생명"(요한 6:51)을 주기 위해 자신의 살을 주겠다고까지 말합니다. 요한복음에 나오는 마지막 기적 이야기이자 가장 인상적인 기적 이야기이기도 한 라자로가 살아난 사건(요한 11:1~44)은 특히 수난 및 부활 이야기와 연결되어 있습니다. "생명"(요한 11:25) 그 자체인 예수는 라자로의 무덤에 가서 큰 목소리로 그를 부릅니다.

> (예수께서) 큰 소리로 "라자로야, 나오너라" 하고 외치시니, 죽었던 사람이 나왔다. 손발은 천으로 감겨 있고, 얼굴은 수건으로 싸매여 있었다. 예수께서 그들에게 "그를 풀어 주어서, 가게 하여라" 하고 말씀하셨다. (요한 11:43~44)

어쩌면 예수가 라자로를 살리기 위해 유대 지방으로 가는 것 자체가 스스로 죽음 속으로 들어가는 일이었습니다. 도마의 회의적인 말("우리도 그와 함께 죽으러 가자"(요한 11:16))이 이를 암시하지요. 라자로를 살린 강력한 기적 이후 당국자들은 모여 예수를 죽이기로 결의합니다. 이러한 맥락에서 예수가 일으킨 가장 인상적인 기적은 그의 죽음과 긴밀하게 얽혀 있습니다. 이렇게 보면 그다음 마리아가 예수에게 기름을 부은 행동은 그의 죽은 몸에 부을 기름을 예비하는 행동으로 해석할 수도 있습니다.

이 모든 일을 서술자는 수난 이야기가 시작되기 전에 이야기합니다. 물론 훨씬 전부터 요한은 독자들이 적절하게 수난 이야기를 이해할 수 있도록 많은 단서와 보조 자료를 제공했습니다. 예수는 그의 "때"에, 즉 정해진 시간에 죽음을 맞이할 것입니다. 그의 죽음은 자기 곁에 있는 이들을 위한, 그들을 보호하고 구원하기 위한, 더 나아가 온 세상을 위한 죽음, 그들을 대신하여 죽는 죽음이며, 다른 이들을 위해, 그들을 대신해 자신의 생명을 자발적으로 내어 주는 것입니다.

가장 중요한 것은 요한이 예수의 죽음을 묘사하며 쓴 용어들입니다. 처음에 예수는 자신이 곧 떠나려 하며, 그때는 사람들이 자신을 찾더라도 찾을 수 없을 것이라고 간결하게 말하고(요한 7:34, 8:21), 나중에야 자신이 아버지께로 간다고 공개적으로 말합니다. 그가 떠나고 하느님의 영역으로 간다는 이 이야기에는 십자가에서 못 박혀 죽는 일이 생략된 것처럼 보입니다. 그래서 일부 해석자들은 이를 죽음이라는 극단적인 현실을 회피하거나 우회하는, 일종의 완곡어법으로 보았지만, 이러한 해석은 정확하지 않고 충분하지도 않습니다. 두 가지 표현을 주목해서 보아야 합니다. 요한은 예수의 죽음을 "드높여짐"(요한 3:14 등), "영광을 받는 일"(요한 12:23 등)로 묘사합니다. 그는 이 두 표현을 예수가 공적 활동을 마칠 때, "그리스 사람들"이 와서 예수를 보려 할 때, 그가 행한 마지막 담화에서 집중적으로 사용합니다(요한 12:20~22). 예수는 그리스 사람들이 아니라 모든 독자를 향해 말합니다.

인자가 영광을 받을 때가 왔다. 내가 진정으로 진정으로 너희에게 말한다. 밀알 하나가 땅에 떨어져서 죽지 않으면 한 알 그대로 있고, 죽으면 열매를 많이 맺는다. (요한 12:23~24)

여기서 요한은 예수의 죽음을 열매를 맺는 사건으로 설명합니다. 예수는 홀로 남지 않으며 그에게, 즉 그의 백성에게, 아마도 그리스 사람들에게 열매가 주어질 것입니다. 이어서 예수는 말합니다.

> 내가 땅에서 들려서 올라갈 때에, 나는 모든 사람을 내게로 이끌어
> 올 것이다. (요한 12:32)

요한은 예수의 드높여짐, 그리고 영화를 그의 죽음이라는 현실을 숨겨 독자들을 불쾌하지 않게 하기 위해, 혹은 소크라테스의 죽음처럼 예수의 죽음을 고귀한 죽음으로 묘사하기 위해 쓰지 않았습니다. 물론 그는 공관복음과 달리 예수의 고통을 강조하지 않습니다. 그러나 여기에는 신학적인 이유가 있습니다. 요한은 예수의 승리와 성취로 예수의 버림받음을 대체했고, 그가 죽음으로써 맺은 "열매", 인류를 위한 구원의 효과와 수확에 초점을 맞추었습니다.

(4) 성서적 배경

요한이 예수의 죽음을 묘사할 때 쓴 "드높여짐", "영광을 받는 일"은 결코 사소한 의미를 담고 있지 않습니다. 그는 성서를 읽으며 얻은 독특한 신학적 통찰을 이 두 표현에 반영했습니다. 이를 통해 우리는 성서에 비추어 예수의 말과 행적, 그의 운명을 '기억'하는 과정이 어떻게 더 깊은 이해로 이어질 수 있는지, 공관복음의 견해를 심화하거나 대체하는지, 어떻게 요한이 자신이 그린 예수의 모습이 공

관복음이 그린 모습보다 더 참되다고 주장할 수 있는지를 알 수 있습니다.

이를 이해하기 위해 우리는 먼저 이사야서 53장에 있는 하느님의 종에 대한 노래를 살펴볼 필요가 있습니다.

우리가 들은 것을 누가 믿었느냐? 주님의 능력이 누구에게 나타났느냐? 그는 주님 앞에서, 마치 연한 순과 같이, 마른 땅에서 나온 싹과 같이 자라서, 그에게는 고운 모양도 없고, 훌륭한 풍채도 없으니, 우리가 보기에 흠모할 만한 아름다운 모습이 없다. 그는 사람들에게 멸시를 받고, 버림을 받고, 고통을 많이 겪었다. 그는 언제나 병을 앓고 있었다. 사람들이 그에게서 얼굴을 돌렸고, 그가 멸시를 받으니, 우리도 덩달아 그를 귀하게 여기지 않았다. 그는 실로 우리가 받아야 할 고통을 대신 받고, 우리가 겪어야 할 슬픔을 대신 겪었다. 그러나 우리는, 그가 징벌을 받아서 하느님에게 맞으며, 고난을 받는다고 생각하였다. 그러나 그가 찔린 것은 우리의 허물 때문이고, 그가 상처를 받은 것은 우리의 악함 때문이다. 그가 징계를 받음으로써 우리가 평화를 누리고, 그가 매를 맞음으로써 우리의 병이 나았다. 우리는 모두 양처럼 길을 잃고, 각기 제 갈 길로 흩어졌으나, 주님께서 우리 모두의 죄악을 그에게 지우셨다. 그는 굴욕을 당하고 고문을 당하였으나, 아무 말도 하지 않았다. 마치 도살장으로 끌려가는 어린 양처럼, 마치 털 깎는 사람 앞에서 잠잠한 암양처럼, 끌려가기만 할 뿐, 아무 말도 하지 않았다. 그가 체포되어 유죄판결을 받았지만 그 세대 사람들 가운데서 어느 누가, 그가 사람 사는 땅에서 격리된 것을 보고서, 그것이 바로 형벌을 받아야 할 내 백성의 허물 때문이라고 생각하였느냐? 그는 폭력을 휘두르지도 않았고, 거짓말도 하지 않았지만, 사람들은 그에게 악한 사람과 함께 묻힐 무덤을 주었고, 죽어서 부자와 함께 들어가게 하였다. 주님께서 그를 상하게 하고자 하셨다. 주님께서 그를 병들게 하셨다. 그가 그의 영혼을 속건제물로 여기면, 그는 자손을 볼 것이며, 오래오래 살 것이다. 주님께서 세우신 뜻을 그가 이루어 드릴 것이다. "고난을 당하고 난 뒤에, 그는 생명의 빛을 보고 만족할 것이다. 나의 의로운 종이 자기의 지식으로 많은 사람을 의롭게 할 것이다. 그는 다른 사람들이 받아야 할 형벌을 자기가 짊어질 것이다. 그러므로 나는 그가 존귀한 자들과 함께 자기 몫을 차지하게 하며, 강한 자들과 함께 전리품을 나누게 하겠다. 그는 죽는 데까지 자기의 영혼을 서슴없이 내맡기고, 남들이 죄인처럼 여기는 것도 마다하지 않았다. 그는 많은 사람의 죄를 대신 짊어졌고, 죄지은 사람들을 살리려고 중재에 나선 것이다." (이사 53:1~12)

초기 그리스도교 공동체에서는 이 노래를 예수가 맞이한 죽음에 대한 예언, 혹은 예고로 읽었습니다. 오늘날에도 "그는 실로 우리가 받아야 할 고통을 대신 받고, 우리가 겪어야 할 슬픔을 대신 겪었다..."(이사 53:4)는 진술은 널리 알려져 있지요. 그런데, 히브리어 본문 외에 신약성서 저자들이 주로 사용한 그리스어 번역에는 조금 더 많은 내용이 있습니다. 특히 이사야서 52장 13절에 대한 70인역 그리스어 구약성서 번역은 히브리어 성서와는 차이가 있습니다. 여기서는 이렇게 기록되어 있지요.

> 보아라. 내 종은 이해할 것이다. 그는 높임 받을 것이며, 영광을 받을 것이다.

"높임 받을 것"이라는 말과 "영광을 받을 것"이라는 표현이 한 구절에 등장하며, 둘 다 미래 시제로 되어 있다는 점에 주목하십시오. 이는 앞으로 있을 현실에 대한 예언으로 이해할 수 있으며 요한복음의 저자는 예수의 죽음을 해석하기 위한 핵심 용어를 여기서 가져온 것으로 보입니다.

그 노래가 본래 무슨 의미를 담고 있는지, 히브리어 본문에서 "하느님의 종"이 누구였는지, 원저자의 의도가 무엇이었는지와 관계없이, 이를 오실 메시아에 대한, 혹은 예수에 대한 예언으로 읽으면 이 노래 구절은 예수가 맞이한 죽음의 의미를 드러내는 계시로 이해할 수 있습니다. 노래의 다른 부분에서는 이 종이 다른 사람들의 죄를 짊어졌다고 말하지만, 여기서는 그의 죽음이 종말이 아니라 새로운 시작이 될 것이며, 헛되지 않을 것이고 성공을 거둘 것이라고 말합니다. 종은 비록 수치스럽고 불명예스러운 죽음을 맞이하더라도 나중에 높임과 영광을 받을 것입니다. 생명까지 감내한 예수의 헌신은 결국 열매를 맺어, 그에게 연속성continuity과 자손progeny을 줄 것입니다.

이사야서의 저 노래를 성서와 그 예언이 선포하는 하느님의 뜻을 따라 예수의 죽음이 일어난 것으로, 실제 사건에 대한 계시로 이해하게 되면 예수가 겪은 수난을 완전히 새롭게 이해할 수 있게 됩니다. 이 계시에 따르면, 십자가에서 예수가 죽음을 맞이한 일은 그가 높아지고 영광을 받은 사건입니다. 그렇기에 예수의 죽음은 애도할 이유가 없으며, 마르코복음에 기록된 예수의 수난에 대한 설명은 진실의 절반에 불과한, 불충분한 설명입니다. 요한은 성령의 인도를 받아 성서를 읽으며 얻은 이러한 통찰에 따라 수난 이야기를 재구성할 필요를 느꼈을 것입니다.

예수가 높아지고 영광을 받은 일이 그가 십자가에 달렸을 때 일어났는지, 아니면 부활했을 때 일어났는지 물어서는 안 됩니다. 예수의 "때"라는 개념, 이 사건들을 해석하는 용어들은 십자가와 부활 사건을 모두 가리키고 있기 때문이지요. 요한의 관심은 예수가 실제로 높임을 받고, 영광을 받은 부활 이후 현실에 있습니다. 여기서 예수가 높임을 받은 일은 단지 십자가 나무 기둥 위로 들어 올려진 일만을 뜻하지 않으며, 하느님 곁으로 가서 높임을 받고 하느님의 영광을 받은 일까지를 의미합니다. 마찬가지로 예수가 영광을 받은 일은 단지 죽은 자들로부터 부활한 사건에만 국한되지 않습니다. 그의 죽음은 구원의 기초를 이루며, 죽음과 부활 이후에는 이전보다 훨씬 더 많은 추종자가 생길 것이기 때문이지요. 성서, 정확히는 이사야서에 등장한 표현들을 통해 요한은 예수의 십자가 사건을 새롭게 바라보게 되었고, 그 참된 의미가 새롭게 드러난다고, 부활 후 예수의 제자들이 어떻게 성령과 성서의 증언을 받았는지, 이들을 통해 예수의 운명을 더 잘 기억하고 이해할 수 있었는지 알게 되었다고 여겼습니다. 그리고 우리는 이를 통해 요한이 어떻게 예수의 죽음에 대한 독특한 관점을 갖게 되었는지, 그 관점을 표현하며 쓴 용어들을 어디서 끌어왔는지를 발견할 수 있습니다.

(5) 수신자들에 대한 질문

요한은 어째서 예수의 죽음을 설명하는 일을 이처럼 중요하게 여겼던 걸까요? 왜 그는 복음서를 시작하면서부터 예수의 죽음에 그토록 집중했을까요? 물론 예수를 따르는 이들이 초기부터 예수의 죽음을 이해해야 했다는 것, 부활에 대한 믿음에 비추어 볼 때도 더욱 그럴 필요가 있었던 것은 사실입니다.

바울 서신에 포함된 초기의 신앙 고백 공식은 초기 그리스도교인들이 예수의 죽음을 해석하기 위해 성서에서 단서나 모형을 찾으려 했음을 보여 줍니다. 하지만 다른 초기 그리스도교 문헌들을 보면 예수의 죽음 외에도 예수 활동의 다른 측면들이나 주제, 이를테면 예수의 기적, 지혜의 말, 비유, 부활을 둘러싼 사건들을 강조했음을 알 수 있습니다. 그렇다면 왜 요한은 그토록 예수의 죽음에만 초점을 맞추었던 걸까요? 그리고 요한은 어째서 마르코복음의 해석에 그토록 비판적이었던 걸까요?

주된 이유는 요한의 고그리스도론에서 찾을 수 있습니다. 그는 마르코복음의 겟세마네 장면(마르 14:32~42)이 예수 그리스도에 관한 진리를 적절하게 표현하고 있다고 생각하지 않았습니다. 예수가 아버지와 끊임없이 연합하고 있었다면 죽음을 피하고자 했을 리 없다고 요한은 판단했습니다. 따라서 요한복음은 겟세마네의 기도를 두 번 (요한 12:27~28, 18:11) 다루지만, 마르코복음과 같은 관점은 분명하게 거부합니다. 요한복음에서 의식적으로 채택한 (발전된) 그리스도에 관한 통찰, 부활 이후 관점은 예수의 이야기 전체, 특히 그의 수난과 죽음을 다르게 볼 것을 요구했습니다.

이러한 신학적 관점 외에도, 요한이 복음서를 구성할 때 염두에 두었던 예상 독자들, 공동체들의 상황을 살피는 것도 그가 예수의 죽음을 중시한 이유를 헤아려 보는 데 도움이 됩니다. 앞서 1장에서 언급했듯 요한복음에 있는 고별 담화는 기본적으로 예수가 죽음을 맞이하기 전 제자들의 모습을 '반영'하지만, 실제로는 요한복음의 수신자들, 그들의 상황과 문제에 대해 통찰을 얻을 수 있기도 합니다.

이와 같은 고별 담화는 공관복음에는 등장하지 않습니다. 이때 예수는 제자들의 두려움을 헤아리고 질문에 응답하면서, 자신이 떠나는 일과 그 이후 일어날 일들에 대해 말합니다. 고별 담화의 모든 부분은 독자들이 예수 그리스도께서 자신들을 떠나신 사건을 올바르게 이해할 수 있도록 기록되었습니다.

슬픔에 잠긴 제자들에게 예수는 말합니다.

나는 아버지께로 간다. (요한 14:28)

나는 너희를 고아처럼 버려두지 아니하고, 너희에게 다시 오겠다.
(요한 14:18)

조금 있으면, 세상이 나를 보지 못할 것이다.
그러나 너희는 나를 보게 될 것이다.
그것은 내가 살아 있고, 너희도 살아 있을 것이기 때문이다. (요한 14:19)

내가 떠나가는 것이 너희에게 유익하다. 내가 떠나가지 않으면, 보혜사가 너희에게 오시지 않을 것이다. 그러나 내가 가면, 보혜사를 너희에게 보내 주겠다. (요한 16:7)

예수가 슬퍼하는 제자들에게 한 이 짧은 말들은 후대 예수 추종자들이 품었던 질문과 마주한 문제가 무엇이었는지를 가늠하게 해 줍니다. 그들은 세상에 홀로 남은 것 같았고, 심지어는 고아가 된 것처럼 느꼈습니다. 예수가 더는 그들 곁에 없었기 때문에, 적어도 육안으로는 보이지 않게 되었기 때문입니다(요한 16:10 참조).

그들에게는 예수가 단순히 사라진 게 아니고, 하느님 아버지와 함께, 그분의 영역에서 자신을 따르는 이들을 위해 활동하고 계시고, 그들을 위해 중보하며(1요한 2:1 참조), 그들을 위한 자리를 예비하고 있다는 확신이 필요했습니다(요한 14:3 참조). 예수는 아버지로부터 성령을 보낼 것입니다. 성령은 파라클레토스*παράκλητος*, 즉 "보혜사"Advocate라고 불리며, 지상에 있던 예수 대신 그를 믿는 자들과 함께 머물면서 그들에게 증언하고, 신앙의 진리를 확인해 주고, 예수의 삶과 죽음, 부활에 담긴 의미를 상기시키고, 가르치고, 인도할 것입니다. 그러한 면에서 부활 이후 제자들은 실제로 예수를 보고 겪었던 제자들보다 더 나은 상황에 있다고도 할 수 있습니다. 그들은 예수의 죽음과 부활의 열매인 평화(요한 14:27)와 기쁨(요한 16:22, 24)을 누리고 성령의 도움과 인도를 받기 때문입니다.

요한에게 예수의 떠남과 죽음은 오로지 그들을 위한, 그들의 구원과 생명을 위해 필요한 긍정적인 사건이었습니다. 그 사건 없이는 구원, 영원한 생명이 없을 것이고, 오직 "세상"만이 존재할 것이기 때문입니다. 예수의 떠남과 십자가에서의 죽음은 그를 따르는 이들이 구원을 얻고 영생을 얻기 위한 유일한 조건이자 그들의 삶과 신앙의 필수 불가결한 토대입니다. 고별 담화를 통해 요한은 예수를 따르는 이들의 공동체, 복음서 독자에게 바로 이를 가르치고자 했습니다. 예수는 그들의 이름으로, 또한 그들의 유익을 위해 십자가에 달려야만 했습니다.

요약하면, 고별 담화를 통해 우리는 수신자 공동체가 어떠한 문제를 가지고 있었는지를 파악할 수 있습니다. 그들은 대다수가 예수를 믿지 않는 "세상"에 살고 있었습니다. 세상은 그들을 이해하지 못했고, 심지어 그들을 "미워"했습니다(요한 15:18). 그래서 그들은 불안해했으며, 때로는 자신들이 버림받았다고, 고아가 되었다고 생각했습니다. 세상은 기뻐하지만, 그들은 예수가 더는 눈에 보이지 않아(요한

16:10) 애도하고 슬퍼했습니다. 심지어 세상은 그들의 불행을 비웃었으며(요한 16:20), 이를 그들의 신앙이 헛되고 불신이 정당하다는 증거로 여기기까지 했습니다(요한 16:10). 그들은 무엇이 옳은지 그른지, 예수에 대한 믿음이 참인지 헛된 것인지 확신하지 못했습니다.

이는 기원후 100년경 에페소에 존재하던 특정 공동체의 상황만이 아니라, 부활과 재림 사이에 예수를 따르는 사람들이 마주한 기본적인 상황이기도 합니다. 예수는 보이지 않고, 신앙은 의심받으며, 세상은 승리하는 것처럼 보입니다. 이웃들이 그들을 조롱하고, 너희의 신은 어디 있냐고, 있다면 자신들에게 보여 달라고 요구할 때 곤혹스러워합니다. 그들은 명백한 "사실"을 가리킬 수도 없고, 자기 신앙의 참됨을 증명할 수도 없기에, 조롱을 당하거나 공개적인 적대감에 직면하며 괴로워하고 위협을 느낍니다.

이럴 때, 실존적인 질문들이 일어나는 것은 결코 이상한 일이 아닙니다. '우리가 제대로 이해한 걸까? 아니면 우리의 믿음 전체가 잘못된 것은 아닐까?' '십자가 사건은 그저 역사에서 우연히 일어난 일, 아무런 가치도 없는 실패의 상징에 불과한 걸까?' '예수는 그저 실패한 것일까?' '세상의 불신앙이 옳은 걸까?' '우리의 모든 희망은 헛된 것일까?'

요한은 예수의 말들을 통해 이러한 질문들을 다룰 뿐 아니라, 제자들을 돕고, 이끌고, 확인하고, 위로하기 위해, 무엇보다도 예수의 생애와 죽음, 부활에 관한 더 나은 이해와 신학을 제시하는 성령의 약속을 통해 이를 다룹니다.

(6) 보혜사로서의 성령

고별 담화에서 예수는 성령을 "보혜사", 즉, 변호인으로 약속했습니다. 성령은 탁월한 변호사처럼 재판에서 예수를 따르는 이들을 대변할 것입니다. 민사 재판이나 형사 재판과 같은 국가 법정에서의 재판이 아니라, 양심의 재판, 내면에서 이루어지는 재판, 진리를 두고 예수를 믿지 않는 세상과 벌이는 재판에서 말이지요. 이 재판들에서 성령은 신앙이 옳고 불신앙이 틀렸으며, 예수는 눈에 보이지 않지만 그들을 대신해 아버지와 함께 있으며, 이 세상의 군주인 악마는 이미 심판을 받아 멸망할 운명임을 확증합니다(요한 16:9~11).

앞서 언급했듯, 요한은 최초의 독자들이 복음서를 읽으며 복음서의 내용이 자신들의 현실과 관련이 있음을 깨닫기를 바랐습니다. 예수는 부활절에 제자들에게 성령을 주었습니다(요한 20:22). 이후 예수를 따르던 이들도 공동체를 통해 성령이 자신들과 함께함을 경험했습니다. 그런 그들을 향해 요한은 세상의 증오에도 불구하고 그들은 홀로 있지 않으며, 고아도 아니라고 강조합니다. 예수가 성령을 통해 그들과 함께하기 때문이지요. 게다가, 세상에게 미움을 받는 그들의 운명은 예수의 운명과도 유사합니다(요한 15:18). 그렇기에 요한은 예수의 운명을 기억함으로써, 신자들이 자신이 처한 상황을 새롭게 이해하고 우울에서 벗어나 자신의 사명을 감당할 수 있다고 보았습니다. 예수는 죽음과 부활을 통해서 세상을 이겼습니다(요한 16:33). 그러니 그를 따르는 이들은 이 승리에 동참할 수 있습니다. 신앙 안에서, 신앙을 통해 경험하는 생명과 평화, 기쁨은 이웃에게 증명할 수 없더라도 누릴 수 있습니다. 예수는 눈에 보이지 않지만, 이제 그들은 오히려 그 사실이 믿음에 참여하는 조건임을 알 수 있습니다. 이제 예수를 따르는 자들은 예수의 말을 새로운 방식으로 듣고, 성령을 통해 구원을 확신하며, 진리 안에서 그 인도를 경험할 수 있기 때문입니다.

> 아버지께서 가지신 것은 다 나의 것이다. 그렇기 때문에 내가, 성령
> 이 나의 것을 받아서 너희에게 알려 주실 것이라고 말한 것이다. (요
> 한 16:15)

십자가는 실패했을까요? 모든 게 끝나버린 것일까요? 예수의 죽음은 세상 권력이 저지른 수많은 사법 살인의 하나일 뿐일까요? 아니면 진실로 하느님의 능력을 통해 새로운 시작, 새로운 생명의 기초, 세상에 대한 승리, 참된 왕의 임명 같은 것들이 이루어졌던 것일까요? 이러한 질문은 복음서의 수신자였던 사람들에게 실존적인 질문이었지만, 부활과 재림 사이를 살아가는 모든 그리스도교인, 특히 현대의 독자들에게도 시시때때로 일어나는 질문입니다.

우리의 신앙도 유혹을 받습니다. 우리도 우리의 믿음이 옳은지, 아니면 우리 모두 거대한 자기기만에 빠진 것이 아닌지 자문할 수 있습니다. 요한복음은 부활 이후의 독자들, 즉 기원후 소아시아의 일부 수신자들뿐만 아니라, 모든 미래 독자, 즉 모든 그리스도교인을 위해 이런 질문을 다루고 있습니다. 이 모두를 위해 요한은 보편의 언어,

누구나 쉽게 이해할 수 있는 은유로 이 복음서를 썼습니다. 그리고 예수의 수난과 관련해 독자들이 그 잔인한 사건의 이면에 자리한 신앙의 진리를 깨닫도록 이야기를 고안했습니다.

(7) 요한 해석의 대담함

잊지 마십시오. 이는 놀랍도록 대담한 해석입니다. 분명 예수의 죽음, 십자가 처형은 끔찍한 사건이었습니다. 당시 사람들은 누구나 이를 알고 있었습니다. 교양 있는 작가들은 이것이 너무 혐오스러운 사건이었기 때문에 거의 언급하지 않았습니다. 요한복음이 공관복음보다 예수가 십자가에 묶이거나 못 박힌 채 매질을 받거나 오랜 시간 고통을 느끼는 모습을 더 자세하게 묘사하지 않더라도 고대인들은 그가 극도의 굴욕을 당했으며, 끔찍한 고통 가운데 죽었다는 사실을 알 수 있었습니다. 요한은 예수가 죽은 척한 것이 아니라 실제로 죽었다고 분명하게 기록합니다. 또한, 십자가 처형은 수치스러운 일이었습니다. 요한에 따르면 예수는 십자가에 벌거벗은 채 매달려 죽임을 당했습니다. 십자가 처형을 그린 많은 성화는 교회의 도덕 규칙 때문에 예수의 하체를 수건으로 가렸지만, 예수의 속옷은 벗겨져 군인들이 나누어 가졌습니다. 요한의 상상력을 따르더라도, 예수는 벌거벗고 수치스럽게 죽었습니다.

십자가는 천국으로 올라가는 도구가 아니라 고문 수단이었습니다. 십자가형은 극도로 잔인한 처형 방식이었으며, 로마 군인들은 사형수를 십자가에 못 박기 전 그를 모욕하고, 고문하고, 유린할 힘을 가지고 있었습니다. 이것이 예수에게 일어난 일입니다. 마르코복음에 나온 그의 마지막 절규는 예수가 겪어야 했던 고통과 그가 느꼈을 외로움을 적절하게 표현하고 있습니다.

　나의 하느님, 나의 하느님, 어찌하여 나를 버리셨습니까? (마르 15:34)

하지만 요한은 다르게 이야기합니다. 그의 의도는 예수의 고통이나 죽음의 현실을 부인하는 것이 아니고, "고귀한 죽음"에 대한 보다 미학적이거나 철학적인 이야기를 제시하려는 것도 아니었습니다. 요한의 독특한 시각이 탄생한 이유는 다른 무엇보다 예수의 죽음에 새로운 빛을 비춘 부활 사건 때문입니다. 그래서 그는 구약성서에서 예수가 "높임" 받고, "영광"을 받았으며, 그의 죽음이 열매를 맺어(요한 12:23) 구원을 가져오고, "이 세상의 통치자"인 악한 권력을 무력화하며 단죄하게 된다는(요한 12:31, 16:11) 생각을 가져왔습니다. 요한은 무대 뒤에 있는 현실을 우리 눈앞에 그리려 했으며, 신앙으로 독자들이 이 참된 현실에 눈을 열기를 바랐습니다. 이러한 맥락에서 수난에 대한 요한의 서술은 십자가에 달린 예수가 열어젖힌 나라, 참된 현실로 우리를 초대합니다.

⑧ 무대 뒤의 현실

　요한복음의 모든 이야기 속 문학 장치들, 복음서가 시작될 때부터 나오는 예수의 수난을 예비하는 해석, 고별 담화에 대한 설명, 수난을 그리는 방식까지, 이 모든 것이 십자가 사건에 대한 요한의 이해와 연결되어 있습니다. 고별 담화와 고별 기도를 기록한 후 요한은 18장 1절부터 예수의 수난을 그립니다. 체포, 심문, 재판, 십자가, 처형, 매장에 이르기까지 요한복음의 이야기는 크게는 공관복음의 이야기 흐름을 따르면서도 공관복음과는 다른 독특한 특징을 지니고 있습니다. 우선 요한은 눈앞에 일어나는 현실 너머를 인식할 수 있도록 서술을 추가했습니다. 현실에서 일어난 사건에 대한 그림을 이 두 번째 그림(추가된 서술)이 덮습니다. 만화경을 볼 때 그러하듯 한 풍경에서 다른 풍경으로 순식간에 전환이 일어나는 것이지요. 요한은 십자가 처형이라는 잔혹한 현실 뒤에 왕이 즉위하는 그림을 그립니다. 유대인의 왕이라며 조롱받는 예수의 모습에 보이지 않는 왕국을 실제로 통치하는 통치자의 모습을 그립니다.

　무엇보다 요한의 예수는 시종일관 놀라우리만큼 주도적으로 행동합니다. 수난 중에도 그는 수동적이지 않습니다. 예수는 적극적으로, 자신에게 무슨 일이 일어날지 정확히 알고(요한 13:1), 그 일을 향해 나아갑니다. 그는 자발적으로 군대에 자신을 넘깁니다(요한 18:8, 그래서 요한복음에서는 유다의 입맞춤이 필요하지 않습니다). 베드로가 칼로 자신을 보호하려 하자 그를 제지합니다.

　아버지께서 나에게 주신 이 잔을 내가 어찌 마시지 않겠느냐? (요한 18:11)

가장 주목할 만한 장면은 예수가 "내가 그 사람이다"('에고 에이 미'ἐγώ εἰμι)라고 말하며 자신의 정체를 밝히자 무장한 경비병과 로마 병사들이 마치 왕이나 신에게 엎드리듯이 즉시 땅에 쓰러지는 모습입니다. 예수의 말은 하느님의 권능으로 가득 차 있어서, 비록 체포하게 자신을 내어 주더라도 온 유대인과 이방인이, 온 세상이 그 앞에 엎드립니다. 명백히 초현실적인 이 이야기에서 독자는 바로 이 점을 이해해야 합니다.

심지어는 대제사장 앞에서 심문을 당할 때도 예수는 피고인처럼 행동하지 않고 마치 자신이 판결을 내려야 한다는 듯 권위를 지니고 위엄 있게 행동합니다. 본디오 빌라도 앞에서의 재판에서도 마찬가지입니다. 요한은 이를 7부로 구성된 장대한 극으로 전개합니다. 예수는 마치 재판관인 것처럼 대답하고, 유대 당국의 죄가 빌라도의 죄보다 더 크다고 선언합니다(요한 19:11). 마지막 장면에서 재판관 의자에 앉은 사람이 빌라도인지 아니면 예수인지(그가 진정한 재판관 혹은 왕으로서 높은 자리에 서 있는지)는 그리스어로도 분명하지 않게 처리되어 있습니다(요한 19:13).

또한, 공관복음과 달리 예수는 누구의 도움도 받지 않은 채 스스로 자신의 십자가를 짊어집니다(요한 19:17). 십자가에 달려서도, 예수는 자신의 일을 처리하고, 자신이 사랑하는 제자에게 어머니를 맡깁니다(요한 19:25~27). 그리고 죽음의 순간, 요한복음 본문은 다분히 의도적으로 예수의 적극성을 지켜냅니다. 그는 "다 이루었다"고 말하고, 마치 승낙하며 끄덕이듯 고개를 숙이고, 자신의 영을 넘깁니다.

여기에는 죽음의 외침도, "어찌하여 나를 버리셨습니까?" 하는 절규도 없습니다. "예"와 "아멘", 그리고 "다 이루었다"만이 있을 뿐입니다.

다시 한번 말하지만, 십자가 처형 장면을 이런 식으로 그리는 일은 현대 독자뿐 아니라 고대 독자들에게도 낯선 방식이었습니다. 요한은 모든 사람이 눈으로 확인할 수 있는 현실이 아니라, 끔찍한 현실 뒤에 감추어져 있는 보다 미묘한 현실을 독자들이 인식할 수 있도록 십자가 사건을 그렸습니다.

(9) 참된 왕 예수

예수의 재판과 십자가 처형 장면에서 중심을 이루는 주제는 예수의 왕권입니다. 이를 더 잘 이해하려면 공관복음에서 예수가 하는 설교의 중심 주제인 '하느님 나라'가 요한복음에서는 눈에 띄게 후순위로 밀려나 있다는 점에 주목해야 합니다. 요한복음에서 '하느님 나라'는 니고데모와 대화를 나누는 부분에서 단 두 번만 언급되며(요한 3:3,5), 이후에는 이 용어가 사라지고 영생이라는 용어로 대체됩니다. 요한복음은 이제 하느님의 왕국 대신 왕이신 예수와 그의 왕국에 초점을 맞춥니다. 하느님의 왕권은 예수의 왕권, 특히 수난 이야기에서 예수가 자신이 왕임을 확언하고 왕권의 성격을 정의함으로써 드러납니다. 이 또한 마르코의 수난 이야기와 뚜렷한 대조를 이룹니다.

빌라도가 예수께 물었다. "당신이 유대인의 왕이오?" 그러자 예수께

서 빌라도에게 대답하셨다. "당신이 그렇게 말하였소." (마르 15:2)

마르코복음에서도 빌라도는 예수가 "유대인의 왕", 즉 (아마 대제사장들이 고발한 대로) 메시아라고 참칭하는 자인지 묻습니다. 이에 대한 예수의 대답("당신이 그렇게 말하였소")은 간결하면서도 양가적입니다. 그리고 예수는 빌라도의 추가 질문에 침묵을 지킵니다.

요한은 이 장면을 심오한 신학적 대화로 변모시킵니다. 빌라도는 다른 증인이 동석하지 않은 상태에서 홀로 예수에게 질문합니다. 그는 누구에게도 해를 끼칠 것 같지 않은 이 남자, 예수에게 "그러면 당신은 왕이오?"(요한 18:37) 하고 묻습니다. 로마 총독에게 이는 믿기 어려운 일이었습니다. 왕들은 보통 아주 다른 외관을 하고 있었기 때문입니다. 그러나 예수는 장엄하게 대답합니다. "당신이 말한 대로 나는 왕이오." 그리고 이렇게 덧붙입니다. "내 나라는 이 세상에 속한 것이 아니오."(요한 18:36) 이는 예수의 통치가 로마 황제와 경쟁하는 것이 아닌, 다른 성격의 통치라는 점을 의미하고, 또한 빌라도에게 그를 처벌할 유인이 없다는 말이기도 합니다. 예수를 혁명의 주동자로 몰아 처벌하려 했던 형사 사건에 대한 재판은 이 설명으로 종결되어야 하겠지만, 요한의 관심은 이보다 더 깊은 차원에 있습니다. 그래서 그는 예수가 엄숙하고 수수께끼 같은 말투로 계속 말하게 합니다.

나는 진리를 증언하기 위하여 태어났으며, 진리를 증언하기 위하여

세상에 왔소. 진리에 속한 사람은, 누구나 내가 하는 말을 듣소. (요
한 18:37)

물론 빌라도는 이 말을 이해할 수 없습니다. 정치가로서 그는 권력의
언어만 알고 있을 뿐이며, 진리는 권력과 관련된 범주가 아니기 때문
입니다. 그래서 빌라도는 철학적 회의론의 언어를 빌려 질문합니다.

진리가 무엇이오? (요한 18:38)

이 말은 '진리에 대한 질문으로 나를 괴롭히지 마라', '당신은 결코 답
을 찾지 못할 것이다', '그건 나와 상관없다' 같은 의미를 지니고 있
습니다.

어쨌든 빌라도는 예수가 무죄라고 판단하고 유죄를 선고할 수 없
다고 세 번이나 선언합니다. 심지어 그는 어떤 의미에서 예수의 왕권
을 긍정하고 방어하는 것처럼 보이기도 합니다. 가시관과 (군인들이 조
롱하기 위해 입힌) 자색 옷을 입고 있는 예수를 사람들 앞에 선보이며,
고발자들에게 말합니다.

보시오, 당신들의 왕이오. (요한 19:14)

물론, 이 말은 유대인들에 대한 경멸과 조롱으로도 읽을 수 있습니
다. '너희의 왕이 어떤 왕인지 보아라'로 말이지요. 그러나 빌라도의

절차는 완전히 불법입니다. 이 사람이 결백하며, 로마 황제의 통치에 위협이 되지 않는다면 빌라도는 예수를 석방해야 합니다. 그러나 예수를 사형에 처하기를 원하는 대제사장들은 격렬하게 반응하며 예수를 십자가에 못 박으라고 요구합니다. 그들은 실제로 예수가 자신들의 왕일 수도 있다는 생각을 거부하고, 로마 황제에 대한 충성심을 드러내며, 메시아에 대한 희망을 포기합니다.

> 우리에게는 황제 폐하밖에는 왕이 없습니다. (요한 19:15)

그들은 심지어 빌라도를 협박하기까지 합니다.

> 이 사람을 놓아주면, 총독님은 황제 폐하의 충신이 아닙니다. 자기를 가리켜서 왕이라고 하는 사람은, 누구나 황제 폐하를 반역하는 자입니다. (요한 19:12)

실제 역사에서 본디오 빌라도는 몇 년 후 유대인들의 불만으로 인해 파면되었고, 요한 역시 이를 알고 이 장면을 쓸 때 활용했을 가능성이 높습니다. 그는 빌라도를 자신의 신념과 의지에 반해 고발자들에게 굴복하고 예수를 십자가에 못 박히도록 허락한, 혹은 자신의 병사들이 예수를 못 박게 넘겨 준 매우 양면적인 인물로 묘사합니다. 그러나 빌라도가 판결을 내리는 마지막 장면에서 요한복음의 언어는 놀라울 정도로 모호합니다. 빌라도는 판결을 내리지 않습니다. 그리고 그가 판사의 의자('베마'βῆμα)에 앉아 있는지, 아니면 예수를 자기보다 높은 곳에 올려놓는지(그리스어 '베마'는 이러한 의미도 지닐 수 있습니다) 분명하지 않습니다. 본문은 후자의 방식으로도 읽을 수 있습니다. 그렇게 되면, 예수 자신이 판사가 되어 고발자들과 빌라도의 죄를 심판한 것이라고 해석할 수 있습니다. 요한은 이 부분을 부러 모호하게 작성해 예수를 진정한 판사이자 왕으로 보는 해석을 용인한 것 같습니다.

이제 예수는 마침내 세 가지 언어로 쓰인 명패와 함께 십자가에 못 박힙니다.

유대인의 왕 나자렛 사람 예수. (요한 19:19)

고발자들이 이 문구에 불평하자, 빌라도는 다시 한번 자신의 인장을 찍습니다. 로마 총독이 예수의 왕권을 확인하고 봉인sealed한 것이지요.

나는 쓸 것을 썼다. (요한 19:22)

명패의 문구는 유효합니다. 그는 마침표를 찍었습니다.

요한복음에서 십자가 사건 전체는 왕의 즉위로 읽을 수 있습니다. 예수는 자신을 왕으로 선포합니다. 군인들이 예수를 조롱하며 머리에 가시관을 씌우고, 자색 옷을 입히고, 빌라도는 예수를 왕으로 즉

위시킵니다. 고발자들이 외치는 말("없애 버리시오!")은 왕에 대한 환호를 반대로 표현합니다. 빌라도는 그를 높은 곳, 혹은 의자에 앉히고, 예수는 십자가에 즉위하여 세 가지 언어로 전 세계에 왕으로 선포됩니다. 이 왕은 화려하거나 권력을 갖지 않은 대신, 자신의 말과 음성을 듣는 이들을 이끕니다.

이 진리는 겉으로 보이는 모습 그 뒤편에서 빛나고 있습니다. 요한은 충격적인 묘사, 이를 해석하는 단어, 복잡한 단서들을 얽어서 전체 이야기를 형성했고 독자들은 이 진리를 마주합니다. 예수의 왕권에 대한 진리는 부활 후에 비로소 드러납니다. 예수 그리스도에 대한 신앙의 진리, 이는 성령과 성서의 빛에 의해서만 제자들과 요한복음의 저자에게 전달될 수 있었던 통찰입니다. 요한복음은 괴로워하고 곤경에 빠진 독자들에게 이 예수 그리스도에 관한 신앙의 진리를 제시합니다.

요한은 독자들을 향해 십자가를 올바르게 이해해야 한다고 말합니다. 그에 따르면, 십자가는 실패가 아니라 승리이며, 끝이 아니라 새로운 시작이고, 참된 왕의 통치가 시작되는 지점이며, 그를 따르는 모든 이에게 새로운 생명, 즉 영원한 생명의 근원이 되는 지점입니다. 요한은 이 진리를 부활 사건, 즉 부활한 예수의 승천, 즉위와 연결하지 않고 예수의 죽음과 연결합니다. 십자가는 바로 하늘과 땅이 만나는 근본적인 사건이며, 모든 것이 이루어지는 종말론적인 시간입니다. 십자가에서 예수는 이미 (이중적인 의미에서) 높임 받았고, 그의 영화 또한 여기에 뿌리를 두고 있습니다.

물론 이는 부활 사건이 불필요하다는 뜻이 아닙니다. 결코 그렇지 않습니다. 요한은 단지 전승에 경의를 표하기 위해 부활 사건을 서술하지 않았습니다. 요한복음에서 성금요일 이야기와 부활 이야기는 긴밀하게 연결되어 있으며 깔끔하게 분리되지 않습니다. 설령 이 이야기들을 시간순으로 서술해야 해서 따로 떼어낼 수 있다 하더라도, 신학적 관점에서 둘은 나뉘지 않습니다. 부활이 없었다면 예수의 죽음은 곧 잊히고 누구도 그의 죽음을 중요하게 여기지 않았을 것입니다. 반대로 십자가가 없었다면 부활도 없었을 것이며, 세상에 대한 승리도, 영광 속의 즉위식도 없었을 것입니다.

3. 부활 사건들과 부활 신앙

부활의 날 제자들이 실제로 깨달았던 것은 무엇일까요? 그 사건이 계시하는 바는 무엇일까요? 요한 사상의 근본이 되는 부활 신앙이라는 것은 무엇일까요? 그저 죽었던 예수가 잠시나마 다시 살아났다는 것을 깨닫는 것일까요? 그가 하느님의 강력한 손길에 의해, 혹은 생명을 주는 성령에 의해 죽은 자 가운데서 되살아났다는 것일까요?

(1) 부활에 대한 이해

하지만 이런 말로는 충분하지 않습니다. 예수를 따르던 초기 추종자 집단이 가졌던 종말론적 사고방식에 따르면, 예수의 부활은 단순히 인간의 죽음이라는 문제를 해결한 정도가 아니었습니다. 그 정도라면 부활은 인간의 슬픔이나 고통에 대한 미봉책에 지나지 않겠지요. 이런 틀에서 악한 세상의 구조는 아무런 도전도 받지 않습니다. 그러나 예수를 초기에 따르던 사람들과 바울이 공유한 종말론적 사고방식에 따르면 예수의 부활은 그저 시체가 되살아난 사건이 아니며, 예수 개인에게만 해당하는 사건도 아닙니다. 하느님이 한 사람을 죽음에서 되살리셨을 때, 이는 종말론적 부활의 시작으로, 즉 악은 영원히 패배하고, 돌이킬 수 없고 흔들릴 수도 없는 구원의 새로운 상태가 도래함을 의미했습니다. 이러한 기준에 도달하지 못한 부활 이해는 불충분하며 무익합니다.

요한은 부활 사건을 해석할 때 다른 복음서 저자들보다 한 걸음 더 나아갑니다. 이를 알아보기 위해서는 먼저 다른 복음서들에서 부활을 어떻게 서술했는지를 살펴보아야 합니다. 네 복음서는 모두 빈 무덤 발견을 이야기합니다. 빈 무덤을 발견한 이들은 안도감이 아니라 두려움을 느꼈습니다. 공관복음에서는 하나 혹은 여러 천사가 나타나 겁에 질린 여자들에게 말을 걸고 예수의 부활을 알립니다. 그러나 이는 그들의 마음에 닿지 못하고, 그들은 이를 기쁘게 믿지 않습니다. 마르코복음에서 여자들은 두려움과 공포에 사로잡혀 있으며 원래 마르코복음은 여기서 종결됩니다.

> 그들은 뛰쳐나와서, 무덤에서 도망하였다. 그들은 벌벌 떨며 넋을 잃었던 것이다. 그들은 무서워서, 아무에게도 아무 말도 못하였다.
>
> (마르 16:8)

마르코의 시대에는 이 증언이 널리 퍼져 있었습니다. 그러나 다른 이들은 마르코의 결말을 만족스럽게 여기지 않았고 마태오, 그리고 훗날 마르코복음 16장 9~20절에 새로운 결말을 추가한 필사자는 좀 더 긍정적인 반응을 제시할 필요를 느꼈지요. 하지만 마르코복음에서 다른 무엇보다 우리는 예수의 부활 소식이 당시 사람들에게 마냥 기쁘기보다는 두려움을 일으켰다는 점을 기억해야 합니다.

마태오는 마르코의 기록을 채택하되 내용을 조금 바꿉니다.

> 여자들은 무서움과 큰 기쁨이 엇갈려서, 급히 무덤을 떠나, 이 소식을 그의 제자들에게 전하려고 달려갔다. (마태 28:8)

하지만 그는 "무서움과 큰 기쁨"이라는 상반된 두 감정이 어떻게 연결될 수 있는지 설명하지 않습니다. 이와 달리 루가와 요한은 제자들의 두려움이 예수와의 개인적인 만남을 통해서만 사라질 수 있음을 잘 알고 있었습니다. 루가에 따르면 베드로도 무덤을 방문하지만, 그는 여전히 예수의 부활을 확신하지 못하고 무슨 일이 일어난 것인지 궁금해했습니다.

> 베드로는 일어나서 무덤으로 달려가, 몸을 굽혀서 들여다보았다. 거기에는 시신을 감았던 삼베만 놓여 있었다. 그는 일어난 일을 이상히 여기면서 집으로 돌아갔다. (루가 24:12)

베드로조차 그곳에서 무슨 일이 일어났는지 이해하지 못했다면, 우리는 제자들의 두려움과 공포를 과소평가해서는 안 됩니다. 그들이 두려워한 건 예수의 십자가 처형으로 인해 자신들의 생명에 위협을 느꼈기 때문만은 아닙니다. 그들은 빈 무덤을 보고 이것이 무엇을 의미하는지 몰라 혼란스러워했으며, 부활한 자의 환영, 그가 나타난 모습을 본다 해도 그 두려움과 혼란이 해소되지는 않았습니다. 부활한 예수를 유령, 무서운 환영으로 여길 수도 있고, 자신들이 착각했다고 생각할 수도 있기 때문입니다. 이 두려움과 혼란을 제거할 수 있는 유일한 존재는 예수 자신밖에 없습니다. 그리고 복음서 저자들은 이를 다양한 방식으로 서술했습니다.

부활한 예수는 제자들에게 말을 걸고(마태 28:9, 루가 24:36~38 참조), 빵을 나누는 것과 같은 친숙한 표징을 통해 자신의 정체를 드러냅니다(루가 24:30~31). 루가는 부활한 예수의 현현을 강한 반反가현anti-docetic 색채를 담아 서술합니다. 그에 따르면, 예수는 자신이 어떤 영적 존재가 아니라 육체를 지닌 인간이라는 점을 보여 주기 위해 찔린 손과 발을 보여 줄 뿐 아니라, 물고기 한 조각을 먹기까지 합니다. 이 장면은 요한복음에도 등장하는데, 이때 예수는 손과 옆구리를 제자들에게, 그리고 나중에는 도마에게 보여 줍니다. 그러나 요한복음의 경우 도마의 모습으로 대표되는 성령의 수여 및 후대의 믿는 자들에 대한 질문 같은 것들을 더 중요하게 다루기 때문에 육체적 측면은 상대적으로 덜 강조하는 편입니다.

요한은 예수가 막달라 마리아에게 나타나 그녀의 이름을 불렀다고 서술합니다.

> 예수께서 "마리아야!" 하고 부르셨다. 마리아가 돌아서서 히브리 말
> 로 "라부니!" 하고 불렀다. (그것은 '선생님!'이라는 뜻이다.) 예수께서 마
> 리아에게 말씀하셨다. "내게 손을 대지 말아라. 내가 아직 아버지께
> 로 올라가지 않았다. 이제 내 형제들에게로 가서 이르기를, 내가 나
> 의 아버지 곧 너희의 아버지, 나의 하느님 곧 너희의 하느님께로 올
> 라간다고 말하여라." 막달라 사람 마리아는 제자들에게 가서, 자기
> 가 주님을 보았다는 것과 주님께서 자기에게 이런 말씀을 하셨다는
> 것을 전하였다. (요한 16:16~18)

예수의 음성을 듣고, 마리아는 그가 동산지기가 아니라 예수임을 깨
닫게 됩니다. 제자들과 만나는 이야기는 루가복음에 나오는 병행 본
문과 유사하지만, 루가처럼 반가현 색채가 두드러지지는 않습니다.
요한복음에서 예수는 자신의 육체적인 본성을 증명하기 위해 음식을
먹지 않습니다. 두려움에 떨던 제자들은 예수가 그들에게 평화의 인
사를 건네며 손과 옆구리를 보여 주자, 그가 진정으로 예수임을 깨닫
습니다. 이때 손과 옆구리는 그가 육체를 지닌 존재임을 드러내는 표
징이기도 하지만, 무엇보다도 십자가에 못 박혔다가 다시 살아난 예
수 개인의 정체를 보여 주는 것입니다. 그제야 제자들은 기쁘게 믿
고, 성령을 받으며, 후에 이를 증언하기 위해 보내집니다. 여기서 결
정적인 통찰은 죽었던 예수가 단지 살아났다는 것이 아니라, 제자들

을 만나는 이가 바로 그 예수, 십자가에 못 박힌 예수, 그들이 따랐던 예수, 그들이 알고 신뢰할 수 있는 그 예수라는 것입니다.

여기서 최초 목격자들의 두려움과 의심을 강조한 이유는, 예수의 부활을 당연한 것으로 받아들이는 후대 그리스도교 가르침에 머무르면 예수의 제자들이 십자가 처형 후 두려움을 극복하고 신앙을 갖기가 얼마나 어려웠는지 상상하기 어렵기 때문입니다. 예수가 체포될 때 도망쳤던 사람들에게는 예수가 죽음에서 부활하고, 그들을 다시 만나게 되리라는 "좋은 결말"은 기대는커녕 상상하기도 어려운 일이었을 것입니다. 그리고 예수를 다시 보게 되거나 예기치 않게 마주치게 되는 일은 빈 무덤을 발견한 것과 마찬가지로 두려운 일이었습니다. 복음서마다 조금씩 다르게 서술하고 있기는 하지만 본질적인 질문은 같습니다. 제자들은 이른바 부활 사건들에서 어떠한 통찰을 얻었을까요? 부활 신앙이란 과연 무엇일까요?

어떤 분들은 놀라워할지도 모르지만, 공관복음의 부활 이야기에서 '신앙'이나 '믿음'은 중심 주제가 아닙니다. 이 사실에 주목해야 합니다. 신앙은 2세기에 추가된 마르코복음의 2차 결말(마르 16:13,14, 16,17)에서만 네 차례 언급될 뿐입니다. 마르코복음 원문은 부활 신앙을 전혀 언급하지 않으며, 오직 두려움만 언급합니다. 마태오복음의 경우에는 제자들이 의심하는 모습을 언급합니다.

그들은 예수를 뵙고, 절을 하였다. 그러나 의심하는 사람들도 있었다. (마태 28:17)

비록 지상명령(마태 28:18~20)으로 끝나기는 하지만, 마태오복음은 제자들이 신앙을 갖게 되었다고 언급하지 않습니다. 루가복음의 경우에는 제자들에게 예언자들이 말한 것을 믿는 마음이 부족하다는 언급만 나옵니다.

> 예수께서는 그들에게 말씀하셨다. "어리석은 사람들입니다. 예언자들이 말한 모든 것을 믿는 마음이 그렇게도 무디니 말입니다." (루가 24:25)

루가는 성서의 이해와 예수가 겪는 고난 사이의 '필연성'에 초점을 맞추고 있으며(루가 24:26, 24:45~46), 더 나아가 부활과 승천 사이에 있던 예수의 육체성을 강조하고 있습니다. 그래서 예수가 제자들에게 손과 발을 보여 주지요. 이때 그들은 기뻐하지만 믿지는 않습니다.

> 그는 손과 발을 그들에게 보이셨다. 그들은 너무 기뻐서, 아직도 믿지 못하고 놀라워하고 있는데, 예수께서 그들에게 말씀하셨다. "여기에 먹을 것이 좀 있느냐?" (루가 24:41)

그래서 부활한 예수는 자신이 실제로 육체를 입은 존재임을 증명하는 데 애를 씁니다.

루가복음 마지막 부분에서 제자들은 성서의 성취와 그들이 증언해야 할 바를 배웁니다. 그러나 예수는 승천하여 사라지며, 부활 사건들의 의미는 설명되지 않습니다. 부활한 예수가 지상에 머물렀던 40일간 그는 어떤 위치에 있었고, 승천한 뒤 어디에 있는 걸까요. 루가복음은 그 40일간 예수가 육체를 지니고 있었다는 것만을 강조할 뿐입니다. 그러나 그때의 예수는 누구였으며, 이제는 누구일까요?

(2) 요한복음에 따른 부활 신앙

다시 한번 강조하자면, 요한복음은 다른 복음서들보다 개념의 측면에서 한 걸음 더 나아가며, 부활 사건의 신학적 함의를 더 명확하게 제시합니다. 요한은 부활 사건에서 부활한 예수에 대한 생각뿐만 아니라 성육신한 예수에 대한 생각, 그리하여 예수에 대한 전체 생각을 끌어냅니다.

요한복음이 말하는 부활 신앙이란 어떤 것일까요? 이를 이해하기 위해서는 요한복음 20장에 나오는 네 장면을 살펴볼 필요가 있습니다. 가장 중요한 장면은 첫 번째 장면입니다.

주간의 첫날 이른 새벽에 막달라 사람 마리아가 무덤에 가서 보니, 무덤 어귀를 막은 돌이 이미 옮겨져 있었다. 그래서 그 여자는 시몬 베드로와 예수께서 사랑하시던 그 다른 제자에게 달려가서 말하였다. "누가 주님을 무덤에서 가져갔습니다. 어디에 두었는지 모르겠습니다." 베드로와 그 다른 제자가 나와서, 무덤으로 갔다. 둘이 함께 뛰었는데, 그 다른 제자가 베드로보다 빨리 달려서, 먼저 무덤에 이르렀다. 그런데 그는 몸을 굽혀서 삼베가 놓여 있는 것을 보았으나, 안으로 들어가지는 않았다. 시몬 베드로도 그를 뒤따라왔다. 그가 무덤 안으로 들어가 보니, 삼베가 놓여 있었고, 예수의 머리를 싸맸던 수건은, 그 삼베와 함께 놓여 있지 않고, 한 곳에 따로 개켜 있었다. 그제서야 먼저 무덤에 다다른 그 다른 제자도 들어가서, 보고 믿었다. 아직도 그들은 예수께서 죽은 사람들 가운데서 반드시 살아나야 한다는 성경 말씀을 깨닫지 못하였다. 그래서 제자들은 자기들이 있던 곳으로 다시 돌아갔다. (요한 20:1~10)

이 장면에서 막달라 마리아는 빈 무덤을 발견했다고 알리고 베드로와 애제자가 예수의 무덤에 갑니다. 베드로와 애제자는 함께 가지만, 언제나처럼 애제자가 베드로보다 앞서 있습니다. 그는 더 빨리 달려 무덤에 먼저 도착하지만, 베드로에게 먼저 무덤에 들어갈 기회를 줍니다. 그러나 무덤을 둘러본 베드로는 아무것도 이해하지 못합니다. 이는 아마도 루가복음에 언급된 베드로의 놀람(루가 24:12)을 강화한 장면인 듯합니다. 루가복음에서 베드로는 혼자 무덤에 들어가 따로 놓인 삼베 조각들을 보고 매우 놀라지만, 무슨 일이 일어난 것인지 이해하지 못합니다. 요한복음의 경우에는 베드로 혼자가 아니라 요한복음에만 등장하는 애제자가 함께 있습니다. 애제자는 보통 베드로와 경쟁 관계에 있으며, 언제나 베드로보다 더 빠르고, 예수와 더 가깝고, 더 통찰력이 있습니다. 무덤에 들어간 베드로는 루가복음에서처럼 그곳에 놓인 삼베 조각들을 봅니다. 그러나 요한복음은 루가의 기록에 추가해 예수의 얼굴을 싸맸던 수건이 따로 무덤 안에 놓여 있었다고 이야기합니다. 베드로는 들어가 삼베 조각과 얼굴 수건을 보지만 무슨 일이 일어난 것인지 이해하지 못합니다. 그리고 그다음 다른 제자가 들어가고, 요한은 권위 있고 간결하게 말합니다.

> 그 다른 제자도 들어가서, 보고 믿었다. (요한 20:8)

다시 정리해 볼까요. 요한은 베드로가 무덤을 방문하는 대목을 기술할 때 루가복음의 유사 장면을 본으로 삼았습니다. 두 경우 모두 베드로는 그곳에 놓여 있는 삼베 조각을 보았습니다. 요한복음에서는 얼굴 수건이 따로 놓여 있는 것도 보았지요. 그러나 두 복음서에서 베드로는 상황을 이해하지도, 예수의 부활을 믿지도 못합니다. 요한은 20장 9절에서 이를 언급하고 있습니다.

> 아직도 그들은 예수께서 죽은 사람들 가운데서 반드시 살아나야 한다는 성경 말씀을 깨닫지 못하였다. (요한 20:9)

그러나 애제자는 들어가서 같은 단서들을 보고 믿습니다. 요한의 서술에 따르면 그는 처음으로 부활을 믿은 사람, 모범적이고 이상적인 신자입니다. 독자들은 왜 그의 믿음이 그토록 본보기가 되는지 자연스레 묻게 됩니다. 애제자는 왜 믿었으며, 어떤 근거로 믿었을까요? 그리고 애제자의 함의, 그가 보여 준 특별한 통찰은 무엇일까요?

가장 중요한 대목은 요한이 빈 무덤의 표징을 설명하는 부분입니다. 앞서 말했듯, 루가가 언급한 삼베 조각들 외에 그는 따로 놓여 있던 얼굴 수건을 언급합니다. 요한은 두 요소를 따로 배치하면서 얼굴 수건이 한 곳에 따로 "개켜 있었다"(아주 드물게 사용되는 단어를 굳이 씁니다)고, 또는 치워져 있었다고 강조합니다. 쉽게 말하면 그곳에 묻혔던 이가 자기 침상을 정리했다는 뜻이지요. 예수는 다른 사람에 의해 무덤에서 끌려 나오거나 성급히 도망친 것이 아니라, 차분히 일어나 천을 접고 그것들을 제자리에 두었습니다. 예수의 적극적인 역할을 강조한 것이지요. 그는 자신의 힘으로 죽음에서 부활했습니다.

요한은 20장 7절에서 얼굴 수건('수다리온'σουδάριον)을 언급함으로써 독자들이 라자로 이야기(요한 11:1~44)를 기억하고 두 장면을 비교하도록 했습니다.

> (예수께서) 큰 소리로 "라자로야, 나오너라" 하고 외치시니, 죽었던 사람이 나왔다. 손발은 천으로 감겨 있고, 얼굴은 수건으로 싸매여 있었다. (요한 11:43~44)

라자로는 예수의 부름을 따라 무덤에서 나왔지만, 손발은 천으로 감겨 있었고, 얼굴은 수건으로 싸매여 있었습니다. 이는 분명 부활한 예수의 모습과 대조됩니다. 라자로는 예수에 의해 생명을 받아 나왔지만 여전히 속박된 상태였고, 예수가 또 한 번 명령해야만 풀려납니다. 반면 예수는 자신의 뜻을 따라, 질서정연하게 자신의 무덤을 떠납니다. 예수의 두 제자는 빈 무덤에 남겨진 삼베와 얼굴 수건을 확인합니다. 베드로는 이해하지 못한 반면, 애제자는 이를 표징으로 보고 적절한 결론을 도출합니다. 이것이 요한이 "보고 믿었다"고 썼을 때 의도한 바입니다. 애제자는 예수가 스스로 죽음에서 자유로워졌고, 천을 따로 정리했다는 결론을 내립니다. 이는 예수가 단순히 되살아났다는 것을 넘어, 예수가 자신의 힘과 권위로 부활했다는 것을 의미합니다. 요한은 이미 10장 17절에서 이를 언급했습니다.

> 아버지께서 나를 사랑하신다. 그것은 내가 목숨을 다시 얻으려고 내 목숨을 기꺼이 버리기 때문이다. (요한 10:17)

예수에게는 자기 목숨을 기꺼이 버리고 다시 얻을 수 있는 권한이 있습니다. 그는 생명을 주는 자일 뿐만 아니라 그 자신 안에 생명을 가지고 있습니다.

> 그것은, 아버지께서 자기 속에 생명을 가지고 계신 것 같이 아들에게도 생명을 주셔서, 그 속에 생명을 가지게 하여 주셨기 때문이다.
> (요한 5:26)

이것이 의미하는 바는 다음과 같습니다. 그분은 하느님이십니다. 요한복음에 따르면 이것이 부활 신앙의 핵심입니다. 그러한 면에서 요한복음 20장에 등장하는 이야기는 단순히 빈 무덤을 발견하고, 예수가 부활했다는 보도가 아니라 예수의 정체성, 그가 하느님이며 창조주와 같은 능력을 지니고 있다는 증언입니다. 최초로 믿은 이, 애제자는 무덤 안에 잘 정돈된 삼베와 얼굴 수건을 보고 신앙을 갖게 되었습니다. 예수가 진정 누구인지 깨달은 것입니다.

(3) 제자들의 이해

요한에 따르면, 예수의 제자들도 그 전에는 예수의 정체를 알지 못했습니다. 그들은 예수가 부활한 후에, 혹은 영광을 받은 후에야 비로소 참된 이해와 참된 신앙에 도달했습니다.

> 제자들은, 예수께서 죽은 사람들 가운데서 살아나신 뒤에야, 그가 말씀하신 것을 기억하고서, 성경 말씀과 예수께서 하신 말씀을 믿게 되었다. (요한 2:22)

> 제자들은 처음에는 이 말씀을 깨닫지 못하였으나, 예수께서 영광을 받으신 뒤에야, 이것이 예수를 두고 기록한 것이며, 또 사람들도 그에게 그렇게 대하였다는 것을 회상하였다. (요한 12:16)

예수가 지상에서 활동하는 기간 동안 그들이 이해하거나 고백한 모든 것은 어떤 면에서 불완전하고 불충분했습니다. 고별 담화에서도 이를 확인할 수 있지요. 그들은 예수와 함께 오랜 시간을 보냈음에도 불구하고 예수가 진정 누구인지 이해하지 못했습니다.

예수께서 대답하셨다. "필립보야, 내가 이렇게 오랫동안 너희와 함께 지냈는데도, 너는 나를 알지 못하느냐? 나를 본 사람은 아버지를 보았다. 그런데 네가 어찌하여 '우리에게 아버지를 보여 주십시오' 하고 말하느냐?"(요한 14:9)

그들이 받은 모든 가르침에도 불구하고, 그들은 그 가르침의 온전한 의미를 믿지 않았습니다(요한 16:31~32 참조). 지금, 예수의 "때"에 비로소 예수의 참된 정체성과 온전한 구원의 신앙이 그들에게 드러났습니다. 그리고 이를 가장 먼저 깨달은 사람, 신자들의 첫 번째 모범은 애제자였습니다.

예수의 죽음과 부활은 제자들의 통찰과 신앙에 있어서 결정적인 분기점이자 임계점threshold입니다. 예수의 죽음 이전에 제자들이 그를 따르던 방식은 이제 끝났으며, 제자들은 이제 이전처럼 예수를 따를 수 없다는 점을 받아들여야 합니다. 이러한 사실은 막달라 마리아가 정원에서 예수의 시신을 찾고, 부활한 예수의 몸에 매달리려 할 때(요한 20:17), 그리고 베드로가 대담하게 예수를 따르려 하고 심지어 그를 위해 자신의 목숨을 바치겠다고 할 때도 언급됩니다. 이때 예수는 도리어 베드로를 꾸짖습니다(요한 13:37~8). 그리고 제자들에게 말합니다.

너희는 마음에 근심하지 말아라. 하느님을 믿고 또 나를 믿어라. (요한 14:1)

이제 예수의 "때"가 시작되었고, 하느님에 대한 믿음과 예수에 대한 믿음은 같은 선상에 있게 되며, 같은 수준에서 언급됩니다. 이는 이제부터 예수가 하느님과 동일한 수준에 있음을 의미합니다. 보이지 않는 하느님이 예수와 그의 전체 활동 및 운명으로 드러나듯(요한 1:18), 예수는 아버지의 참 형상이며, 그를 본 사람은 하느님을 그대로 본 것입니다(요한 14:9). 이제부터 하느님에 대한 믿음은 예수와 맺는 관계와 분리되지 않으며, 예수를 통하지 않고는 아버지 하느님께 닿을 다른 길은 없습니다.

> 예수께서 그에게 말씀하셨다. "나는 길이요, 진리요, 생명이다. 나를 거치지 않고서는, 아무도 아버지께로 갈 사람이 없다." (요한 14:6)

(4) 의심하는 자가 아닌, 믿는 자 도마

요한복음이 부활 사건을 통해 우리에게 일깨워 주는 바는 '예수가 하느님'이라는 것입니다. 이는 요한복음 20장의 절정인 도마의 고백에도 표현되어 있습니다.

> 나의 주님, 나의 하느님! (요한 20:28)

오랜 기간 도마는 의심하는 신자의 상징처럼 여겨지곤 했습니다. 하지만 도마는 동료 제자들의 증언을 믿지 않았을 뿐이고, 이는 막달라

마리아가 주님을 보았다고 전했을 때 여느 제자들이 보인 반응과 크게 다르지 않았습니다. 다른 제자들도 예수가 자신의 부활한 몸을 보여 준 후에야, 두려움을 버리고 기쁨으로 믿게 되었지요.

> 막달라 사람 마리아는 제자들에게 가서, 자기가 주님을 보았다는 것과 주님께서 자기에게 이런 말씀을 하셨다는 것을 전하였다. 그날, 곧 주간의 첫날 저녁에, 제자들은 유대 사람들이 무서워서, 문을 모두 닫아걸고 있었다. 그 때에 예수께서 와서, 그들 가운데로 들어서셔서, "너희에게 평화가 있기를!"하고 인사말을 하셨다. 이 말씀을 하시고 나서, 두 손과 옆구리를 그들에게 보여 주셨다. 제자들은 주님을 보고 기뻐하였다. (요한 20:18~20)

부활한 예수와의 첫 번째 만남의 자리에 없었던 도마는 사람들의 증언만 듣고는 (다른 여느 제자처럼) 믿지 않았습니다. 그러나 예수가 그를 특별히 대우하고, 그에게 말을 걸며 속마음을 알고 있음을 보여 주었을 때, 심지어 손과 옆구리를 만져볼 기회까지 주었을 때, 도마는 다른 제자들과 동일한 믿음에 이르렀습니다. 요한복음 어디에도 도마가 실제로 상처를 만졌다는 언급은 없습니다. 아마도 예수가 그에게 말을 건네자 도마는 그 상처를 만질 필요를 느끼지 못했을 것입니다.

따라서 도마는 의심하는 자라기보다는 믿는 자입니다. 그는 애제자, 막달라 마리아, 그리고 다른 제자들과 동일한 수준에서 예수에 대한 신앙을 갖게 되었으며, 마침내 예수를 자신의 "하느님"이라고 부르는 최고의 고백을 합니다. 도마 이야기는 요한복음만 언급하며, 다른 제자들이 경험한 만남과는 의도적으로 벗어나 있습니다. 요한은 이를 통해 이후 사람들, 더는 예수를 눈으로는 볼 수 없고, 다른 사람들의 증언(혹은 책)을 통해서만 믿게 될 사람들에 대한 특별한 관심을 보여 줍니다. 따라서 예수의 마지막 말은 도마나 다른 "의심하는 이들"에 대한 질책이 아니라 요한복음 독자들을 포함한 후대에 믿게 될 사람들에 대한 칭찬이자 약속이었습니다.

> 나를 보지 않고도 믿는 사람은 복이 있다. (요한 20:29)

(5) 새로운 생명의 창조

부활 이후 예수는 하느님으로서 행동합니다. 예수는 마치 유령이 출현한 것처럼 닫힌 벽을 통과해 제자들의 방에 들어옵니다(요한 20:19,26). 또한, 그는 도마가 속으로 품고 있는 생각을 알고 있습니다(요한 20:27). 무엇보다도, 그는 제자들에게 성령을 줍니다(요한 20:22). 여기서 우리는 창조와 관련된 중요한 언급을 다시금 보게 됩니다. 번역된 성서에는 예수가 그들에게 "숨을 불어넣으시고"라고 되어 있는데, 이는 그리스어 '에네퓌세센'ἐνεφύσησεν을 너무 소극적으로 번역한 것입니다. 여기서 예수가 그들에게 숨을 불어넣었다는 것은 근처에서 숨결을 불어넣었다는 뜻이 아니라 입에서 입으로 인공호흡을 하듯 강하게 권능을 부여했다는 뜻으로 이해해야 합니다. 여기서 쓰인 그리스어는 하느님이 진흙 덩어리에 당신의 숨결을 불어넣어 살아 있는 존재를 만든 (70인역) 창세기 2장 7절의 창조 기사에서 사용된 바로 그 단어입니다. 따라서 요한이 부활 사건을 통해 묘사하는 것은 사실상 새로운 창조입니다. 예수는 죽은 것과 마찬가지이던 제자들에게 자신의 숨결을 불어넣고, 그들에게 새로운 생명을 주었습니다. 제자들이 부활 사건에서 얻은 신앙은 죽음으로부터의 새로운 생명이며, 그들은 실제로 죽음에서 생명으로 이끌려 갑니다. 부활한 예수는 여기서 창조주 하느님의 능력을 갖고 활동합니다. 그는 성령을 주고, 그 성령으로 죽은 자를 되살립니다. 성서 전통에서 생명을 주거나 죽은 자를 살리는 것은 오직 하느님만 하실 수 있는 일이었습니다. 모든 인간의 탄생에서 그렇고, 또한 유대인들이 기대하던 종말의 때에 하느님이 모든 죽은 자를 생명으로 부활시킬 때도 마찬가지입니다. 예수가 바로 그 일을 하고 있는 것입니다. 그는 하느님으로서 활동하며, 죽은 이들을 새로운 생명으로 부활시키며, 종말의 때 하느님이 하시는 일을 수행합니다.

결국 요한이 말하는 부활 신앙은 예수가 진실로 누구인지를 깨닫는 것입니다. 그가 하느님임을, 그의 신적 정체성과 위엄을 받아들이는 것입니다. 요한에 따르면 제자들은 부활절이 지나고 성령의 가르침을 통해 이를 깨달을 수 있었습니다. 요한복음은 처음부터 예수의 신적인 정체성을 이야기하지만, 제자들의 눈에는 가려져 있었습니다. 그들은 부활 사건을 통해 참된 신앙이 열릴 때까지, 예수가 실제로 누구인지, 어떤 분인지 이해하게 될 때까지는 이를 온전히 깨닫지 못했습니다. 부활 이후, 이제 그들은 예수의 길, 운명, 말과 행동 등 모든 것을 더 잘 이해하게 되었습니다. 부활 이후, 예수의 모든 이야 기와 행적에 새로운 빛이 비추었습니다. 요한은 이러한 새로운 통찰 을 따라 이야기를 재구성했습니다. 부활절 계시를 통해 요한은, 제자 들은, 그리고 요한복음을 읽는 이 모두는 예수가 실제로 누구인지 이 해하고, 그의 얼굴과 이야기를 통해 보이지 않는 하느님을 볼 수 있 게 되었습니다. 하느님이 실제로 어떤 분이신지를 이해하게 되었 습니다.

4. 예수는 정녕 어떤 분이신가? - 요한의 그리스도론

예수 그리스도는 누구일까요? 이 물음에 요한은 그만의 독특한 고 그리스도론으로 답합니다. 이는 부활 신앙에서 도출된 결론입니다. 요한 학파에서 성서를 해석하고 성령의 가르침을 따라 발전시켜 온 그리스도론에 입각한 통찰이 부활 혹은 부활 이후 관점 아래 온전히 공식화된 것이라 할 수 있지요. 요한은 복음서의 맨 처음부터 예수가 "하느님"이시며, 천상의 것들을 증언하는 "위에서 오시는 이"라고 공 개적으로 선언합니다.

> 내가 땅의 일을 말하여도 너희가 믿지 않거든, 하물며 하늘의 일을
> 말하면 어떻게 믿겠느냐? 하늘에서 내려온 이 곧 인자 밖에는 하늘
> 로 올라간 이가 없다. (요한 3:12~13)

위에서 오시는 이는 모든 것 위에 계신다. 땅에서 난 사람은 땅에 속하여서, 땅의 것을 말한다. 하늘에서 오시는 이는 모든 것 위에 계시고, 자기가 본 것과 들은 것을 증언하신다. 그러나 아무도 그의 증언을 받아들이지 않는다. (요한 3:31~32)

말하자면, 부활의 빛은 처음부터 예수의 모든 길을 비추었습니다. 논리상 출발점은 예수의 기원이나 탄생이 아니라 그의 죽음과 부활, 그의 높여짐과 영광 받음에 있습니다. 바로 이 지점에서 예수에 대한 새로운 인식이 싹텄습니다. 그러므로 요한이 제시한 그리스도론의 역사적 차원과 그 발전을 이해하기 위해서는 요한복음을 끝에서부터 역방향으로 읽어야 합니다.

(1) 역사의 문제들

요한의 이러한 관점(고그리스도론)은 결코 당연하지 않습니다. 실제 역사에서 예수는 인간, 정확히는 갈릴리 출신의 유대인 남성으로 살았고, 본디오 빌라도 치하에서 십자가에 못 박혀 죽었기 때문입니다. 이는 분명한 사실이며, 가장 초기 전승에서조차 이 부분에는 의심의 여지가 없습니다. 예수는 인간이었고, 그의 동시대 사람들은 그가 특별한 사람인지, 예언자인지, 하느님이 보낸 사람인지, 혹은 메시아인지에 대한 질문과 마주했습니다. 예수의 축귀와 치유 행위, 하느님 나라에 대한 설교를 통해 몇몇 동시대 사람은 그를 메시아로 간주했고, 당시 유대인들의 메시아 기대에서 나온 개념을 그에 투영했을 수 있습니다. 또 다른 이들은 다양한 이유로 그렇게 보기를 거부했고, 예수가 대중의 불안을 자극하지 않기를 바랐습니다. 성전 당국은 예수를 메시아를 참칭하는 이라고 비난했고, 로마 총독은 그의 십자가 처형을 승인했습니다. 이는 로마와 충돌이 많았던 유대 지방에서 로마가 집행한 수많은 십자가 처형 중 하나였습니다.

예수의 십자가 처형 직후 몇 가지 사건이 일어나지 않았더라면 이야기는 여기서 끝났을 것이고 예수는 곧 잊혔을 것입니다. 예수를 따르던 이들 중 일부, 아마도 더 큰 집단까지 광범위하게 부활 체험을 하지 않았다면, 예수의 제자였던 이들이 로마인들이 십자가에 못 박은 예수가 메시아라고, 하느님이 그를 높이시고 왕으로 즉위시키셨으며, 종말이 시작되었다고 선포하지 않았다면, 그는 사람들의 기억에서 사라졌겠지요.

학자들은 예수의 십자가 사건 이후 제자들의 주장과 예수가 실제로 남긴 말, 그리고 (하느님 나라가 가까웠고, 하느님이 이미 자신을 통해 일하고 계신다는) 하느님 나라에 관한 설교가 얼마나 연결되는지를 두고 논쟁합니다. 예수가 제자들과 나눈 마지막 식사, 그가 자신의 죽음을 앞두고 있었을 때 남긴 말에 이후 주장들이 내포되어 있었는지도 논쟁거리입니다. 이러한 질문들에 대한 답을 내리기란 무척 어려우며, 학자들이 내리는 모든 답은 가설일 수밖에 없습니다.

부활 사건을 평가하기란 더욱 어렵습니다. 부활이라는 사건은 역사학이라는 렌즈로 검증할 수 있는 부류의 것이 아니기 때문입니다. 역사학은 기껏해야 예수의 십자가 처형 전 그의 추종자들의 상황과 부활 사건 이후 강렬한 종말론적 설교가 출현한 현상을 연구할 수 있을 뿐입니다. 그 사이의 간극은 심리학적 설명이나 역사적 유추로는 채울 수 없지요. 제자들이 품었던 종말론적 확신이 있으려면 이전에 어떤 사건이 있었으리라는, 그러한 사건으로 인해 그들이 그렇게 변화되었으리라는 설명은 합리적이지만, 그 사건이 실제로 어떠했는지를 설명할 수는 없으며 관련 사건들을 재구성할 수도 없습니다.

하지만 외적인 면에서 예수는 어떤 신성한 존엄성을 가진 존재처럼 보이지 않았다는 점만은 분명합니다. 그는 일부 영화들이 묘사하듯 남다른 분위기를 풍기며 걸어 다니지 않았고, 요한복음 18장 6~8절의 장면처럼 말만으로 수백 명의 병사들이 쓰러지게 만들지도 않았습니다. 심지어 그의 제자들도 예수의 진정한 정체를 온전히 알지 못했습니다. 그들의 신앙은 예수의 고난 가운데 시험대에 올랐고 모두가 실패했습니다. 부활 이후에야 제자들은 이해하기 시작했습니다. 이러한 견해는 이미 요한 이전에도 존재했습니다. 마르코도 예수의 메시아 정체성이 부활 후에야 드러났고 활동하는 동안에는 여러 이유로 감춰지고 비밀인 상태로 있었다고 생각했지요.

처음부터 예수의 신적 존엄성을 제시하는 요한조차 지상의 제자들이 자신이 서술하는 사건들의 진정한 의미를 파악하지 못했다고 인정합니다. 그러한 면에서 그는 예수와 동시대를 살았던 이들이 눈으로 보았던 현실을 그대로 재현하지 않았으며, 자신이 남긴 기록이 엄밀한 역사 기록이 아니라 그 반대, 즉 후대의 관점에서 사건의 의미를 서술하고 시각화했다는 점, 신학적 표현임을 알고 있었습니다.

요한은 자신이 활용했던 자료들의 순서를 변경해 성전 정화 사건 (요한 2:13~22)을 앞부분으로, 수난 기록에서 산헤드린이 예수를 죽이기로 결정한 사건을 라자로 이야기(요한 11:47~54)의 끝에 배치했습니다. 그렇게, 그는 부활 이후 시대에 발전한 신학을 반영하여 자기 복음서의 이야기와 담화를 재배치하고 형성했으며 예수와 빌라도 사이의 대화, 예수가 제자들의 발을 씻겨 주는 장면, 십자가 아래 예수의 어머니가 등장하는 장면, 도마 이야기와 같은, 아마도 그가 만들어 냈을 장면을 통해 신학적 진리를 제시했습니다.

진리란 '역사적으로 정확한' 기록에만 담기지 않으며, 예수의 사명과 그 의미는 늘 '확고한 사실'을 넘어서는 것이라고 요한은 생각했으며 독자들에게 이를 전하고자 했습니다. 요한복음의 최초 독자들 역시 아마 이를 알고 있었을 것입니다. 그는 성령이 모든 진리를 기억하게 하고, 가르치고, 인도한다는 신앙에 근거해 자신의 기록을 정당화했습니다. 실제 사건과 거리가 먼 요한의 예수 이해는 성령의 인도를 받아 발전한 부활 이후의 이해입니다.

(2) 예수의 신적 권위

요한복음은 처음부터 예수를 부활 신앙의 관점에서 소개합니다. 부활했을 때는 물론이고 성육신하여 지상에서 활동할 때도 예수는 하느님입니다. 요한은 예수의 신적 존엄성을 (이를 비밀로 숨기는 마르코복음과는 달리) 공개적으로 선포합니다. 예수를 통해, 다른 사람들을 통해서 말이지요. 앞에서 다룬 서문에 이어 1장에서는 하느님의 어린

양(요한 1:29,36), 메시아(요한 1:41), 이스라엘의 왕(요한 1:49), 하느님의 아들(요한 1:49), 인자(요한 1:51) 등 그리스도론을 반영하는 많은 표현이 나옵니다. 예수의 모든 면모를 담기에는 충분하지 않은 표현도 있기는 하나, 모든 칭호는 예수를 향합니다. 주목해야 할 점은 서문부터 예수를 "예언자" 혹은 "메시아" 정도의 "낮은" 칭호가 아닌 "인자", "주님", "하느님"과 같은 "높은" 칭호로 부르고 있다는 사실, 요한복음에 나오는 예수에 대한 진술들은 모두 고그리스도론에 바탕을 두고 이루어지고 있다는 점입니다. 이를 염두에 두고 다른 요소들을 해석해야 합니다.

요한복음에 나오는 예수의 기적과 말은 온통 이러한 시각, 고그리스도론의 시각 아래 기록되어 있습니다. 첫 번째 기적인 가나의 혼인 잔치 기적, 물을 포도주로 바꾼 기적은 예수의 등장이 메시아 시대의 시작을 뜻함을 보여 줄 뿐 아니라, 그가 창조주의 권위를 가지고 행동함을 보여 줍니다. 요한복음 2장 11절에서 서술하듯 예수는 그렇게 자신의 "영광"을 드러냅니다. 또한, 그는 안식일에 행한 치유 기적을 변호하며 말합니다.

내 아버지께서 이제까지 (즉, 안식일에도) 일하고 계시니, 나도 일한다. (요한 5:17)

이러한 주장은 안식일에도 사람이 태어나고 죽기 때문에 하느님께서는 안식일에도 쉬지 않으신다는 유대인의 믿음에 근거합니다. 따라서 이 도발적인 주장은 하느님과 예수가 동시에 일하거나, 혹은 안식일에 병자를 살린 예수의 치유가 실은 하느님의 일이었다는 뜻이 됩니다. 당대 유대인들에게 이는 하느님에 대한 모욕이었습니다. 그러한 면에서 예수의 주장과 이어지는 논쟁은 요한이 활동하던 시기 고그리스도론을 두고 일어난 논쟁과 밀접한 연관이 있음을 알 수 있습니다. 역사적 예수의 생애, 그 생애에서 일어난 사건들에 대한 표현 혹은 해석은 복음서 저자나 요한 공동체의 신학 수준을 드러내는 요소 및 부활 이후의 통찰이라는 요소가 융합된 것이라 할 수 있습니다. 요한복음에 등장하는 모든 기적 이야기는 예수의 죽음과 부활, 혹은 그의 활동 전체를 포괄하며 각 일화는 예수의 죽음, 부활로 인한 구원을 예시하는 사건, 즉 19장 30절에 나오는 "다 이루었다"는 말씀에 비추어 해석해야 합니다.

치유와 리자로의 소생을 통해, 예수는 유대 전통에서 하느님만 하실 수 있다고 하는 일들을 행합니다. 창조주 하느님이 생명을 주시듯 예수는 생명을 줍니다. 그러한 면에서 요한복음 5장 17절은 일종의 그리스도론을 선포하는 것이라 할 수 있습니다.

> 아버지께서 죽은 사람들을 일으켜 살리시니, 아들도 자기가 원하는
> 사람들을 살린다. (요한 5:21)

또한, 예수는 하느님의 자리에서 그분과 같은 권위를 가지고 심판을 집행합니다. 그러나 이 권위는 적대자들이 비판하듯 예수가 얻어낸

것이 아닙니다. 예수에게 권위를 주신 분은 하느님이십니다. 그분이 "아들에게도 생명을 주셔서 그 속에 생명을 가지게 하여 주셨"(요한 5:26)으며, 심판할 권한을 주셨습니다. 이 대목에서 흥미롭게도 요한 은 또 하나의 암시, 성서에 기반을 둔 암시를 더합니다.

또, 아버지께서는 아들에게 심판하는 권한을 주셨다. 그것은 아들이 인자이기 때문이다. (요한 5:27)

이 구절에 나오는 "인자"라는 칭호는 다니엘서 7장 13절에 등장하는 데, 다니엘서에서는 종말론의 틀 안에서 "인자"라고 불리는 수수께끼 같은 인물이 하느님에게 통치권을 위임받고, 몇 구절 뒤에는 그 인물 과 관련된 집단이 심판을 받습니다(다니 7:22). 이 본문은 해석하기가 어렵습니다만, 다니엘서에 나오는 내용을 차용한 요한복음에서 이 "인자"는 분명 예수입니다. 그렇게 이 담화는 고그리스도론의 근거가 됩니다. 다니엘서의 예언은 하느님이 종말에 이루어질 심판의 권위 를 "인자"에게 주었다고 말하고 있기 때문이지요. 예수는 "인자"로 서, "아들"로서 생명을 주는 권위를 가지고 있으며, 사람들을 죽음에 서 생명으로 구원할 뿐 아니라 심판할 수도 있습니다. 종말 때에 다 시 올 예수뿐만 아니라 지상에서 활동하는 예수 역시 그러한 권한을 가지고 있습니다. 바로 이 때문에 요한은 현재 이미 이루어지는 예수 와의 만남, 그분의 말을 듣는 가운데 우리가 받게 되는 "영원한 생 명", 믿는 자는 죽음에서 생명으로 옮겨진다는 점을 강조했습니다.

내가 진정으로 진정으로 너희에게 말한다. 내 말을 듣고 또 나를 보내신 분을 믿는 사람은, 영원한 생명을 가지고 있고 심판을 받지 않는다. 그는 죽음에서 생명으로 옮겨갔다. (요한 5:24)

예수가 이러한 권위를 지닌 분이라는 점은 라자로를 살린 사건에서 극적으로 드러납니다. 라자로는 죽은 지 나흘이 지났습니다. 당시 사람들에게도 죽음은 절망적인 현실이었으며 죽음에서 다시 돌아온다는 것은 상상할 수 없는 일이었습니다. 그래서 모두가 애통하고, 통곡하고 있을 때, 예수는 자신의 권위에 기반해 위엄 있는 목소리로 라자로를 무덤 밖으로 불러냅니다. 여기서 예수는 "부활이며 생명"의 권능을 가진 이로 행동합니다. 요한은 11장 25절에서 이를 특유의 말로 설명합니다.

나는 부활이요 생명이니, 나를 믿는 사람은 죽어도 살고, 살아서 나를 믿는 사람은 영원히 죽지 아니할 것이다. (요한 11:25~26)

"부활이요 생명"으로서, 예수는 자신을 믿는 이들에게 생명, 참 생명, 결정적인 생명, 혹은 영원한 생명을 줍니다. 예수는 창조주 하느님의 권위를 가지고 행동합니다.

예수의 "나는 …이다" 말은 출애굽기 3장 14절("나는 나다")에 나오는 하느님의 자기표현, 혹은 그리스어로 "나는 있는 자다"I am the one who is, 혹은 신명기적-이사야Deutero-Isaiah와 에제키엘서(에스겔서)에 등장하는 수많은 자기표현 공식을 참고하고 있음이 분명합니다. 하느님의 말씀을 말하고 하느님의 일을 행하는 예수는 그분의 권한을 강탈한 것이 아닙니다. 그에게 생명과 심판할 권한을 주신 하느님이 이를 승인하셨습니다.

이것이 요한의 그리스도론에 담긴 내용입니다. 독특한 점은 이러한 종말론적 권위가 미래, 즉 죽은 자들의 부활이나 최후의 심판에만 귀속되지 않는다는 것입니다. 부활은 예수와 만날 때, 혹은 그의 말을 들을 때 이미 '현재화'되어 있습니다. 요한은 예수가 지상에서 활동하며 사람들을 만났을 때도 종말론적 심판자이자 생명을 주는 분이었다고 말합니다.

> 아들을 믿는 사람은 심판을 받지 않는다. 그러나 믿지 않는 사람은
> 이미 심판을 받았다. (요한 3:18)

물론 이는 미래에 대한 기대, 즉 죽음과 핍박으로 인해 생명이 위협받는 상황에서 미래의 구원을 기대하는 마음들을 배제하지 않습니다. 믿는 자는 죽더라도 살 것이며(요한 11:26), 예수는 자신을 따르는 자들을 "마지막 날에" 일으킬 것이라고 요한은 말합니다(요한 6:39,40,54). 그러나 미래는 오직 예수와의 만남, 그가 남긴 말과 만남을 통해 결정된 것을 확인하고 드러낼 뿐입니다. 이러한 급진적 유형의 현재 지향적 종말론은 궁극적으로 요한의 그리스도론에 뿌리를 두고 있습니다. 그는 부활 사건, 십자가에 못 박힌 예수가 높임 받은

사건에서 이를 끌어냈습니다.

(3) 예수의 선재pre-existence는 부활 사건들의 최종 결론인가?

요한복음에서 가장 혼란스러운 진술 중 하나는 '정상적인' 시간 순서를 벗어나 있는 듯한 부분, 즉 예수가 자신보다 앞서 살았던 다른 인물, 세례 요한이나 아브라함보다 먼저 존재했던 것으로 묘사하는 구절들입니다.

> 요한은 그에 대하여 증언하여 외쳤다. "이분이 내가 말씀드린 바로 그분입니다. 내 뒤에 오시는 분이 나보다 앞서신 분이라고 말씀드린 것은, 이분을 두고 말한 것입니다. 그분은 사실 나보다 먼저 계신 분이기 때문입니다." (요한 1:15)

> "내가 전에 말하기를 '내 뒤에 한 분이 오실 터인데, 그분은 나보다 먼저 계시기에, 나보다 앞서신 분입니다' 한 적이 있습니다. 그것은 이분을 두고 한 말입니다." (요한 1:30)

> 너희의 조상 아브라함은 나의 날을 보리라고 기대하며 즐거워하였고, 마침내 보고 기뻐하였다. (요한 8:56)

한 걸음 더 나아가 요한은 예수가 세상에 오기 전에 선재pre-existence했다고 이야기하고(요한 6:62), 심지어는 세상이 창조되기 이전에 존재했다고 말합니다(요한 17:5,24). 이러한 진술은 서문의 시작 부분과 긴밀히 이어져 있습니다. 서문에 따르면 "말씀"은 세상이 창조되기 전에 "계셨"(요한 1:1~2)고, 심지어 "모든 것"의 공동 창조자입니다. 물론 이는 역사적 사실을 기술한 것이 아닙니다. 모든 세상의 질서, 맥락을 초월하는 예수의 정체성과 존엄성을 표현한 것이지요. 여기서 요한은 시간과 관련된 심상, 혹은 시간과 관련된 신화mythology를 사용하여 겉으로 보이는 역사 사건들의 범위를 넘어서는 무언가를 표현하고 있습니다.

그러나 이를 해석하는 데는 간과하기 어려운 점들이 몇 가지 있습니다. 교회 전통이 해 왔듯 이 구절을 본질주의의 시선 아래 예수의 기원과 신적 본성에 대한 정보를 담은 구절로 읽는다면, 그의 완전한 인성과 죽음이라는 현실을 이해하기 어렵습니다. 신적인 존재가 정말로 고통받고 죽을 수 있는지를 납득하기 어려우며 요한복음이 제시하듯 예수의 죽음이 어떻게 그를 이해하는 중심이 될 수 있는지 이해하기 힘들게 되지요. 요한복음에 대한 가장 통찰력 있고 도발적인 해석가 중 한 사람인 루터교 신학자 에른스트 케제만Ernst Käsemann은 이를 정확히 지적하고, 요한복음을 "순진한 가현설" 경향이 있는 작품으로 해석했습니다. 그의 추론에 따르면 "지상을 거니시는 하느님"에게 죽음은 "보통" 사람들이 겪는 것처럼 현실적일 수 없으며, 따라서 수난 이야기는 적어도 요한복음에서는 중심이 될 수 없다는 것이었습니다. 케제만은 요한복음이 17장에서 끝날 수 있었으나, 요한이 따랐던 전승에 수난과 부활 이야기가 있었기 때문에 포함되었을 뿐이라고 보았습니다. 이러한 관점을 뒷받침하는 구절은 예수가 아버지 하느님께 기도하며 창세 전에 아버지와 함께 누렸던 영광으로 자신을 다시 영광스럽게 해달라고 간구하는 대목입니다.

아버지, 창세 전에 내가 아버지와 함께 누리던 그 영광으로, 나를 아버지 앞에서 영광되게 하여 주십시오. (요한 17:5)

이것이 사실이라면, 예수의 수난과 부활은 새로운 것을 가져다주는 사건이 아니라 예수가 누렸던 시간 이전의 영광으로 돌아가거나, 지상 활동 중 일시적으로 숨겨지거나 버려졌던 태초의 영광을 회복하는 것입니다.

하지만 수난 이야기가 요한복음의 중심이며, 예수의 죽음이 이 복음서의 절정이라면, 그러한 관찰이 옳다면 우리는 케제만의 해석이 아닌 다른 해석을 따라야 합니다. 위에서 제안했듯 처음이 아니라 끝에서 해석을 시작하는 것이지요.

예수가 자신의 표징들(요한 2:11)과 지상 활동을 통해 드러낸 영광은 어떤 영광일까요? 그가 세상에 오기 전 갖고 있다가 이 땅에 올 때 버려둔 영광일까요? 아니면 죽음과 부활을 통해 받게 된 영광일까요? 예수의 영화에 대해 말하는 대다수 구절은 실제로 이를 예수의 "때", 즉 그의 죽음 및 부활과 연결하고 있습니다. 십자가에 못 박힌 이는 그렇게 영광을 받으며, 부활 사건의 함의도 이것입니다. 이 사건들은 단순히 이전의 것을 회복하는 사건이 아니라 무언가 새로운 사건입니다. 그렇게 보아야 우리는 예수의 영광이 그가 걸은 모든 길 위에서 다시 빛남을 볼 수 있게 됩니다. 그리고 이러한 맥락에서 예수의 선재나 태초의 영광에 대한 진술은 부활 사건의 최종 결론, 즉 예수가 실제로 누구인지를 깨달은 부활 사건에 대한 통찰의 최종 결과라 할 수 있습니다. 이러한 해석을 따를 때 우리는 성육신과 예수의 선재에 대한 선언이 어떻게 역사적으로 형성되었는지, 예수의 죽음이 요한복음의 중심이 되는 이유를 이해할 수 있습니다.

요한의 그리스도론은 부활 사건, 즉 십자가에 못 박혀 그 후 높임을 받고 영광을 받은 메시아 예수에 대한 종말론적인 관점에서 시작되며, 거기서 그의 기원론protology, 즉 시간이 있기 이전 영광과 예수의 기원에 관한 논의가 나옵니다. 이 최종 결말, 인상적인 결과로의 이행은 복음서 서문부터 그 실마리를 발견할 수 있습니다. 하지만 무엇보다도 요한복음을 끝에서부터 읽는 전략을 제안한 이유는 그렇게 해야만 이 복음서에 계속 등장하는 예수의 죽음에 대한 언급, 완전한 인성에 대한 언급을 이해할 수 있고, 그것이 어째서 요한복음의 중심인지를 헤아려 볼 수 있기 때문입니다.

(4) 예수의 축소되지 않은 인간성

앞서 살펴보았듯, 고그리스도론에도 불구하고, 요한복음은 예수의 인성을 축소하지 않으며, 그가 실제로 죽었다는 사실을 추호도 의심하지 않습니다. 요한이 그린 예수는 신화적 인물이 아니라 온전한 인간, 진정한 인간입니다. 그는 예수의 생애와 활동의 구체적인 장소 및 시간을 언급하며, 특히 그의 죽음 전후에 일어난 사건들이 일어난 시점을 자세히 기술합니다.

요한은 예수를 나자렛 출신의 유대인 남성으로, 사람들이 어머니와 아버지를 알고 있는 인물로 소개합니다.

> "이 사람은 요셉의 아들 예수가 아닌가? 그의 부모를 우리가 알지 않는가? 그런데 이 사람이 어떻게 하늘에서 내려왔다고 하는가?"(요한 6:42)

흥미롭게도, 예수의 '지상에서의' 출신을 구실삼아 그를 불신하는 이들, 오해하는 이들은 갈릴리 유대인들뿐입니다. 요한은 지상에 존재했던 예수의 아버지에 대해 침묵지도, 요셉이 예수의 아버지라는 사실을 의심하지도 않습니다. 그의 성육신 개념에서는 특별한 출생, 기적적인 탄생, 동정녀 탄생을 배제할 수 있기 때문입니다. 요한에 따르면, 인간 예수는 유대인으로서 유대인 축제에 순례객으로 참여합니다(요한 2:13, 5:1, 7:10). 장거리를 여행한 후에는 야곱의 우물에서 정오의 태양 아래 목마름을 느낍니다(요한 4:6). 라자로의 무덤에서는 동요하고 심지어는 눈물을 흘리기까지 할 만큼 감정적입니다(요한 11:33,35). 마지막으로, 예수는 가시관을 쓴 채로 빌라도에게 "보시오, 이 사람이오"Ecce homo(요한 19:5)라며 조롱받습니다. 요한이 그리는 예수는 몸과 피를 지니고 이 땅에서 살아 숨 쉬었던 인간입니다. 그가 예수의 고통을 강조하지 않더라도, 고대의 독자들은 십자가 처형의 잔인함을 알고 있었습니다. 예수가 실제로 고통받지 않았다는 생각은 요한복음을 플라톤 철학의 관점으로 읽을 때만 떠올릴 수 있는 관념입니다.

또한, 우리는 예수의 부활과 관련된 난점들을 해소하려는 목적으로 단순한 해석, 일부 해석가들이 매력적이라고 여겼던 해석을 택해서는 안 됩니다. 예수가 겉보기에 죽은 것처럼 보였던 것이라거나 "거의 죽은" 것이나 마찬가지였다는 생각은 지극히 현대적인 상상입니다. 로마 군인들이 한 사람을 실제로, 최종적으로 죽일 수 있는 능력을 지니고 있었다는 사실에 의문을 제기해서는 안 됩니다. 예수는 인간으로 태어나 인간으로 살았고, 인간으로서, 아니 오히려 비인간적일 만큼 인간적인 방식의 죽음을 맞이했습니다.

(5) 그리스도론의 역설

고대 그리스도교 저술가들은 예수가 신성을 지녔으면서 어떻게 동시에 인성을 지닐 수 있느냐는 문제에 오랫동안 천착했고, 이는 결국 그리스도의 두 본성 교리를 낳았습니다. 여기서 이 문제를 길게 논의하지는 않겠습니다만, 우리는 요한복음이 제시하는 역설, 즉 예수가 온전한 인간이었으며 동시에 온전히 신적인 존재였다는 해석에 머물러야 합니다. 그의 신성은 그의 인성을 약화하지 않았고, 그의 인성은 그의 신성을 약화하지 않았습니다.

그렇다고 해서 예수가 신으로서 기적을 행했지만, 인간으로서 고통받고 죽었다고, 두 가지 차원으로 나누어 이해해도 안 됩니다. 예수 안에서 두 본성의 관계는 50대 50이 아니라 100대 100입니다. 이 놀라운 역설에 고대 작가들, 유대인, 그리스인은 모두 당혹스러워했습니다. 하지만 이는 참 인간이자 참 하느님인 예수는 이 땅에서도 하늘에 속한 것, 즉 영원한 생명과 구원, 하느님이 품고 있던 목적과 목표를 올바로 드러낸다는 신학적 결실이었습니다. 이러한 맥락에서 우리는 예수 안에서, 예수를 통해 보이지 않는 하느님을 보며, 예수 안에서만, 그를 통해서만 하느님이 실제로 어떤 분인지를 알 수 있습니다.

5. 하느님은 어떤 분이신가?

그렇다면 하느님은 어떤 분이실까요? 어떤 이들은 성서, 즉 구약 성서를 보면 분명하게 알 수 있다고 말할지도 모르겠습니다. 유대 전통에서 자랐고 메시아, 마지막 날에 이루어질 구원을 기다리던 모든 이는 하느님이 어떤 분인지 분명하게 알고 있으리라고 말이지요. 요한은 한편으로는 그렇지만, 다른 한편으로는 그렇지 않다고 말합니다. 그는 하느님은 이제 예수와 그의 이야기를 통해서만 보고, 알 수 있다고 대담하게 주장합니다. 예수를 통해서만 성서의 하느님에 대한 참된 계시를 알 수 있으며(요한 1:18), 예수 외에는 아버지께로 나아갈 길이 없습니다(요한 14:6). 이러한 맥락에서 요한에게 그리스도론과 올바른 신학은 서로 얽혀 있으며 하느님의 실제적이고 참된 계시가 역사 속에서, 그리스도로 우리에게 주어졌다고 그는 이야기하지요.

(1) 성서의 하느님

실제로 요한은 자신의 복음서에서 성서 전통의 여러 측면, 구약성서에 나타난 하느님에 관한 말들을 반영하고 있습니다. 하느님은 여러 그리스나 로마의 신들과는 대비되는 유일하신(요한 5:44), 참된 분이시며(요한 17:3), "살아 계신"(요한 6:57) 하느님, 이스라엘의 하느님이십니다. 요한은 "하느님 나라", "하느님의 말씀", "하느님의 영광," "하느님의 자녀들"과 같은 전통적인 단어 조합으로 하느님을 여러 번 언급합니다. 하느님은 모세에게 말씀하셨고(요한 9:29), 이스라엘에게 말씀하셨으며(요한 10:34~35), 그 하느님의 말씀은 폐할 수 없습니다. 하느님은 지금 예수의 이야기에서도 활동하고 계십니다. 하느님은 세례 요한을 보내셨고, 선물을 주셨고, 가르치셨습니다.

요한복음에서 하느님의 활동이 도드라지는 부분은 역시 예수와 관련된 이야기들입니다. 그분은 아들을 세상에 보내셨고(요한 3:17), 그를 죽음에 내어 주셨습니다(요한 3:16). 요한이 특히 강조하는 하느님의 활동은 사랑입니다. 그분은 세상을 사랑하시고(요한 3:16), 아들을 사랑하십니다(요한 3:35). 따라서 요한복음에서 하느님은 주로 "아버지"라고 불리며, 창조주나 주님, 왕이라는 호칭은 덜 두드러집니다. "아버지"로서의 하느님의 심상 그 자체는 그리 새로운 것은 아닙니다. 예수 이전에도 오래전부터 이스라엘 민족은 하느님을 "우리 아버지"라고 부르며 기도할 수 있었습니다. 이러한 면에서도 복음서는 성서 본문의 심상과 용어들을 채택해 활용하고 있다고 할 수 있습니다(다소 선택적이기는 하지만 말이지요). 요한이 복음서 처음(요한 1:1~2)부터 언급한 하느님은 성서의 하느님이며 이스라엘의 하느님이자 모든 복음서가 선포하는 하느님입니다. 그리고 (요한복음과 관련해 특히 중요한 부분이라 할 수 있는데) 그분은 지상의 예수입니다.

(2) 계시 - 하느님은 사랑이시다

한편 하느님이 어떤 분인지와 관련해 요한복음이 제기하는 새로운 주장도 있습니다. 서문 마지막 문장이 말해주듯, 하느님은 모세를 비롯한 모든 사람에게 보이지 않는 분이었습니다.

> 일찍이, 하느님을 본 사람은 아무도 없다. 아버지의 품속에 계신 외
>
> 아들이신 하느님께서 하나님을 알려 주셨다. (요한 1:18)

오직 예수, "아버지의 품속에 계신 외아들이신 하느님"인 예수를 통해서만 하느님은 "계시"되거나, 혹은 인간 세계에서 보일 수 있게 되었습니다. 예수는 하느님의 형상이므로, 그를 본 사람은 아버지 하느님을 본 것입니다(요한 14:7,9). 이는 성서 속 보이지 않는 하느님이 예수 안에서, 예수를 통해 새롭고 다르게 드러났음을 뜻합니다. 그렇다면 무엇이 다르며, 이 복음서에서 제시한 예수 이야기에서 요한이 드러낸 독특함과 새로운 통찰은 무엇일까요?

1장 18절을 통해 요한은 자연에서, 피조물에서, 해돋이에서, 산에서, 탁월한 인간 문화의 성취에서, 혹은 어디서든 '더 높은 존재'를 보는 경험, 경이로워하는 경험, 자신의 연약함과 작음을 깨닫는 경험,

혹은 고양된 것 같은 느낌, 축복받은 것 같은 느낌 등에서 하느님을 알 수 있다는 생각에 단호하게 "아니오!"라고 외칩니다. 그가 보기에 그렇게 알게 되는 신은 참된 하느님이 아닙니다. 자연은 아름답기만 하지 않고, 때로는 잔인하고 무자비하며, 성장과 쇠퇴를 반복합니다. 그런 자연으로부터는 은총이 무엇인지, 하느님의 뜻이 무엇인지 알 수 없고, 그분의 사랑을 확신할 수도 없다고 요한은 생각했습니다.

여기에는 강력한 신학이 담겨 있습니다. 바로 예수 그리스도가 없다면, 성서의 하느님은 진노와 자비가 끊임없이 순환하는, 양면성을 지닌 분으로 이해될 수밖에 없다는 것이지요. 이에 맞서 요한은 그리스도 안에서, 그리스도를 통해 드러난 하느님의 주된, 아니 유일하고 참된 뜻은 사랑이라고 이야기합니다. 성령의 인도를 받아 예수의 활동, 십자가로 가는 여정을 숙고하는 가운데 그는 이러한 생각을 갖게 되었습니다. 하느님은 당신의 영원한 사랑으로 자신을 세상에 내어 주었습니다. 그분은 몸소 인류의 역사에, 심지어 구체적인 한 사람의 역사에까지 참여하셨습니다. 예수를 통해, 하느님은 죽음의 권세를 깨뜨리고, 세상을 구원하며, 사람들에게 이전과는 질적으로 다른 새로운 삶과 생명, 영원한 생명을 주기 위해 어둠과 적대, 심지어 죽음까지도 감내하셨습니다. 이것이 하느님이 어떤 분이냐는 물음에 대한 요한의 핵심 답변입니다. 그는 하느님이 어떤 분인지는 오직 예수 그리스도와 그분의 십자가를 통해 알 수 있다고 말합니다. 요한복음은 이런 하느님의 사랑을 "사랑하다"라는 동사(요한 3:16)를 사용해 묘사하고, 예수의 사랑으로도 이야기합니다(요한 15:13, 13:34~35 참조).

요한 서신은 이 모든 통찰을 하나의 선언으로, 결정적인 진술로 요약합니다.

> 하느님은 사랑이십니다. (1요한 4:8,16)

사랑의 하느님은 우리의 죄를 사하시기 위해 당신의 아들을 세상에, 심지어 죽음으로까지 보내셨다고 요한은 힘주어 말합니다. 이런 요한이 하느님의 사랑이 결정적으로 드러난 장면을 예수가 십자가에 못 박힌 장면으로 여긴다는 사실은 그리 놀라운 일은 아닙니다. 하느님의 사랑은 십자가에 못 박힌 예수 안에서, 그를 통해 드러납니다.

앞서 언급한 바 있지만, 십자가 처형이 극도로 잔인한 행위임을 생각하면, 이는 매우 대담한 선언이라 할 수 있습니다. 게다가 요한은 이 사건의 주체가 하느님 자신이시며, 그분이 자신의 아들을 "주셨"(요한 3:16)다고 이야기합니다. 일반적인 견해와 달리, 십자가 사건은 예수가 자신을 제물로 아버지께 바친 사건이 아닙니다. 오히려 이 사건의 주체는 아버지 하느님이며, 그분의 외아들을 통해 인간 삶의 가장 어두운 부분, 가장 밑바닥에 자신의 최고의 것, 바로 자기 자신을 내어준 사건입니다. 하느님 자신이 피조물인 인간을 위해 친히 중재에 나서신 것입니다.

오랜 기간 그리스도교인들은 이 신학적 진리를 간과하거나 오해했습니다. 이는 하느님이 예수 안에서, 예수를 통해 자신이 아닌 다른 이들에게 고통을 요구한다는 뜻이 아닙니다. 아버지가 아들을 희생시켰다는 이야기도 아닙니다. 자식의 희생을 요구하는, 심지어 필요로 하는 하느님이라면 피에 굶주린 폭군, 아무도 사랑할 수 없는 악마이겠지요.

이러한 생각들은 순수한 사랑, 참된 하느님에 대한 심각한 오해이거나 그분에 대한 모독입니다. 요한이 주장하듯 예수와 아버지가 하나라면, 예수가 친구들을 위해 생명을 내어줄 때, 하느님이 우리를 위해, 우리의 생명을 위해 자신을 죽음에 내어 주십니다. 이것이 바로 요한복음이 표현하고자 하는 십자가의 신비이며, 이보다 더 깊은 십자가 사건에 대한 이해는 존재하지 않습니다.

(3) 인류 역사 속의 하느님

이러한 통찰에서 또 하나의 결론이 도출됩니다. 바로 하느님은 어떤 식으로든 십자가에서 자신을 재정의하신다는 것이지요. 요한은 십자가에서, 오직 십자가에서만 그분의 참된 모습을 볼 수 있다고, 그전까지 우리가 하느님에 대해 갖고 있던 모든 생각은 십자가에 비추어 수정되어야 한다고 말합니다. 예수 그리스도에, 그가 걸어온 길에 비추어 하느님을 보는 법을 배우지 않은 이는 결코 하느님의 참된 모습을 본 적이 없습니다.

성서가 증언하는 하느님이 오직 십자가에서 절정을 이룬 아들 안에서만, 아들을 통해서만 드러난다면, 지상에서 예수가 활동했던 구체적인 공간과 시간에 참여한 방식, 더 나아가 인류 역사 전반에 참여한 방식 외에는 영원하신 하느님을 해석할 수 없습니다. 이러한 요한의 생각은 신에 대한 어떤 철학의 정의와도 대조를 이룹니다. 철학자들이 정의하듯 신, 즉 하느님은 영원하고 불변하는 존재가 아닙니다. 그분은 변화하지 않는 존재가 아닙니다. 그분은 세상에서 멀리 떨어져 있는 분도 아닙니다. 그분은 의도적으로 인류 역사에 관여하시고, 인간 삶에 관여하시고, 인간에게 가까이 다가가시고, 심지어는 인간이 되기로 결정하신 분입니다. 하느님은 자비로운 분이시며, 인간을 긍휼히 여기시며, 사랑으로 충만한 분임을 스스로 드러내셨습니다. 이는 어떤 일시적인 현상이 아니며, 모든 것을 이전 상태로 되돌리는 일도 아닙니다. 부활한 분을 십자가라는 표징으로 알아볼 수 있고, 도마가 "나의 주님, 나의 하느님"이라고 고백할 수 있다면, 이는 십자가를 볼 때만 부활한 분을 알아볼 수 있으며 그분이 성육신하셨음을 깨달을 수 있음을 뜻합니다. 하느님은 인간이기를 멈추지 않으셨고, 인간의 문제에 관여하기를 멈추지 않으셨으며, 세상과 그분의 모든 피조물을 사랑하기를 멈추지 않으셨습니다.

(4) 그리스도 안에 계신 하느님

그러므로 그리스도의 성육신 이후로, 좀 더 분명하게는 그분의 부활 이후로 십자가에 못 박히고 부활한 그리스도의 얼굴 외에 다른 방식으로 하느님을 알 수는 없다고 요한은 말합니다. 예수의 성육신과 십자가의 죽음을 통해 하느님과 우리의 친밀함, 즉 그분과 우리 인류, 인류 역사와의 영원한 유대가 마침내 드러났습니다. 이제 우리는 하느님을 그분이 창조하신 구원, 그와 관련된 세계와 역사, 인간의 고통 및 죽음과 분리해 생각할 수 없습니다. 이러한 현실 없이는 하느님에 대해 진실하게 말할 수 없습니다. 이 진리를 요한은 이렇게 표현합니다.

나를 거치지 않고서는, 아무도 아버지께로 갈 사람이 없다. (요한 14:6)

그리고 이 계시가 유효하다면, 이는 최종적이고 완전합니다. 이는 우리가 하느님의 자유를 과도하게 강조하는 신학적 주장을 거부해야 한다는 의미이기도 합니다. 어떤 이들은 하느님이 무대 뒤에서는 완전히 다른 분일 수 있다거나 심지어는 그분이 인간에 대한 사랑을 철회하고 태도를 수정할 수도 있다고 주장합니다. 그러나 요한복음이 그리는 하느님은 그런 분이 아닙니다. 그분은 자기 자신과 그분의 뜻을 십자가에 동여매셨고, 자신을 한결같은 사랑으로 정의하기로 결정하셨습니다. 이러한 점에서 요한복음의 계시와 요한 신학은 이후 모든 그리스도교 신학의 기준을 설정했습니다. 그리고 이러한 통찰에 미치지 못하는 모든 신학은 부적절하거나 오해의 소지가 있는 것으로 간주해야 합니다. 계시된 하느님 뒤에 "감추어진 하느님"은 없습니다. 극심한 고통과 슬픔 중에 하느님이 계시지 않은 것처럼, 자신을 감추신 것처럼 보이더라도 우리는 우리의 제한된 이해를 넘어 하느님의 궁극적 본질, 그분의 진심은 사랑임을 믿어야 합니다. 이것이 커다란 도전이 된다 할지라도 말이지요.

6. 신앙과 불신앙

진리로서의 하느님을 오직 그리스도 안에서만 알 수 있다면 이 세계와 인간의 삶, 구원에 관한 참된 앎도 그리스도 안에서만 얻을 수 있습니다. 요한의 이 틀에 따르면 율법, 자연, 환시나 천상에 관한 체험과 같은 종교적 체험도 결코 하느님의 뜻이나 본질, 역사, 종말, 혹은 구원에 대한 올바른 앎을 제공할 수 없습니다. 오늘날 많은 사람은 이런 요한복음의 배타성에 불쾌함을 느낄지도 모르겠습니다.

나를 거치지 않고서는, 아무도 아버지께로 갈 사람이 없다. (요한 14:6)

이 말은 그리스도라는 계시에 비추어 보지 않고서는 영적인 의미에서 이 세상을 참되게 이해할 수 없음을 암시합니다.

(1) 어둠 속의 세상

요한은 누구나 이해할 수 있지만, 해석하기는 어려운 은유, 특히 빛과 어둠이라는 '이원론'을 활용함으로써, 둘을 대비함으로써 자신의 생각을 표현합니다. 그에 따르면, 그리스도는 세상의 빛입니다.

나는 세상의 빛이다. 나를 따르는 사람은 어둠 속에 다니지 아니하고, 생명의 빛을 얻을 것이다. (요한 8:12)

예수를 따르는 이들은 "어둠 속에 다니지 아니하고, 생명의 빛을 얻을 것"입니다. 그러나 이 말에는 이 세상이 그리스도 이전에도, 이후에도 어둠 속에 있다는 뜻이 담겨 있기도 합니다. 빛이 세상을 비추지 않는 한, '구원'이 없는 한, 세상은 스스로 어둠에서 벗어날 수 없습니다. 이러한 생각은 과도한 흑백논리가 아닐까요? 세상과 거리를 두는 종파적 사고, 혹은 내세에 대한 희망을 부정하는 사고로 이어지지는 않을까요? 실제로 역사에서, 그리스도교인들이 악한 세상에서 물러나 구석에서 은둔 생활을 하려 할 때 그들은 그 근거로 요한복음을 들곤 했습니다. 그러나 이는 요한이 의도한 바가 아닙니다. 요한이 어둠과 빛, "세상"과 제자 공동체를 두고 이야기하며 사용한 이원론의 언어를 적절하게 이해할 필요가 있습니다.

무엇보다도 요한이 "세상"('코스모스'*κόσμος*)이라는 말을 사용할 때 이는 우주the universe, 자연nature, 산, 동물, 식물을 가리키는 것이 아닙니다. 하느님께서 "보시기에 참 좋았다"(창세 1:31)고 칭찬하신 피조 세계는 여기에 포함되지 않으며, 이 피조 세계가 창조주 하느님의 선한 작품이라는 사실에는 의심의 여지가 없습니다. 요한은 피조 세계를 열등한 반신demigod이나 데미우르고스demiurge에게 귀속시키는 영지주의자가 아닙니다. 오히려 그와 정반대입니다. 요한복음에서 창조를 매개하는 이, 혹은 공동 창조자로 여기는 이는 '말씀', 즉 그리스도입니다. 요한은 선언합니다.

모든 것이 그로 말미암아 창조되었으니, 그가 없이 창조된 것은 하

나도 없다. (요한 1:3)

요한이 쓴 "세상"은 이렇게 "창조"된 세계가 아닙니다. 그가 "세상"에 대해 말할 때, 이는 인간 세계, 혹은 인류, 즉 하느님의 뜻과 사랑의 대상이지만 동시에 예수를 거부하는 인간과 그들의 삶을 뜻합니다.

다른 한편으로, 창조주 하느님은 그분의 피조물인 인간과의 교제를 추구하신다는 기본적인 선언이 있습니다. 하느님은 이스라엘뿐만 아니라 모든 인간과 관계를 맺기 위해 손길을 내미십니다. 그분의 구원 의도에는 의심의 여지가 없습니다. 하느님은 세상을 사랑하시며 세상을 소외된 상태에서 구해내기 위해 자기 아들을 보내셨으며, 심지어는 그를 죽음에까지 내어 주셨습니다.

하나님께서 세상을 이처럼 사랑하셔서 외아들을 주셨으니, 이는 그를 믿는 사람마다 멸망하지 않고 영생을 얻게 하려는 것이다. (요한 3:16)

사마리아 여인 이야기를 통해 선언하듯 예수 그리스도는 "세상의 구원자"(요한 4:42)입니다. 이는 예수가 당시의 로마 황제처럼, 세상의 후견인benefactor이나 구원자로서 당시 사람들이 숭배하던 모든 인물을 뛰어넘는다는 것을 의미합니다. 모든 가능한 모호함에 대항하며, 요한은 예수의 사명을 순수하고도, 명확하게 제시하려고 노력합니다. 하느님은 그를 세상에 보내셨으며, 이는 세상을 심판하거나 어떤 부정적인 영향을 미치기 위해서가 아니라 오직 "아들을 통하여 세상을 구원하시"(요한 3:17)기 위해서라고 말이지요. 비록 많은 사람이 예수를 거부하고 어둠과 멸망 속에 머물지라도, 이는 예수가 온 목적이 아닙니다. 이 세상을 위한 예수의 사명은 하느님의 구원을 이루는 것이며 이는 전적으로 긍정적인 것입니다.

한편, 요한복음에는 대다수 사람이 예수를 알아보지도, 받아들이지도 않았다는 진술이 나옵니다.

> 그는 세상에 계셨다. 세상이 그로 말미암아 생겨났는데도, 세상은 그를 알아보지 못하였다. 그가 자기 땅에 오셨으나, 그의 백성은 그를 맞아들이지 않았다. (요한 1:10~11)

이는 아마도 요한 공동체의 쓰라린 경험에서 나온 말일 것입니다. 유대인과 이방인들은 그들이 전하는 복음을 듣지 않았고, 예수를 받아들이지 않았습니다. 어둠을 비추는 빛을 받아들이지 않았습니다. 더 나아가 요한복음 3장 19절이 다소 회의적으로 표현했듯 "빛보다 어둠을 더 좋아하였"고, 어둠 속에 머무르기를 선택했으며(요한 3:20), 빛으로 나아가지 않았습니다. 이는 예수뿐만 아니라 그를 따르는 사람들, 제자들과 그들의 활동에 대한 적대적인 태도, 거부로 표현됩니다. 이러한 맥락에서 고별 담화는 예수뿐만 아니라 그의 제자들, 공동체에 대한 세상의 증오를 표현합니다.

세상이 너희를 미워하거든, 세상이 너희보다 먼저 나를 미워하였다는 것을 알아라. (요한 15:18)

요한복음이 세상의 증오와 어둠에 대해 말할 때 이는 분명 불신과 거절 경험에 대한 반응입니다. 제자 공동체가 어려움을 겪고 있을 때, 요한복음은 수신자들과 다른 모든 믿는 이들이 세상의 거부를 이해하고 대처하며 말씀의 선포를 이어가도록 돕기 위해 쓰였습니다. 고별 담화가 제자들에게 "세상"이 예수조차 증오했다고 전하는 이유는 바로 이 때문입니다. 예수를 따르는 이들은 자신들도 거부와 증오의 희생자가 될 수 있다는 점을 인지하고 있어야 한다고 요한은 강조합니다.

요한의 신학은 "세상"이 그리스도 안에서의 계시를 떠나 어둠 속에 있으며 구원이 필요하다고 전제합니다. 그러나 이는 그리스도를 떠나 있는 이들이 전혀 의미 있는 통찰을 보여 줄 수 없다는 뜻이 아닙니다. 그들도 탁월한 통찰을 보여 줄 수 있습니다. 그러나 그때 통찰은 세속에서의 통찰, 인간의 인식 수준 안에서의 통찰입니다. 그들은 무대 뒤의 진실, 그리스도와 하느님에 대한 진리, 심지어 그들을 향한 하느님의 사랑에 관한 진리를 감지하지 못합니다. 그들도 신에 대한 일정한 심상과 생각이 있을 수 있으며, 전통 종교, 혹은 철학에서 길어 올린 것일 수 있습니다. 그러나 그리스도 안에서, 그리스도를 통해, 그의 역사와 십자가로 가는 길을 통해, 이를 담은 복음서를 통해 인류가 받게 된 계시와는 여전히 거리가 있습니다. 그리스도 사건은 새로운 생명, 새로운 삶, 하느님과의 새로운 친교, 그분의 자녀들로 구성된 가족과의 새로운 친교를 선포한다고 요한복음은 말합니다. 세상은 예수를 이해할 수 없었던 것과 마찬가지로 이를 이해할 수 없으며, 따라서 그리스도를 따르는 이들은 하느님, 그리고 그분을 따르는 가족 공동체에 속해 있되 '세상'에서는 이방인으로 남아 있습니다. 이는 오직 그리스도 안에서, 그리스도를 통해 이루어진 계시의 빛으로만, 세상에 와서 어떤 사람은 보게 하고 어떤 사람은 눈을 멀게 한 예수라는 빛으로만 이해할 수 있습니다.

> 예수께서 또 말씀하셨다. "나는 이 세상을 심판하러 왔다. 못 보는 사람은 보게 하고, 보는 사람은 못 보게 하려는 것이다." 예수와 함께 있던 바리사이파 사람들이 이 말씀을 듣고 나서 말하였다. "우리도 눈이 먼 사람이란 말이오?" 예수께서 그들에게 말씀하셨다. "너희가 눈이 먼 사람들이라면, 도리어 죄가 없을 것이다. 그러나, 너희가 지금 본다고 말하니, 너희의 죄가 그대로 남아 있다." (요한 9:39~41)

예수, 혹은 빛의 선교는 순수하게 인류를 긍정하는 의도로 이루어졌지만, 사람들 간의 분열과 위기를 만들어 냈습니다. 어떤 이들은 신앙을 갖게 되었고, 다른 이들은 믿지 않는 자로 남았습니다.

(2) 불신앙

그렇다면 이를 어떻게 설명할 수 있을까요? 왜 어떤 사람들은 신앙을 갖게 되고, 어떤 사람들은 예수와 그에 관한 기쁜 소식을 거부할까요? 고별 담화는 처음 복음을 듣던 사람들이 이런 질문을 품고 있었음을 보여 줍니다. 그들은 "세상"의 거부, 더 나아가 증오를 경험했습니다. 이로 인해 그들은 불안을 느끼고 슬퍼했습니다. 그들은 다른 이들도 예수를 통한 구원을 믿기를 바랐을 것입니다. 예수 안에서, 예수를 통해 표현된 하느님 사랑의 제안에 고개를 갸우뚱하거나 적대감을 보이며 거부하는 이들을 그들은 이해할 수 없었습니다. 신앙을 가진 사람들에게 불신앙은 이해하기 어렵습니다. 믿는 자들에게 믿음이란 너무도 분명하고 논리적이어서, 모든 사람이 그들처럼 믿어야 한다고 생각하기 쉽지요. 그러나 현실은 이러한 기대와는 매우 다르며, 요한복음의 최초 수신자들은 이를 경험한 상태였습니다.

요한은 예수가 공적 활동을 끝내고 죽음으로 향해 갈 때, 즉 그의 "때"를 선포하고 마지막 공적 담화를 마칠 때 이 불신앙 문제를 본격적으로 다룹니다.

예수께서 그렇게 많은 표징을 그들 앞에 행하셨으나, 그들은 예수를 믿지 아니하였다. 그리하여 예언자 이사야가 한 말이 이루어졌다. "주님, 우리가 전한 것을 누가 믿었으며, 주님의 팔이 누구에게 나타났습니까?" 그들이 믿을 수 없었던 까닭을, 이사야가 또 이렇게 말하였다. "주님께서 그들의 눈을 멀게 하시고, 그들의 마음을 무디게 하셨다. 그것은 그들이 눈이 있어도 보지 못하게 하고, 마음으로 깨달아서 돌아서지 못하게 하여, 나에게 고침을 받지 못하게 하려는 것이다." 이사야가 이렇게 말한 것은, 그가 예수의 영광을 보았기 때문이다. 이 말은 그가 예수를 가리켜서 한 것이다. 지도자 가운데서도 예수를 믿는 사람이 많이 생겼으나, 그들은 바리사이파 사람들 때문에, 믿는다는 사실을 드러내지는 못하였다. 그것은, 그들이 회당에서 쫓겨날까 봐 두려워하였기 때문이다. 그들은 하느님의 영광보다도 사람의 영광을 더 사랑하였다. (요한 12:37~43)

요한에 따르면, 예수와 동시대를 살았던 사람들은 예수가 그들의 눈앞에서 많은 표징을 행했음에도 불구하고 믿지 않았습니다. 복음서에 기록된 표징들을 그들이 직접 보았다면, 적어도 신앙을 가진 사람들에게는 그들의 불신앙이 이해하기 어려웠겠지요. 어떻게 이런 일이 일어날 수 있었을까요? 그들은 그저 어리석었던 걸까요? 눈이 멀었을까요? 아니면 악했던 것일까요? 아니면 그저 믿지 않기로 선택했을 뿐일까요?

요한의 답은 이렇게 피상적이지 않습니다. 오늘날 복음주의자들, 그들이 제시하는 신학에서 흔히 볼 수 있는 답과는 다른 이야기를 하지요. 그는 예언자 이사야의 시대부터 하느님을 거부하고 불신앙하는 문제를 다룰 때 사용해 온 방식을 채택했습니다. 사람들의 불신을 비난하기보다 하느님에게서 더 깊은 이유를 찾는 방식 말이지요. 요한은 그들이 믿을 수 없었다고 말합니다. 그들의 불신앙은 그들 자유

의지의 결과가 아니었습니다. 요한은 이사야서를 인용해 말합니다.

주님께서 그들의 눈을 멀게 하시고, 그들의 마음을 무디게 하셨다.
(요한 12:40, 이사 6:9~10 참조)

어떤 면에서 이 말은 가혹하게 들리며 하느님께도 그림자를 드리우는 듯한 말처럼 보입니다. 하느님이 모든 사람이 구원받기를 원하지 않으신다는 말일까요? 하느님이 진정 온 세상을 사랑하고 구원되기를 원한다면 어떻게 사람들을 눈멀게 하고 어둠 속에 두실 수 있다는 말일까요? 이 문제는 우리의 논리나 체계적 사고로는 해결할 수 없는 질문이라 해도 과언은 아닙니다.

장 칼뱅Jean Calvin은 이 물음에 하나의 답을 제시했습니다. 어떤 면에서 과도하게 체계적인 답이었지요. 그가 제시한 답은 이후 그리스도교계에 커다란 영향을 미쳤습니다. 칼뱅은 하느님이 실제로 어떤 이들은 구원하시기로 했으나, 다른 이들은 구원받지 못하게 예정하셨다는(혹은, 그런 생각을 낳을 수 있는) 신학 이론을 전개했습니다. 그러나 이는 성서 본문이 말하는 바가 아니며, 성서의 주장을 넘어섭니다. 이중 예정double predestination은 성서로 정당화될 수 없습니다. 요한은 결코 하느님이 어떤 사람들은 멸망으로 가고, 일부만이 구원받을 수 있도록 예정하셨다고 말하지 않습니다. 구원 활동의 부정적 측면, 즉 불신앙은 여전히 신비로 남아 있습니다.

이 맥락에서 좀 더 새겨 두어야 할 부분이 있습니다. 바로 요한은 예수를 믿지 않는 이들이 그들의 불신앙으로 인해 벌을 받을 것이라고 말하지도 않는다는 것입니다. 그는 지옥에 대한 통념들, 지상에서 잘못된 행동을 하면 지옥에서 영원히 벌을 받는다는 지극히 인간적이면서 그만큼 순진한 심상들을 피합니다. 다만 그는 그리스도를 떠나면 사람들은 어둠, 심지어 죽음 속에 있으며, 그리스도 안에서, 그리스도를 통해 신앙으로 생명을 얻지 않는 한 그곳에 계속 머물게 될 것이라고 말할 뿐입니다. 그리스도를 통한 계시가 있기 전 사람들, 그리고 그 계시에서 멀어진 사람들은 자신들이 어떠한 상태에 있는지조차 알지 못합니다. 그들은 하느님의 사랑을 알지 못하고, 하느님과 그리스도, 참되고 영원한 생명과 연결되어 있지 않다고 요한은 말합니다. 하지만 그는 지옥이나 정죄를 받는 것에 관한 (우리가 익히 아는) 심상들을 제시하지는 않습니다.

(3) 신앙

불신앙의 문제에 관한 요한의 답은 분명하지 않습니다. 그러나 신앙의 문제는 분명합니다. 예수에 대한 믿음, 그리스도에 대한 믿음, 그리고 구원의 문제는 그저 인간의 가능성, 선택, 혹은 '자유 의지'의 문제가 아닙니다. 요한복음에서 예수는 말합니다.

> 나를 보내신 아버지께서 이끌어 주지 아니하시면, 아무도 내게 올 수 없다. (요한 6:44)

한 사람의 출생이 그의 손에 달려 있지 않으며 수동적인 방식으로 일어나듯, 신앙은 위로부터(요한 3:3), 혹은 성령으로 인해(요한 3:7) 일어납니다. 믿음은 수동적인 행동, 선물, 은총의 행동입니다. 요한복음에서 그리스도에 대한 불신앙이 그러하듯 신앙 역시 자유롭게 결정할 수 있는 사안이 아닙니다.

한편, 요한은 그리스도에 대한 신앙에 이르는 것을 새로운 탄생, 혹은 죽음에서 생명으로의 부활에 견주기도 합니다.

> 내가 진정으로 진정으로 너희에게 말한다. 내 말을 듣고 또 나를 보내신 분을 믿는 사람은, 영원한 생명을 가지고 있고 심판을 받지 않는다. 그는 죽음에서 생명으로 옮겨갔다. (요한 5:24)

죽은 자가 스스로 살아날 수 없듯, 눈먼 자가 스스로 시력을 얻을 수 없듯, 믿지 않는 자가 스스로 믿을 수는 없습니다. 그는 다른 무언가에 의해 해방되고 구원받고, 다시 살아나야 합니다. 신앙의 새로운 생명으로 다시 태어나야 합니다. 이 모든 일을 하는 분, 구원과 새로운 탄생의 주체는 하느님, 혹은 그분의 영을 통한 그리스도입니다. 니고데모와의 대화는 이를 잘 보여 주지요.

> 예수께서 그에게 말씀하셨다. "내가 진정으로 진정으로 너에게 말한다. 누구든지 다시 나지 않으면, 하느님 나라를 볼 수 없다." 니고데모가 예수께 말하였다. "사람이 늙었는데, 그가 어떻게 태어날 수

있겠습니까? 어머니 뱃속에 다시 들어갔다가 태어날 수야 없지 않습니까?" 예수께서 대답하셨다. "내가 진정으로 진정으로 너에게 말한다. 누구든지 물과 성령으로 나지 아니하면, 하느님 나라에 들어갈 수 없다. 육에서 난 것은 육이요, 영에서 난 것은 영이다. 너희가 다시 태어나야 한다고 내가 말한 것을, 너는 이상히 여기지 말아라. 바람은 불고 싶은 대로 분다. 너는 그 소리는 듣지만, 어디에서 와서 어디로 가는지는 모른다. 성령으로 태어난 사람은 다 이와 같다."

(요한 3:3~8)

요한복음에서 사용하는 이런 모든 심상은 인간이 자신의 구원 여부를 결정할 수 없음을 독자들이 이해하도록 하는 데 쓰입니다. 인간은 단순히 자신의 의지로, 자신의 힘으로 예수 그리스도를 믿을 수도, 신뢰할 수도 없습니다. 요한에(또한 바울에) 따르면 이 부분에서 자유의지를 발휘할 수 있는 부분, 믿기로 결정할 수 있는 권한은 우리에게 없습니다. 이 권한과 능력을 가진 분은 하느님이십니다. 하느님의 은총으로 인간은 눈이 열리고, 말씀을 진정으로 듣고 믿게 되며(요한 5:22), 이로써 새 생명에 이르게 됩니다. 신앙으로의 부름에 관련해 오늘날 많은 설교자가 하는 이야기들은 너무도 근시안적이고 인간이 무언가를 할 수 있는 것처럼, 때로는 하느님에게 압력을 가하고 그분을 조작할 수 있는 것처럼 보이기도 합니다. "예"나 "아니오"를 결정할 수 있는 권한이 인간에게 있는 것처럼 말하는 것이지요. 이렇게 되면 책임은 인간에게 있으므로 구원의 주체 역시 인간이 됩니다. 하느님을 하느님으로 두지 않는 일, 인간을 자기 삶과 죽음의 주인으로 삼는 일, 즉 스스로 신이 되는 일이지요. 경건한 의도가 있다 하더라도 이는 우상 숭배입니다.

요한은 하느님이 구원을 미리 결정하셨다거나 어떤 사람은 죽을 수밖에 없는 운명을 정하셨다는 의미에서가 아니라 그분이 우리 삶의 창조주이시듯 우리의 신앙 또한 창조하시는 분이시며 친히 신앙을 우리에게 선물로 주신다는 뜻에서 예정론자입니다. 그분의 말씀에는 신앙을 선물로 받을 이들을 일으킬 힘이 있습니다. 이는 우리의 의지나 선택, 결정으로 되는 일이 아니기에 오직 하느님의 은총에 영광을 돌릴 수밖에 없습니다. 불신앙의 문제는 여전히 미지의 상태로 남아 있고, 빛을 거부하는 불신앙에 인간이 얼마나 관여할 수 있는지의 문제는 더 불분명합니다(요한 3:20). 하지만 신앙의 문제는 분명합니다. 신앙은 인간의 선택, 행위가 아니라 하느님이 주시는 선물입니다.

물론, 이와 상반된 견해처럼 보이는 부분도 있습니다. 요한복음에는 예수가 명령하는 장면, 신앙으로 부르는 장면도 등장하지요. 그렇다면 이런 부분들은 어떻게 이해해야 하는 걸까요? 14장에서 예수는 명령합니다.

너희는 ... 하느님을 믿고 또 나를 믿어라. (요한 14:1)

또 다른 부분에서 예수는 약속을 동반한 초대를 하기도 합니다.

예수께서 그들에게 말씀하셨다. "내가 생명의 빵이다. 내게로 오는 사람은 결코 주리지 않을 것이요, 나를 믿는 사람은 다시는 목마르지 않을 것이다." (요한 6:35)

우리는 이런 예수의 명령, 혹은 초대에 응해야 하는 게 아닐까요? 물론입니다. 인간은 돌이 아니며, 그런 방식으로 수동적인 존재가 아닙니다. 신앙을 갖게 되면 반응하고, 행동하고, 사랑하게 되리라고 요한은 믿어 의심치 않습니다. 그는 결코 인간 편에서의 응답을 배제하지 않습니다. 은총은 감사를 낳습니다. 이 감사, 하느님의 은총에 대한 감사가 신앙의 응답입니다.

요한복음에는 예수와의 만남에 반응해 깨달음을 얻고 궁극적으로 제자가 되는 사람들에 관한 이야기가 많이 나옵니다. 이 인물들은 어떻게 우리에게 신앙이 생길 수 있는지를 보여 주는 모형들입니다. 예를 들어 사마리아 여인(요한 4:1~42)은 예수를 만나 대화한 끝에 최종적으로 믿음에 이르게 되며, 심지어는 마을 사람들에게 일종의 선교를 하기도 합니다. 태어날 때부터 눈이 멀었던 사람(요한 9장)은 예수와 만나 치유되고 제자가 되어 그 앞에 엎드립니다. 뒤늦게 와서 동료 제자들의 부활한 주님에 대한 증언을 받아들이지 못했던 도마에게 예수는 다시 나타나고 말을 건넸으며 결국 그를 믿음으로 이끌었습니다(요한 20:24~29). 이 모든 경우 주도권은 예수에게 있습니다. 예수는 여인에게 말하고, 태어날 때부터 눈먼 사람을 보고 치유하고, 도마에게 그의 의심을 알고 있다고 말합니다. 이후 예수와의 인격적인 만남이 이어지며, 결국 이들은 예수와 연결됩니다. 물론 각 인물은 예수의 말을 듣거나 받아들이는 행위를 하지만, 이 일들은 언제나 예수 혹은 하느님으로부터 시작되고 가능하게 되지요. 예수와 하느님은 늘 신앙에 앞서고, 만남이나 통찰을 사람들에게 제공해 그들이 신앙에 이르게 합니다. 이 같은 맥락에서 요한은 서문에서 말합니다.

> 그를 맞아들인 사람들, 곧 그 이름을 믿는 사람들에게는, 하나님의 자녀가 되는 특권을 주셨다. (요한 1:12)

이러한 사건은 사람들이 먼저 영접하거나 믿고 나서 거듭나거나 하느님의 자녀가 되듯 시간순을 따르지 않습니다. 인간이 영접하는 일과 하느님께서 능력, 혹은 권한을 주시는 일, 인간의 믿음과 하느님의 구원은 동시에 이루어지며 서로 연결되어 있습니다. 빛이 어둠을 비추고, 아버지는 아들에게 사람들을 주십니다. 그분이 예수에게 사람들을 끌어들이거나, 예수 자신이 사람들을 끌어당깁니다. 이는 인간의 의지가 아닌, 인류를 구원코자 하시는 하느님의 뜻에서 비롯된 역동성입니다.

이 역동성은 요한이 빛과 어둠이라는 용어를 사용하는 곳에서도 분명하게 드러납니다. 그는 우리가 빛과 어둠 중 어느 영역에 배정된다는 이야기를 하지 않았고, 개인의 운명이 이미 빛과 어둠 중 하나로 정해져 있다는 이야기를 하지도 않았습니다. 빛과 어둠에 관한 요한의 그림은 오히려 역동적인 과정에 가깝습니다. 이 복음서에는 언제나 사람들이 어둠에서 빛으로, 거짓에서 진리의 인식으로, 궁극적으로는 죽음에서 생명으로 나아가야 한다는 목표와 나아갈 것이라는 기대가 존재합니다.

(4) 생명

요한복음에 등장하는 개념 쌍 중 가장 광범위하게 등장하는 쌍은 '죽음'과 '생명'입니다. 이때 생명은 하느님, 그리스도와 밀접한 관련이 있습니다. 하느님이 생명이시듯 그리스도는 "생명"(요한 11:25)이며, 자기 안에 생명을 갖고 있고(요한 5:26), 인간에게 생명을 줍니다. 그리스도를 믿는 이는 영생을 얻고(요한 3:36), 반면 그리스도와 그의 생명을 떠난 이는 죽음의 영역에 있습니다. 그리스도를 떠나 있게 된 '세상'이 꽤 좋고, 생동감 있으며, 그 자체로 생명이 있는 것처럼 보여도 요한은 이를 '죽음'이라고 말합니다. 요한에게 그리스도를 믿는다는 것, 생명의 하느님 및 그분의 사랑과 연결되는 것은 죽음에서 생명으로 가는 길이며, 니고데모와의 대화(요한 3:1~21)에서 설명하듯 위로부터 탄생하는 것, 즉 기적입니다. 예수의 말을 듣고 그 말을 경청함으로써 인간은 새롭고 지속적이고 영원한 생명을 받으며, 이는 육체가 죽더라도 남아 있습니다(요한 11:26). 이 생명은 위로부터 혹은 성령으로부터 거듭남을 통해 일어나며(요한 3:3~7), 이 생명을 받는 사람은 새로운 가족, 하느님과 그분의 자녀들로 이루어진 가족에 통합됩니다. 니고데모와의 대화에서 알 수 있듯, 이 새로운 생명은 예수의 십자가(요한 3:14~15), 궁극적으로 인류를 구원코자 하시는 하느님의 사랑(요한 3:16)에 의해 가능해집니다.

이 생명에 참여하면 한 사람의 모든 상황이 변화합니다. 이렇게 철저한 삶의 변화를 요한은 종말론이 절정에 이르는 대목에서 언급합니다.

> 내가 진정으로 진정으로 너희에게 말한다. 내 말을 듣고 또 나를 보내신 분을 믿는 사람은, 영원한 생명을 가지고 있고 심판을 받지 않는다. 그는 죽음에서 생명으로 옮겨갔다. (요한 5:24)

매우 강력한 말입니다. 요한이 그린 예수에 따르면, 믿는 이들은 더는 심판을 받지 않으며 정죄도 받지 않습니다. 그들은 이미 죽음의 영역에서 생명의 영역으로 건너왔기 때문입니다. 여기서 우리는 중요한 의미에서 강조점이 전환되었음을 알 수 있습니다. 요한에 따르면, 생명, 즉 영원한 생명은 지상에서 하느님에게 순종하는 일, 혹은 세속에서의 쾌락을 포기하는 일에 대한 일종의 보상으로 죽음 이후 인간이 받게 되는 것이 아닙니다. 또한, 마지막 심판 때 하느님이 믿음과 행동을 받아들이실 것이라는 조건 아래 일종의 집행유예 기간을 받는 것도 아닙니다.

물론 유대교와 초기 그리스도교의 다른 많은 글, 성서의 많은 본문에서도 종말에 대한 기대를 발견할 수 있습니다. 이를테면 마태오 복음 25장에 나오는 최후의 심판에 관한 비유에서 예수는 인자가 최후의 심판을 하고 이때 사람들의 영원한 운명이 결정될 것이라고 말하지요. 이는 전통적인 종말론 사상을 반영하고 있으며, 오늘날에도 많은 교회에서 이러한 내용을 담은 설교를 하곤 합니다. 이러한 틀 안에서는 개인의 선행, 혹은 믿음이 구원을 받기에 충분한지 불확실하기에 사람들이 두려움에 휩싸이기 쉽습니다. 저는 이런 불안 가운데 자란 많은 사람을 보았습니다. 이들 중 일부는 끊임없는 두려움에 삶이 파괴되기도 했지요. 여전히 많은 경건한 사람, 도덕적인 사람이 끊임없이 위협적인 심판의 내용을 듣고 교회 공동체에서 선포하는 내용의 중심이라는 것은 끔찍한 일입니다. 이는 종교가 사람들을 순종적이고 도덕적으로 만들기 위해 휘두르는 무기입니다. 종교가 훈육의 수단, 즉 선행을 보상하고 불순종을 처벌하는 권력의 도구가 될 때 많은 사람이 그로부터 등을 돌리는 것은 놀라운 일이 아닙니다. 이는 신앙의 자유에 어긋날 뿐 아니라 복음도, 그리스도를 통한, 그리스도 안에서의 새로운 생명과 삶도 아닙니다.

요한은 신약성서의 다른 저자들보다 훨씬 더 명확하고 급진적인 결론에 도달합니다. 그에 따르면 그리스도를 믿는 이들은 더는 심판도, 정죄도 받지 않습니다(로마 8:1 참조). 이러한 면에서 요한은 신약성서에서 가장 급진적이고 진보적인 신학자라 할 수 있습니다. 요한복음에서 그리스도와 관계가 끊어지는, 생명을 잃어버리는, 죽음에 다시 떨어지는 가능성은 없습니다. 그리스도와 연결되면 그는 구원을 받고 그것으로 끝입니다. 신앙을 가진 이들은 이를 확신할 수 있고, 확신해야 합니다. 여기에 불확실성은 없습니다. 누군가 선한 목자의 손안에 있다면, 그는 약함이나 믿음이 부족한 어려운 시기에도

양을 지킬 것이며, 누구도 양을 그의 손에서 **빼앗아** 갈 수 없기 때문
입니다.

> 나는 그들에게 영생을 준다. 그들은 영원토록 멸망하지 아니할 것이
> 요, 또 아무도 그들을 내 손에서 **빼앗아** 가지 못할 것이다. 그들을
> 나에게 주신 내 아버지는 만유보다도 더 크시다. 아무도 아버지의
> 손에서 그들을 **빼앗아** 가지 못한다. 나와 아버지는 하나이다. (요한
> 10:28~30)

(5) 죄

예수를 믿는 이들의 구원과 생명에 대한 확신은 죄에 대한 이해에
도 영향을 미칩니다. 요한에 따르면 죄란 바로 예수를 믿지 않는 것
입니다.

> 그(성령)가 오시면, 죄와 의와 심판에 대하여 세상의 잘못을 깨우치
> 실 것이다. 죄에 대하여 깨우친다고 함은 세상 사람들이 나를 믿지
> 않기 때문이다. (요한 16:8~9)

그리스노로부터 분리된 삶이야말로 죄입니다. 죄 안에 있는 이는 그
리스도로부터 멀리 떨어져 있는 영역에 있으며, 예수가, 예수의 진리
가 해방하려는 세상의 권세의 노예가 되어 살아갑니다.

예수께서 대답하셨다. "내가 진정으로 진정으로 너희에게 말한다. 죄를 짓는 사람은 다 죄의 종이다. 종은 언제까지나 집에 머물러 있지 못하지만, 아들은 언제까지나 머물러 있다." (요한 8:35)

죄를 우리를 사로잡아 노예로 만드는 힘으로 여긴다는 점에서 요한의 생각은 바울의 생각과 유사하지만(로마인들에게 보낸 편지(로마서) 7장을 참조하십시오), 이를 다른 방식으로, 훨씬 더 급진적으로 묘사합니다.

요한복음에는 계명도, 금지 행위 목록도 없고, 무언가를 했다, 혹은 하지 않았다는 기준으로 죄를 평가하지도 않으며, 그런 식으로 죄를 확인할 수 있게 해 주는 목록도 없습니다. 요한이 말하는 죄는 행위 목록으로 나열할 수 있는 개별적인 죄, 행위보다 근본적인 것, 그리스도 없이, 그분에 대한 믿음 없이 사는 것이며, 하느님으로부터 멀리 떨어져 어둠과 죽음의 영역에 있는 것입니다. 그것이 죄입니다. 물론 여기에는 죄의 노예가 된 인간은 그에 따라 행동한다는 생각도 들어 있습니다. 그러나 결정적인 지점은 다채로운 죄의 행위이기보다 불신앙이며, 자유롭지 못한 것이고 그리스도로부터 떨어져 있는 것, 생명에서 멀리 떨어져 있는 것입니다. 그렇기에 요한은 죄에 대해 말할 때 복수형으로, 즉 '죄들' 혹은 '죄의 행위들'로 표현하지 않고 단수 명사를 씁니다. 예수 그리스도는 바로 이 죄, 즉 "세상의 죄"(요한 1:29)를 없애기 위해 하느님의 어린양으로 오셨고, 그렇게 인간과 하느님 사이에 있던 담을 허무셨습니다. 이것이 바로 십자가의 의미입니다. 예수의 십자가는 하느님과 인간 사이 새로운 공동체를 형성하는 토대이며 우리를 돌보시는 사랑의 행동입니다.

(6) 현재와 미래의 삶

십자가에 못 박히고 부활한 그리스도를 믿는 이들은 생명을 받습니다. 이 영원히 유효하고 지속적인 생명은 상속받게 될 무언가가 아니라 현재 주어지는 선물입니다. 믿는 사람은 누구나 죽음에서 생명으로 넘어갑니다. 물론 이는 죽음 이후에는 구원을 기대할 수 없으며 사후 세계가 없다는 뜻은 아닙니다. 생명이 지금, 여기서, 삶 한가운데에서 시작된다는 것, 그저 시험 삼아 주어지는 것이 아니라 확고하고도 유효하게 주어졌다는 것, 이를 예수가 약속했다는 것이 중요하다는 뜻입니다. 라자로 이야기의 핵심 구절은 이를 압축해서 보여주지요.

> 예수께서 ... 말씀하셨다. "나는 부활이요 생명이니, 나를 믿는 사람은 죽어도 살고, 살아서 나를 믿는 사람은 영원히 죽지 아니할 것이다." (요한 11:25~26)

요한은 그리스도가 주는 생명이 언젠가 끝날 것이라고 상상할 수는 없다고 생각했기에 이토록 단호한 어투로 이야기했습니다.

그리스도 및 하느님과 관계 가운데 있는 생명, 이 생명은 믿는 이들에게 육체의 죽음에 대한 초월뿐 아니라 육체의 부활에 대한 참여를 보장합니다. 이러한 생명은 마지막 때, 즉 미래의 심판이나 죽은 이들이 살아날 때만 주어지는 것은 아닙니다. 죽은 이들이 예수의 말을 듣는 때, 그때가 그들이 부활하는 때입니다.

> 내가 진정으로 진정으로 너희에게 말한다. 죽은 사람들이 하느님의 아들의 음성을 들을 때가 오는데, 지금이 바로 그 때이다. 그리고 그 음성을 듣는 사람들은 살 것이다. (요한 5:25)

예수의 말은 생명에 빛을 가져오고, 죽음과 죄의 권세로부터 인류를 해방하며, 인간을 영원한 생명으로 다시금 태어나도록 새롭게 창조합니다.

요한복음은 다양한 이들이 예수를 만나고 그의 말을 듣는 이야기를 통해 이 생명을 설명합니다. 부활 후 사람들이 제자들의 설교(요한 20:23)를 듣거나, 이야기를 듣거나, 복음서를 읽는 장면에도 이러한 생각이 들어 있습니다. 오늘날에도 복음에는 이러한 효력이 있어 듣는 이들에게 신앙과 생명을 주지요.

요한복음은 다양한 심상으로 이를 표현하기도 합니다. 그중에서도 두드러지는 심상은 새로운 탄생 및 새로운 창조와 관련된 심상들이지요. 요한은 부활한 예수가 제자들과 만나는 장면을 새로운 창조로 그립니다. 이때 예수는 제자들에게 숨을 불어넣어 성령을 주고, 자신의 활동을 이어나갈 수 있도록 권능을 줍니다.

예수께서 다시 그들에게 말씀하셨다. "너희에게 평화가 있기를 빈다. 아버지께서 나를 보내신 것 같이, 나도 너희를 보낸다." 이렇게 말씀하신 다음에, 그들에게 숨을 불어넣으시고 말씀하셨다. "성령을 받아라. 너희가 누구의 죄든지 용서해 주면, 그 죄가 용서될 것이요, 용서해 주지 않으면, 그대로 남아 있을 것이다." (요한 20:21~23)

앞에서 언급했듯, 이는 창세기에 나오는 창조 이야기(창세 2:7, 70인역)와 밀접하게 이어져 있습니다. 창조 기사에서 하느님은 흙으로 만든 형상에 자신의 숨을 불어넣어 살아 있는 생명체를 만들어 내지요. 마찬가지로 부활을 통해서도 새로운 생명이 탄생합니다. 예수는 자신의 영을 통해 죽은 이들을 살립니다. 그는 제자들이 하느님의 압도적인 사랑을 이해하게 해 줍니다. 그리하여 그들은 하느님과 세상, 자기 자신, 그리고 주변의 다른 사람들을 새롭게 인식하게 됩니다. 요한은 예수의 사랑이 다른 이들을 사랑하도록 영감을 준다고 생각했습니다.

이제 나는 너희에게 새 계명을 준다. 서로 사랑하여라. 내가 너희를 사랑한 것 같이, 너희도 서로 사랑하여라. 너희가 서로 사랑하면, 모든 사람이 그것으로써 너희가 내 제자인 줄을 알게 될 것이다. (요한 13:34~35)

예수를 믿는 이들은 자연스럽게 예수의 사랑을 자기 삶의 본보기로 삼아 타인을 사랑하는 삶, 타인과 연대하는 삶을 산다고 그는 확신했습니다.

(7) 급진적인 신학

이러한 지점들을 살피다 보면 우리는 요한이 모든 것들을 얼마나 급진적으로 다시 생각했는지, 왜 다른 성서 본문을 통해 알고 있던 많은 것에 의문을 제기하는지를 알게 됩니다. 그에 따르면 모든 것은 하느님의 자기 계시, 예수 그리스도를 통해 나타난 것과 비교하여 평가되어야 합니다. 하느님은 더는 자비와 진노 사이에 모호하게 계신 분이 아닙니다. 그분은 분명하게 우리를 향하십니다. 마르틴 루터의 말을 빌리면, 하느님은 "사랑이라는 빵을 빚어내는 화덕"입니다. 세상은 스스로 주인인 것처럼 행동하지만, 실제로는 생명에서 멀리 떨어져 어둠 속을, 죽음 속을 헤매고 있습니다. 오직 예수 그리스도의 빛을 통해서만 이러한 실상이 드러난다고 요한은 생각했습니다.

또한, 앞서 언급했듯 죄는 금지 행위 목록, 이것은 하고 저것은 하면 안 된다는 명령들의 목록을 따라 판별하는 것이 아닙니다. 요한에게 죄는 개별 범법 행위가 아닙니다. 그에게 모든 죄를 지배하는 죄는 불신앙, 즉 하느님으로부터의 분리입니다. 예수 그리스도의 계시가 이를 드러냅니다. 그리고 그리스도는 십자가에 달림으로써 이 죄를 없앴습니다. 신앙이란 성급하게 특정 교리를 받아들이는 것도, 몇몇 이야기들의 역사성을 주장하는 것도 아닙니다. 신앙이란 근본적으로 관계이며 인간과 그리스도, 생명의 기반이자 모든 것을 포괄하는 하느님과 관계를 맺는 것입니다. 신앙은 결코 우리가 해야만 하는 의무, 혹은 생명을 보상으로 받기 위해 직접 내릴 수 있는 결단이 아닙니다. 그 반대입니다. 신앙은 하느님의 말씀이 인간에게 말하는 방식, 생명을 주는 길입니다. 신앙을 갖게 된 이로서 인간이 할 수 있는 건 감사밖에 없습니다. 이는 기적이고, 선물이기 때문이지요. 이 선물을 받은 이는 자신을 당신께로 인도하시고, 믿을 수 있게 해주신 분께 감사를 올릴 뿐이지, 결코 자신의 선택을 내세우거나 자랑할 수 없습니다.

요한복음에서 생명은 생물학에서 정의하는 생명이나 먹고 마시는 것, 육체와 정신의 건강 그 이상입니다. 요한은 자신이 사용하는 용어들을 매우 명확하게 구분합니다. 생명은 우리 생명의 근원인 하느님, 그리스도와 관계를 맺음을 의미합니다. 그리스도는 자신의 죽음과 부활을 통해 죽음의 권세를 깨뜨리고 이겨냄으로써 우리에게 생명, 새롭고 영원한 생명을 줍니다. 요한의 이러한 사상은 다른 성서 구절, 구약 및 유대 전통, 신약성서 일부 사상과 긴장 관계에 있습니다. 많은 경우, 이는 그가 그리스도를 통해 나타난 계시의 결과를 훨씬 더 명확하고도 급진적으로 표현했기 때문입니다. 요한은 우리에게 자신을 다 내준 예수의 생명, 그 안에서 하느님의 사랑을 봅니다. 그렇기에 믿음은 죽음마저 극복합니다. 이 생명이 신앙을 통해 지금, 여기서 시작된다고 요한은 보았습니다. 오늘날에도 이 생명은 우리의 신앙 안에서 우리의 삶과 생각에 영감을 주고, 해방하고, 활력을 불어넣습니다. 이 생명을 전하는 요한복음은 그 대담함과 깊이에서 성서에 수록된 다른 대다수 책을 능가합니다.

7. 사랑의 윤리

그렇다면 이 영원한 생명은 실제 삶에 어떤 영향을 미칠까요? 구원의 확신, 하느님과의 화해, 하느님의 사랑은 개인적, 사회적인 삶에 어떤 영향을 미치고 변화를 일으킬까요? 그리스도교 공동체뿐만 아니라 사회와 다른 사람들과의 관계에 어떤 영향을 미칠까요?

(1) 요한복음에는 윤리가 없다?

선한 사마리아인의 비유(루가 10:30~37), 산상수훈(마태 5~7장), 일부 바울 서신 구절(이를테면 로마 12:1~2, 1고린 7:29~31)은 그리스도교 윤리를 개념화하고, 더 넓은 사회에서의 그리스도교 선교를 촉구하는 핵심 본문으로 자주 인용되는 반면, 요한복음은 윤리와 관련해 언급되는 경우가 거의 없었습니다. 일부 학자들은 요한복음이 그리스도교 윤리의 사회적 차원은 말할 것도 없고, 신약의 윤리를 말할 때 기여할 부분이 있는지 의문을 제기하기도 했습니다. 이들은 몇 가지 근거를 들어 자신들의 의문을 정당화했습니다.

우선, 요한의 사상은 다른 신약성서 전통보다 윤리와 관련해 명시적이지 않고, 상세하지도 않습니다. 서로 사랑하라는 명령(요한 13:34~35)을 제외하면, 요한복음에는 구체적인 윤리적 가르침이 거의 없습니다. 예수의 말이나 명령에 귀 기울이고 순종하라는 말은 있지만, 서로를 사랑하라는 것 외에 무엇에 순종해야 하는지, 어떻게 실천해야 하는지 별다른 설명을 제시하지는 않습니다.

또한, 요한복음은 (특히 고별 담화에서) 빛과 어둠, 혹은 제자 공동체와 "세상"처럼 근본적으로 이원론의 성향이 있는 듯한 인상을 줍니다. 그러므로 서로 사랑하라는 명령(요한 13:34~35) 역시 공동체에서의 관계로 한정된 명령으로 보이며, "세상", 즉 더 넓은 사회나 인류 전체에 대해서는 별다른 함의가 없는 것 같습니다.

이러한 이유로 적잖은 학자들은 요한복음을 종파주의적인 복음서, 분파적 행동에 영감을 주는 복음서로 간주하곤 했습니다. 집단 내 관계를 강화하면서 외부 세계와의 분리, 구분을 강조하는 내집단 본문in-group text으로 본 것이지요. 그러나 이것이 사실이라면 그리스도교의 사랑, 심지어 하느님의 사랑도 사회적 관계나 다른 사람과의 화해, 더 나아가 세계의 정의와 평화에는 아무런 영향을 미치지 못한 채 공동체 주변부에서, 기껏해야 그리스도교의 주변부에서 끝날 것입니다. 그러니 요한복음에 대한 이런 종파주의적인 해석은 부적절합니다.

이러한 해석들은 최근 학계의 연구 결과, 정교하게 분석한 본문 연구의 여러 중요한 면을 무시한 것이기도 합니다. 최근 연구들은 앞서 언급한 이야기와는 사뭇 다른, 윤리와 관련해 중요한 내용을 요한복음에서 길어 올리고 있지요.

(2) **세계관이 아닌 훈육 전략으로서의 이원론**

먼저 우리는 요한복음에 나오는 이원론 성향의 표현들과 그 기능을 다시 생각해 볼 필요가 있습니다. 이란의 아베스타 문서*가 출판된 18세기, 학자들은 요한복음에서 이원론을 발견했고 20세기 초에 이르러 종교사학파에 속한 학자들이 그 중요성과 이를 어떻게 주석할지를 두고 논쟁을 시작했습니다. 루돌프 불트만_{Rudolf Bultmann}은 영향력 있는 그의 요한복음 주석에서 요한복음의 주요 특징 중 하나로 이원론을 꼽았고, 복음서 저자가 그리스도교 이전의 영지주의 환경에서 이원론을 차용했다고 생각했습니다. 1947년 사해 두루마리가 발견된 이후, 학자들은 요한 사상의 뿌리를 다른 이원론 환경, 즉 사해 문서를 산출한 공동체에서 찾았습니다. 일부 학자들은 이 이원론을 요한 공동체의 발전에 대한 지표, 즉 유대-그리스도교 공동체에서 영지주의 성향의 공동체로 변해가는 과정을 추적할 수 있게 해주는 단서로 보았습니다. 요한 공동체가 적어도 일정 기간, 문서가 형성되는 주요 시기 동안에는 주변 세계로부터 고립된 외딴 집단이었으며, 그러한 상황에서 특정한 내집단 언어를 구사했다고 본 것이지요. 이렇게 학자들은 요한복음의 언어에서 실제 요한 공동체의 모습을 끌어내려 했고, 요한계 문헌은 이 외딴 공동체에서 구성원들이 서로에게 확신을 주기 위해 기록된 내집단 문서로 간주되었습니다.

하지만 최근 학계의 여러 연구는 이러한 결론이 유효하지 않다는 것을 입증했습니다. 다른 무엇보다 최근 학자들은 특정 문서를 구성

---

* 아베스타 문서는 조로아스터교의 경전으로 우주론과 법, 의례 및 예언자 자라투스트라(조로아스터)의 가르침을 담고 있다. 18세기 후반이 되어서야 이 문서는 조로아스터교 공동체 밖에 알려졌고 서구에서도 본격적인 연구가 시작되었다.

하는 언어가 반드시 그 공동체의 실제 구조를 반영하지는 않음을 지적했습니다. 언어에서 사회 구조를 추론하는 것은 유효하지 않습니다. 또한, 최근 학자들은 언어의 종교적 배경뿐만 아니라 그 실용적 기능에 대해서도 살펴보아야 함을 지적했습니다. 그러한 면에서 요한이 이원론 성향의 표현들을 쓰는 이유, 빛과 어둠, 생명과 죽음, 진리와 거짓을 대립시키는 방식은 페르시아 종교나 영지주의, 혹은 쿰란 공동체라는 종교적 배경으로 충분히 설명할 수 없습니다. 위에서 언급한 종교 문서들에서 발견되는 이원론과 요한복음에서의 이원론 사이에는 아주 중대한 차이가 있습니다. 요한복음은 언어는 단순히 특정 종교적 세계관을 드러내지 않습니다. 쿰란 공동체 본문이나 후대 영지주의 본문과 달리, 요한복음의 이원론, 대립하는 개념들의 쌍은 명확하게 정의된 부류의 사람들을 묘사하는 데 쓰이지 않습니다. 오히려 이 언어들은 본문을 역동적으로 만드는 실용적 기능이 있습니다. 요한은 이러한 용어와 소재들을 독자들을 어둠에서 빛으로, 또는 죽음에서 생명으로 이끌기 위해 씁니다. 복음의 선포라는 목적, 즉 예수 안에서의 신앙과 생명을 증진하기 위해 쓰는 것이지요.

또한, 요한복음이 고립된 내부자만을 위해 기록된 문서라는 것 역시 사실과 다릅니다. 오히려 요한복음의 목적은 본문이 말하고자 하는 바를 이해할 수 있는 "내부자"를 양성하는 데 있다고 보는 편이 타당합니다. 서사학에서 영감을 받은 최근 학자들은 요한복음에 들어 있는 다양한 훈육 요소를 밝혀냈습니다. 요한은 외부인들에게 자신의 통찰을 숨기지 않고, 도리어 여러 훈육 장치들을 사용하여 (외부인을 포함한) 독자들에게 자신의 견해를 전달했습니다. 요한복음은 맨 처음부터 핵심 주제, 특히 예수의 죽음을 이해하기 위한 단서들을 제공하며, 인물들 간의 상호작용과 이야기, 주석을 통해 독자를 '안내'해 독자가 본문과 상호작용하면서 이야기의 의미를 깨달을 수 있도록 독려하고 있습니다. 요한은 "물," "빵" 또는 "빛"과 같이 접근하기 쉬운 소재들을 사용해 독자를 끌어당기고 상호작용을 유도하며, "시간," "세상" 또는 "생명"과 같은 다양한 주제들을 반복하고, 변형, 확장함으로써 더 깊은 이해로 독자들을 이끕니다. 이러한 맥락에서 요한복음이 종종 수수께끼 같은 내용을 제시한다면, 그건 외부인들을 차단하기 위한 목적이 아니라, 독자가 더 깊은 이해에 다다르도록 자극하기 위한 장치로 볼 수 있습니다. 요한은 자신의 복음서를 독자가 이해하기를 원했습니다. 따라서 요한복음은 단순히 내부 집단의 구성원들을 위해서 쓰인 것이 아니라, 더 넓은 책의 세계를 살아가는 독자들에게 수용되기를 기대하며 기록되었다고 보아야 합니다. 요한복음은 그리스어 구약성서의 도입부를 능가하는 시작(요한 1:1, 70인역 창세 1:1 참조)과 책의 세계를 상상하게 하는 결론(요한 21:25)을 지닌, 책을 읽고 사랑하는 이들을 위한 책입니다.

요한복음은 고별 담화 속 제자들로 대표되는, 예수의 말을 듣고 부활 후 성령의 가르침을 받는 특정 신앙 공동체에 초점을 맞추었고, 이들을 첫 독자로 상정하고 있지만, 실제로는 "세상"에 대한 긍정적인 관점도 담아내고 있습니다. 이른바 대제사장으로서 하는 고별 기도의 마지막 부분에서 예수는 자신의 사명을 "세상이 알게"(요한

17:23) 되고, 심지어 "믿게"(요한 17:21) 되리라고 예견합니다.

따라서 당시 제자 공동체만 요한복음에 담긴 복음을 이해할 수 있는 것이 아닙니다. 다른 이들도 이를 알아차릴 것이며, 제자들이 서로 나누는 사랑(요한 13:34 참조)이 이 소통의 매개가 될 것입니다. 예수를 따르는 이들이 서로 사랑할 때 외부에 있는 이들도 그들이 예수의 제자임을 알게 되리라고, 그들의 제자됨과 영원한 생명의 표식을 보게 되리라고 요한은 믿었습니다. 이는 달리 말해 그리스도인들의 사랑이 공동체 내부에만 한정되지 않고 다른 사람들, 세상을 향해 뻗어나가야, 빛을 발해야 한다는 의미이기도 합니다. 요한복음에서는 사랑이라는 주제가 언제나 이원론을 덮습니다.

(3) 윤리의 모형으로서 예수, 그리고 하느님의 사랑

사랑이라는 주제는 예수가 죽음에 이르는 이야기와 밀접하게 연결되어 있습니다. 이는 예수가 자신의 생명을 내어 주는 것을 가장 높은 차원의 사랑으로 제시하는 요한복음 15장 13절에 잘 나타나 있지요.

> 사람이 자기 친구를 위하여 자기 목숨을 내놓는 것보다 더 큰 사랑은 없다. (요한 15:13)

(앞서 언급했듯) 3장 16절에서도 이러한 면모를 발견할 수 있습니다.

하느님께서 세상을 이처럼 사랑하셔서 외아들을 주셨으니, 이는 그를 믿는 사람마다 멸망하지 않고 영생을 얻게 하려는 것이다. (요한 3:16)

여기서 하느님이 아들을 내어 주는 사건은 세상을 향한 사랑의 행위로 해석됩니다. 지금까지 계속 강조했듯 요한복음의 핵심은 예수의 수난과 죽음의 의미를 올바로 이해하는 데 있습니다. 요한은 독자를 이 사건에 대한 더 깊고 참된 이해로 인도하는 것을 목표로 삼았습니다. 그가 제시한 십자가 사건은 인간의 가장 깊은 치욕 속에서 건져낸 최고의 영광이고, 극도의 굴욕 속에서 왕좌로 승격된 사건이며, 끝이 아니라 새로운 시작이고, 패배가 아닌 세상에 대한 승리입니다.

너희는 세상에서 환난을 당할 것이다. 그러나 용기를 내어라. 내가 세상을 이겼다. (요한 16:33)

이는 요한복음에 일관되게 흐르고 있는 그리스도론과 일치합니다. 예수가 참으로 성육신하신 말씀(요한 1:14)이고, 아버지가 보낸 아들(요한 3:17 등)이며, 심지어 아버지와 "하나"(요한 10:30)라면, 그는 죽음을 피하려 하지 않았을 것이며, 자신의 사명을 자발적으로, 자신의 주권을 온전히 발휘해 받아들였을 것입니다. 요한은 수난에서 예수가 감당한 이런 적극적인 역할을 사랑의 행위, 즉 사랑하는 사람들을 위한 죽음(요한 13:1~3), 혹은 고대 윤리학에서 중시했던 우정이라는 지평에서 보며 친구들을 위한 죽음(요한 15:13)으로 해석합니다. 하지만 더 나아가 이는 "세상의 생명을 위한"(요한 6:51) 행위이기도 함을 잊어서는 안 됩니다. 예수의 사랑은 우주적인 차원의 것이기도 합니다. 예수의 사명은 세상을 향한 하느님의 사랑(요한 3:16)에서 비롯되며, 하느님의 어린양은 세상의 죄를 지고(요한 1:29), 요한의 첫째 편지 2장 2절에서 강조하듯, "온 세상"의 죄를 지고 갑니다.

그러므로 요한복음에서 그리는, 예수 안에서, 예수를 통해 나타난 하느님의 사랑은 단지 자신의 사람들, 신앙으로 반응하는 사람들을 위해서만이 아니라 인류 전체를 위한 것입니다. 요한은 당시 정치 혹은 외교 영역에서 쓰던 "화해"('카탈라게'καταλλαγή)라는 용어나 관련 동사 "화해하다"('카탈라세인'καταλάσσειν)를 쓰지 않습니다(2고린 5:18~20 참조). 그러나 그리스도 사건, 예수를 보냄, 그의 죽음과 부활은 하느님이 세상과 화해하는 행위로 이해해야 합니다. 혹은 요한의 용어를 빌리면, "세상을 구원하시려는"(요한 3:17) 하느님의 노력으로 보아야 합니다.

세상을 향한 하느님의 사랑은 궁극적으로 모든 인류와의 교제를 목표로 합니다. 그리고 하느님은 이 화해의 수단으로 당신의 아들 안에서, 아들을 통해, 인류를 대신해 인간의 죽음을 감내하셨습니다. 요한복음에는 하느님이 인간의 자리에 대신 서는 장면, 하느님과 인간의 위치가 바뀐 미묘한 장면들이 여럿 있습니다. 예수는 체포되고 제자들은 풀려납니다(요한 18:8). 예수는 계속 감옥에 갇히고, "강도" 바라바는 석방됩니다(요한 18:40). 또한, 예수는 모범이 되는 제자와 자리를 바꿉니다.

> 예수의 십자가 곁에는 예수의 어머니와 이모와 글로바의 아내 마리
> 아와 막달라 사람 마리아가 서 있었다. 예수께서는 자기 어머니와
> 그 곁에 서 있는 사랑하는 제자를 보시고, 어머니에게 "어머니, 이
> 사람이 어머니의 아들입니다" 하고 말씀하시고, 그다음에 제자에게
> 는 "자, 이분이 네 어머니시다" 하고 말씀하셨다. 그 때부터 그 제자
> 는 그를 자기 집으로 모셨다. (요한 19:25~27)

이렇게 "사랑하는 제자"는 예수 어머니의 아들이 되고, 예수 자신은
십자가에 달려 죄인들과 그들이 지고 있던 죽음의 운명을 짊어
집니다.

앞서 살펴보았듯 이는 매우 대담한 해석입니다. 요한은 로마 군인
들의 잔인한 처형 방식을 하느님의 사랑에서 비롯한 자기희생, 피조
물인 인간에 대한 헌신의 행위로 해석합니다. 그는 독자들에게 이러
한 심오한 이해를 전달하기 위해 다양한 서술 기법을 사용합니다. 요
한은 독자들이 예수의 죽음이 인간의 악의나 배신, 권력자의 음모로
인해 일어났다고 생각하지 않기를 바랍니다. 이러한 해석에 맞서 그
는 십자가 사건이 하느님의 사랑에 뿌리를 둔, 그 사랑이 주도한, 따
라서 하느님이 당신의 사랑을 세상에 드러낸 사건으로 보아야 한다
고 말합니다.

또한, 요한복음은 이전에는 아무도 볼 수 없었던(요한 1:18) 유일하

신 참 하느님(요한 17:3)의 본질이 드러났다고 주장합니다. 이 계시는 육신이 된 말씀인 예수라는 인물, 좀 더 정확하게는 그에 관한 이야기에서 일어납니다. 요한의 첫째 편지는 예수의 성육신 이야기와 그의 구속적 죽음에서 하느님의 궁극적인 본질은 "사랑"이라는 결론을 끌어냅니다.

> 하느님의 사랑이 우리에게 이렇게 드러났으니, 곧 하느님이 자기 외아들을 세상에 보내 주셔서 우리로 하여금 그로 말미암아 살게 해주신 것입니다. 사랑은 이 사실에 있으니, 곧 우리가 하느님을 사랑한 것이 아니라, 하느님이 우리를 사랑하셔서, 자기 아들을 보내어 우리의 죄를 위하여 화목제물이 되게 하신 것입니다. (1요한 4:9~10)

하느님이 자신의 피조물에 애정을 갖고 있다는 생각은 히브리 성서에서 오랜 역사를 가지고 있습니다. 처음에는 아브라함과 이스라엘이라는, 그다지 인상적일 것 없는 소규모 집단을 선택한 이야기에서 이후에는 하느님이 "그의 모든 피조물을 사랑하신다"(지혜 11:23~24)는 선언에서 찾아볼 수 있지요. 같은 흐름에서 바울은 하느님이 성령을 통해 인간의 마음에 당신의 사랑을 부어 주셨고(로마 5:5), 우리 죄인들을 위한 그리스도의 죽음으로 당신의 사랑을 보여 주셨다고 말했습니다(로마 5:8). 이러한 흐름은 요한복음과 요한 서신들로 이어졌고 이 문헌들에서 절정에 이릅니다. 요한 문헌에서는 예수의 죽음을 하느님의 사랑의 행위로 해석하는 데서 한 걸음 더 나아갑니다. 이 기록들에 따르면 예수의 죽음은 하느님이 곧 사랑임을 보여 주는 증거입니다. 요한의 눈에 예수에 관한 이야기는 성서가 말하는 하느님의 궁극적 본질을 일종의 공식으로 끌어낼 수 있는 원천입니다. 이렇게 그리스도론은 신학이 됩니다. 하느님이 사랑 그 자체라고 이야기하는 이 특별한 신학은 새로운 윤리의 원천으로 인간이 지녀야 할 태도 및 행동에 대한 모범이자 영감의 원천으로 작용할 수 있고, 그래야만 합니다.

요한에게 인간 행동의 궁극적인 기준은 오직 사랑의 모범이신 예수, 혹은 사랑의 하느님일 수밖에 없습니다. 요한복음 이야기에 따르면, 세상을 향한 하느님의 사랑은 그분의 말씀을 성육신했고, 자신의 가장 소중한 부분, 즉 독생자를 내어 주게 했습니다(요한 3:16). 그리스-로마 신들에 대한 이해나 구약성서에 있는 이스라엘의 하느님 이해와 견주어 볼 때, 이는 혁명적인 발돋움입니다. 신이 이처럼 자신의 신성이라는 "한계"를 넘어 인간성, 구체적인 인간의 삶의 이야기, 심지어 가장 비인간적인 죽음까지 짊어졌다면, 이는 당연히 인간의 행동과 행위에 영향을 미칠 수밖에 없습니다.

요한의 결론이 예수의 사랑이라면(요한 13:34~35), 그의 사랑을 본받아 그를 따르는 이들은 공동체 내부의 경계, 다른 그리스도교 공동체 사이에 있는 경계에 제한을 두지 않고 하느님을 닮는 방식('이미타티오 데이'Imitatio Dei), 혹은 그리스도를 본받는 방식('이미타티오 크리스티'imitatio christi)으로 경계를 넘어 다른 이들, 화해하지 못한 이들을 찾아 나서야 합니다. 요한복음에 나오는 하느님의 참된 본성에 대한 통찰을 사랑의 척도나 기준으로 삼는다면, 약자와 잃어버린 자를 향한 사랑의 시선, 한계 없는 정의와 화해에 대한 헌신은 당연한 결과일 수밖에 없습니다. 그러므로 성육신이라는 요한복음의 주제에 들어 있는 윤리적 의미는 이렇게 표현할 수 있습니다. "하느님이 하신 것처럼 행하라, 참 인간이 되어라!"

⑷ 요한의 윤리에 대한 자세한 설명들

어떤 이들은 요한이 요구하는 윤리가 지나치게 수준이 높으며, 그러다 보면 순전히 관념에만 머무를 수 있다는 우려를 보내기도 합니다. 하지만 이는 사랑을 순전히 감정으로, 내면에서 일어나는 애정으로 이해하는 현대의 낭만주의적 사랑 이해 때문입니다. 오늘날 소설과 대중음악 세계에서 이러한 이해를 쉽게 확인할 수 있지요. 그러나 고대의 맥락에서 사랑은 이와 다릅니다. 비록 요한복음에서 사랑이 어떠한 실천을 요구하는지 자세히 설명하고 있지는 않으나, 적어도 이론적이고 낭만적인 사랑이 아닌 것은 분명합니다. 실천으로 이어지는, 구체적인 사랑이지요.

이는 요한복음의 배경이 되는 공동체에서 나온 또 다른 문서인 요한의 첫째 편지에서 좀 더 분명하게 엿볼 수 있습니다. 어떤 면에서 요한의 첫째 편지는 요한복음의 이야기를 이해하도록 돕는, 역사적으로 요한복음과 가장 가까운 시기에 쓰인 일종의 주석서라고도 할 수 있습니다. 이 문헌은 공동체에서 심각한 갈등이 일어난 상황을 전제하고 있는 것처럼 보입니다. 그리고 이를 염두에 둔 채 저자는 좀 더 분명하게 일정한 윤리를 제시하고 있습니다. 가족과 같은 강한 유대감과 가난한 이들을 위한 물질의 지원을 언급하지요. 당시 교회의 일부 (현재, 혹은 이전) 구성원들은 자신의 소유와 살림('비오스'βίος, 1요한 2:16)을 자랑했던 것 같습니다. 저자는 이들을 세상을 사랑하는 사람, 아버지에 대한 사랑이 없는 사람으로 묘사합니다.

> 여러분은 세상이나 세상에 있는 것들을 사랑하지 마십시오. 누가 세
> 상을 사랑하면, 그 사람 속에는 하늘 아버지에 대한 사랑이 없습니
> 다. 세상에 있는 모든 것, 곧 육체의 욕망과 눈의 욕망과 세상 살림
> 에 대한 자랑은 모두 하늘 아버지에게서 온 것이 아니라, 세상에서
> 온 것이기 때문입니다. (1요한 1:15~16)

3장 17절에서 그는 더 명확한 설명을 제시합니다.

> 누구든지 세상 재물을 가지고 있으면서, 자기 형제자매의 궁핍함을
> 보고도, 마음 문을 닫고 도와주지 않으면, 어떻게 하느님의 사랑이
> 그 사람 속에 머물겠습니까? (1요한 3:17)

여기서 저자는 다시 '비오스'("재물")라는 용어를 써서 "세상의 재물을 가지고 있으면서, 자기 형제자매의 궁핍함을 보고도, 마음 문을 닫고 도와주지 않"는 사람을 질타합니다. 일상, 혹은 공동체 생활에서 어려움을 겪는 이와 연대하기를 거부하거나 외면하는 것은 '가족'으로

서 해야 할 일을 저버리는 것이라고 저자는 생각했습니다. 아마 이는 요한 학파의 기본 정신이었을 것입니다. 형제자매에게 "마음 문을 닫"는 것으로 묘사되는 지원 거부는 사랑의 계명을 위반하는 것이면서, 형제자매에 대한 증오를 드러내는 것이기도 합니다. 이렇게 요한의 첫째 편지는 사랑이라는 계명을 어떻게 실천해야 하는지를 좀 더 구체적으로 제시합니다. 바로 일상 가운데 물질적으로 궁핍한 사람들을 돕는 것입니다. 사랑은 행동을 수반해야 하며, 그렇지 않으면 사랑이 아닙니다.

물론 요한의 첫째 편지는 여전히 집단 내 구성원들의 연대, 요한 공동체가 위기를 겪는 중에 공동체로서 유대감을 갖고 실천하는 것에 대해 이야기하고 있는 것이 사실입니다. 구체적인 상황도 내부 집단에 관한 이야기로 한정되어 있지요. 그러나 요한의 첫째 편지와 요한복음은 사랑의 한계 없는 성격에 대해 성찰하고 있으며, 이러한 시각은 사랑이 내부 집단, 자신이 속한 공동체, 더 나아가서 전체 그리스도교 공동체를 넘어 뻗어나갈 수 있게 해주는 실마리가 되어 줍니다. 예수가 사랑을 명령할 때 이미 그러한 행동을 가리키고 있기 때문입니다. 믿지 않는 이들은 제자 공동체가 서로 사랑하는 모습에서 제자됨의 특성을 발견하게 될 것이고, 제자 공동체에서 발견하지 못한다면 어디에서도 결코 그런 사랑을 발견하지 못할 것입니다.

세부 내용에서는 여전히 풀어야 할 숙제가 많습니다. 그러나 도움이 필요한 이들을 돌보고, 정의와 평화, 화해를 위해 일하는 것에는 한계가 없고 이 일을 위해 예수를 따르는 이들이 부름받았다는 것은 분명합니다. 이 길이 하느님의 사랑, 우리를 대신해 죽음을 감내한 예수를 통해 드러난 사랑, 우리를 끊임없이 일깨우는 사랑에 부합하는 유일한 길입니다.

03

현대인을 위한 요한복음 읽기

오늘을 사는 우리가 요한복음을 더 잘 읽으려면 어떻게 해야 할까요? 이 책을 더욱 잘 즐기고, 이 책의 문학 작품으로서의 면모를 잘 음미하려면 어떻게 해야 할까요? 좀 더 깊은 통찰을 얻으면서도 이 다면적인 본문이 지닌 개방성에 우리를 열고 자극을 받는 길은 어디에 있을까요?

요한복음은 평범한 독자든, 전문 학자든 누구나 언제든 새로운 측면을 발견할 수 있는, 새로운 시각을 얻을 수 있을 만큼 깊이 있는 책입니다. 이전에 살았던 모든 이와 앞으로 살아갈 모든 이에게 이 본문은 언제고 새로운 문제와 흥미로운 질문을 던져줄 것입니다. 그렇기에 요한복음을 탐구하는 일은 결코 지루할 수 없는 작업입니다. 새로운 통찰을 향해 우리를 계속 나아가게 해주지요.

아우구스티누스의 말처럼 요한복음은 어린아이도 물장구칠 수 있을 정도로 쉽지만, 코끼리가 헤엄칠 수도 있을 정도로 깊습니다. 전모를 파악하기란 결코 쉽지 않지만, 비잔티움 성화 속 예수가 관찰자들을 향해 말을 건네듯 요한복음은 직접적으로 독자에게 말을 건넵니다. 지금부터는 요한복음 연구와 관련해 19세기~20세기의 비평 해석이 어떠한 방식으로 이루어졌는지 간략하게 살핀 뒤, 오늘날 요한복음 해석의 발전 양상과 이 복음서를 이해하도록 돕는 다양한 관점을 이야기해 보도록 하겠습니다.

1. 19세기와 20세기 학문이 던진 문제들

계몽주의 시기를 거치며 역사 비평의 등장과 함께 사람들은 복음서의 구성, 역사성, 역사 자료로서의 가치를 두고 의문을 제기하기 시작했습니다. 성서 기록을 더는 다른 책과 다른 특별하고 '신성한' 해석학으로 읽을 수 없게 되었지요. 성서의 진의는 더는 교회 권력이 정하는 것이 아니라 "자유로운 조사"를 통해 연구되고 가능하다면 입증되어야 하는 것이 되었습니다. 같은 맥락에서 사람들은 요한복음의 기원에 대한 전통적인 견해들에 대해서도 의문을 제기했습니다. 다른 복음서들과는 너무나도 다른 이 복음서가 전통적인 견해대로 정말 예수를 직접 보고, 예수와 동행했던 목격자의 작품인지, 90세 정도는 되었을 나이에 과거의 모든 일을 정확히 기억할 수 있는지, 초기 교회의 논쟁들을 반영한 후대의 신학 관점을 반영하고 있는 건 아닌지 사람들은 물었습니다.

이와 관련해 당시 커다란 영향력을 갖고 있던 페르디난트 크리스티안 바우어Ferdinand Christian Baur를 위시한 튀빙겐 학파에서는 요한복음이 "말씀"(요한 1:1) 개념에서 출발하는 신학 이야기를 제공하는 자료일 뿐이며, 역사 자료로서의 가치는 거의 없는 관념적인 이야기라고 주장했습니다. 어떤 학자들은 요한복음의 배경에 사도 요한의 교리강의가 있었던 것 같다고 가정했습니다만 이를 뒷받침하는 증거를 발견하지는 못했습니다. 그렇기에 19세기 요한복음에 대한 학자들의 견해는 별다른 합의를 보지 못한 채 불확실한 상태로 남았습니다. 이에 비해 공관복음의 경우 학자들은 각 복음서 간 상호 연관성을 훨씬더 명확히 확인할 수 있었고, 일정한 결과를 도출했지요.

1900년경 학자들은 문헌 비평 방법을 요한복음 연구에 적용하기시작했습니다. 오경에 대한 분석으로 유명한 율리우스 벨하우젠Julius Wellhausen은 요한복음 배후에 더 오래된 출처, 즉 기초 문서가 있다고가정했으며, 이는 예수에 대한 사료로서 마르코복음과 어깨를 나란히 할 수 있을 만큼 가치가 높다고, 이후 편집자들이 문체를 수정해요한복음을 만들었다고 보았습니다. 또 다른 학자들은 복음서 저자가 채택했을 기적 이야기들의 출처를 찾기 시작했습니다. 20세기 가장 영향력 있는 신약학자인 루돌프 불트만은 그의 요한복음 주석서에서 매우 상세한 출처 분석을 제시했지요. 그에 따르면, 요한복음의저자는 네 가지 출처(서문, 기적, 설교, 수난)를 사용했으며, 이들을 자신의 작품에 통합했습니다. 여기서 더 나아가 불트만은 대담하게 요한복음은 어떻게든 순서가 어긋났고, 교회의 편집자가 잘못된 본문 순서와 교리에 입각한 수정을 가해 출판했을 것이라고 주장했습니다. 또한, 그는 당시 동방 영지주의 사본의 발견에 흥분한 나머지, 요한이 세례 요한의 제자 집단 중 세례 요한을 구원자로 이해하던 영지주의 제자 집단 출신이며, 이와 관련된 일부 자료를 예수에게 적용했다고 가정했습니다. 불트만은 의식 있는 신학자였으며, 오늘날 복음을 어떻게 전해야 하느냐는 문제에 관심을 기울이기도 했습니다. 그런 그에게 그리스도교 이전에 있던 신화들을 '역사화'historicization, 혹은 '탈신화화'demythologization한 요한복음의 작업은 현대 교회가 어떻게 신약성서의 신화적 내용을 철학적 관심(그의 시대의 경우에는 실존주의)에 비추어 해석해야 할지를 보여 주는 좋은 모형이었지요. 이렇게 불트만은 문헌사, 종교사 연구와 당대 철학에 기반을 둔 해석학을 긴밀하게 연결했고 그의 신학은 독일 신학계에 커다란 영향을 미쳤습니다. 모두가 그의 신학을 긍정하기만 한 것은 아닙니다. 영국 학계는 그만큼 열광하지는 않았고, 주저하면서 부분적으로만 따랐지요.

1975년 이후 성서학계에는 두 가지 큰 발전이 있었습니다. 첫 번째 발전은 종교사 분야에서 일어난 발전으로, 사해의 쿰란 지역에서 사해 문서가 발견된 뒤 촉발되었지요. 학자들은 이 팔레스타인 유대교 문헌에서 (요한의 사고와 유사한) 빛과 어둠의 이원론을 발견했고, 그 결과 불트만이 내놓았던 주장은 흔들렸습니다. 많은 학자는 요한복음이 유대 전통과 사상에 훨씬 더 깊게 뿌리 내리고 있다는 사실을 발견했습니다. 요한복음의 저자가 쿰란 문서를 실제로 알고 있었거나 의존했을 가능성은 거의 없습니다. 그럼에도 불구하고 사해 문서의 발견은 요한복음을 일종의 영지주의 문서로 보는 해석에 종지부를 찍었고, 이 복음서 배후에 훨씬 더 많은 유대교 전통이 자리하고 있음을 보여 주었습니다.

두 번째는 방법론의 발전입니다. 불트만은 주로 본문의 신학 사상에만 관심을 집중했습니다. 본문의 역사적 배경이나 실제 예수의 역사, 혹은 복음서의 수신자들이 처한 상황에는 별달리 주목하지 않았지요. 그러나 다른 학자들이 역사와 관련된 질문들을 다시 던지면서 1970년대 들어 새로운 시도가 일어났습니다. 그들은 요한 공동체의 역사적, 신학적 발전을 재구성하려 했지요. 학자들은 요한이 요한복음을 쓰며 자료를 사용하고, 편집할 때 초기 교회의 발전을 반영한다고 가정했습니다. 그리고 유대인들을 중심으로 한 초기 예수 운동 시대, 고그리스도론을 특징으로 하는 요한복음 저자의 시대, 성사와 성찬에 관심을 기울이고 미래에 일어날 부활을 고대하던 교회 편집의 시대 이렇게 세 단계로 시기를 나누었지요. 하지만 이러한 신학의 역사는 가설이며 복음서 안에 존재하는 다양한 층위를 두고 내린 해석에 의존하고 있습니다. 그렇기에 이를 바탕에 둔 설명이 꽤 그럴듯하게 보이더라도 여기에 쓰이는 논증은 순환논증의 오류를 벗어나지 못하는 경우가 많습니다. 본문이 어떻게 배열되었는지에 대한 '해석'이 역사의 재구성에 영향을 미치고, 이렇게 재구성된 역사에 관한 생각들(이를테면 유대인 중심 그리스도교에서 이방인 중심의 그리스도교로 발전했다는 생각, 교리가 생기고 발전했다는 생각)이 다시금 본문을 해석하는 데 영향을 미치니 말이지요.

2. 요한복음에 대한 최근의 관점들

1970년대와 80년대에 이르러 학자들은 새로운 방법과 질문을 가지고, 특히 언어학과 문학 연구의 방법으로 본문에 접근하기 시작했습니다. 최근 연구는 주로 이러한 방식으로 이루어지고 있지요. 요한이 작가로서 발휘한 기술에 주목하는 최근의 연구 성과에 대해 이야기하기 전에 이 시기에 일어난 중요한 변화를 이야기하고 넘어가겠습니다.

(1) 학계의 변화

신약성서 연구는 제2차 세계대전 이후 다양한 면에서 커다란 변화가 있었습니다. 영국과 프랑스에서도 중요한 연구를 하긴 했지만, 그 전까지는 성서학을 주도한 국가는 독일이었습니다. 그러나 세계대전 이후 성서학은 점점 더 세계화되었습니다. 오늘날 대부분의 학문 논의는 영어로 이루어지고 있지요. 또한, 그전까지 성서학을 주도한 이들은 주로 개신교 학자들이었습니다. 하지만 이러한 경향도 바뀌고 있습니다. 제2차 바티칸 공의회 이후 로마 가톨릭 학자들도 역사비평을 중심으로 성서 본문을 연구할 수 있게 되었고 유대교 학자들, 많은 세속 문헌학자 및 역사가들도 토론에 참여하고 있습니다. 오늘날 전 세계 성서학자들은 인종, 종교와 무관하게 국제적으로 협력하고, 교류하고 있습니다. '학계'에서는 이런 식으로만 연구가 이루어집니다.

가장 중요한 변화는 신약학 연구의 방법론이 변화한 것입니다. 그

전까지 신약학은 주로 본문의 문헌사, 즉 본문이 어떤 사료들을 참조했는지, 어떤 신학을 제시했는지에 관심을 기울였습니다. 그러나 이 시기 학자들은 새로운 질문을 던지기 시작했습니다. 우선 언어학과 문학 연구의 통찰을 받아들여 자료비평이나 편집비평을 비판했고, 복음서를 공시적 관점에서 하나의 통일된 문헌으로 읽어야 한다고 제안했습니다. 수사학, 사회학 같은 타 분야의 연구들도 영향력이 커졌고, 최근에는 특히 세계 신학에서, 탈식민주의를 바탕으로 한 많은 해석이 요한 문헌의 광대한 잠재력을 새롭게 끌어내고 있지요. 이제 요한 문헌은 단순히 교리를 제공하는 것을 넘어 독자를 다양한 상호작용에 참여시키고 있습니다.

(2) 요한의 문학 기술

이전 연구들이 주로 복음서의 자료를 역사적으로 탐색하고 사료로서 얼마나 가치가 있는지에 관심을 기울였다면 최근 연구는 서사학에서 영감을 받아 본문의 이야기로서의 특성, 극적인 면모, 훈육의 측면, 문학 기술 같은 부분에 주목하고 많은 통찰을 길어 올렸습니다.

하나의 통일된 문학 작품으로서 요한복음은 부활 이후의 관점으로 나자렛 예수의 인생 여정을 회고하는 작품이라 할 수 있습니다. 후대에 갖게 된 신학적 통찰로 전체 이야기를 새롭게 조명한 것이지요. 요한은 부활 사건 이후 (성령의 인도를 받아) 갖게 된 기억으로 이야기를 표현합니다. 그러한 면에서 요한복음은 두 관점(기본적인 일화들과 부활 이후의 해석, 이야기와 담론)이 포개지고 긴장을 이루면서 의미를 생성한다고 할 수 있습니다. 이는 지상에서 예수가 살았던 모습을 다룬 이야기들이 그저 상징으로 '희석'된다는 뜻이 아닙니다. 이야기에는 독자들이 감지할 수 있는 구체적인 공간과 시간이 있으며, 이를 통해 의미를 유지합니다. 요한복음은 분명 이렇게 실제적인 이야기, 즉 성육신한 예수의 이야기를 서술하고 있습니다.

요한은 독자들이 각 일화에 관한 이야기들의 의미를 새기면서 동시에 이 일화를 넘어 이야기 전체를 향하도록 이야기를 설계했습니다. 이러한 설계 아래 개별 일화들(이를테면 요한 2:1~11과 같은 표징 이야기, 요한 12장에 나오는 입성 이야기, 요한 13장에 나오는 세족식 이야기)은 그리스도 사건 전체를 가리키는 하나의 사례, 단서, 교훈으로 기능하지요. 그러한 면에서 각 일화는 단순히 먼 과거에 일어난 사건이 아닙니다. 요한은 일화와 일화를 연결하는 요소와 설명을 집어넣음으로써 그 일화들이 전체 이야기의 일부로 기능하게 했습니다. 그러므로 요한복음은 전체 이야기를 아우르는 관점, 혹은 부활 이후 갖게 된 관점에서 과거를 돌아보는 방식으로 읽어야 합니다. 독자의 현재와 요한복음 이야기는 그렇게 연결됩니다. 요한은 복음서 이야기 전체를 독자의 현재와 연결하기 위해 각 '표징'에 관한 이야기를 고안했습니다.

요한은 자신이 전하고자 하는 의미를 각각의 이야기를 통해 전합니다. 특히 인물, 그들의 성격, 말을 통해 전달하지요. 요한복음에 등장하는 ('애제자'를 제외한) 대다수 인물은 예수의 정체를 오해하며, 예수를 만난 어떤 인물도 순수한 모범으로 보기 어렵습니다. 등장인물의 이러한 다양한 면모를 통해 독자들은 본문과 '얽히게' 되며, 그 안에서 생각을 형성하고, 이야기에 등장하는 인물과 그 의미 그리고 예수가 하는 말에 어떻게 반응할지, 어떤 입장을 취할지를 결단하라는 도전을 받게 됩니다. 이야기 속 등장인물은 독자들이 본문을 더 잘 이해하도록 도우며, 어떤 경우에는 예수를 향한 고백, 예수에 대한 앎에 이르는 모형이 되어 줍니다. 이야기는 이렇게 등장인물과 의미를 암시하는 해설들을 통해 독자의 반응을 유도하고 통찰력을 갖도록 도우며 읽는 과정을 '안내'합니다.

또한, 요한은 다양한 주제("빛," "세상," "때" 등)를 반복하고, 재개하고, 변형하고, 확장합니다. 이러한 요한의 이야기 기술을 통해 독자들은 본문을 읽는 동안 점점 더 정확하게 생각할 수 있게 되고 의미를 길어 올릴 수 있게 됩니다. 보다 정확히 생각하고 의미를 발견하도록 본문 자체가 독자들을 이끕니다. 달리 말하면, 요한의 "다시 읽기"relecture 기법이 독자를 좀 더 깊은 독서 과정으로 인도하는 것이지요.

독자들이 쉽게 본문에 접근할 수 있고 연결될 수 있도록 요한은 소재들(물, 빵, 목자, 포도나무뿐 아니라 출생, 결혼, 가족, 성전, 정원 등)을 구약성서나 당시 환경에서 가져옵니다. 그는 이 소재들을 다양하고 변화하는 의미를 형성하기 위한 은유, 혹은 상징으로 개발했으며 이 은유와 상징들은 더 넓은 은유의 망과 연결되어 독자들이 (폴 리쾨르 Paul Ricœur의 말을 빌리면) 의미의 세계에 "거주"할 수 있게 합니다. 이런 요한의 문학 기술을 통해 독자는 기존에 갖고 있던 삶, 세계에 대한 이해에 도전하는, 또 다른 의미 세계와 마주하게 됩니다.

요한복음은 처음부터 때로는 분명하게, 때로는 암시를 담은 해설을 담아 본문에 등장하는 이야기를 올바르게 이해할 수 있는 많은 단서를 제공합니다. 특히 수난 이야기, 예수의 죽음, 부활, 진정한 정체성을 다룰 때 그러하지요. 여기서도 우리는 요한의 분명한 신학적 의도를 엿볼 수 있습니다.

요한은 능숙한 방식으로 이야기를 서술했고 교훈을 면밀하게 배치했으며, 은유, 상징을 적절하게 연결해 의미를 생성했습니다. 그 결과 요한복음은 본문의 힘을 지니고 있어 독자의 반응을 유도하지요. 요한복음의 이야기들은 그저 먼 과거에 일어난 일련의 사건들을 다룬 기록으로 읽을 수 없습니다. 이야기가 이를 허용하지 않습니다. 본문은 언제나 과거를 현재로 끌어들여 독자가 본문의 세계를 마주하고 자신의 과거를 성찰함으로써 현재의 도전에 대처하도록 돕습니다.

3. 요한복음을 어떻게 읽어야 할까?

요한복음에 대한 주석서를 써달라는 의뢰를 받고 저는 다양한 관점으로 이 본문을 읽기로 결정했습니다. 서사학의 관점, 문학적 관점으로 본문을 읽으면서 역사적으로 고려해야 할 사항들을 포함하고 마지막으로 다양한 신학 주장들과 문제를 개괄하는 식으로 큰 틀을 세웠지요. 지금부터는 몇 가지 예를 들어 최근 수십 년간 발전된 연구를 적용했을 때 요한복음을 어떻게 읽을 수 있는지를 보여 드리려 합니다. 문학적, 신학적 관점에서 요한복음을 어떻게 읽을 수 있을지에 대한 맛보기라고 할까요.

(1) 전체를 읽기

요한복음을 읽을 때는 문맥에서 작은 부분이나 특정 구절을 떼어뜨려 읽을 게 아니라 전체 본문, 전체 이야기, 극의 흐름을 염두에 두고, 그 위에서 읽어야 합니다. 그렇기에 요한복음은 한 부분 이상을 읽어야만, 반복해서 읽어야만 전체를 이해할 수 있습니다. 요한은 독자가 반복하여 읽고, 그 안에 머무르도록 본문을 고안했습니다. 마치 말씀이 이 세상에 머물렀듯 우리는 이 본문에 머물러야 합니다.

(2) 악보의 음자리표에 신경 쓰기

요한복음은 서문부터 시작됩니다. 요한복음의 중추라 할 수 있는 이 서문은 말씀, 그분에 의한 세상의 창조, 성육신을 인상적으로 기술합니다. 하지만 이 서문을 별도의 신학 본문으로, 자료로, 찬송가로 읽지 않도록 유의하십시오. 이 서문은 앞으로 진행될 이야기를 읽기 전 제시된 전제, 악보가 시작되기 전 음조를 알려 주는 음자리표로 읽어야 합니다. 가장 중요한 부분은 마지막 구절, 그중에서도 마지막에 있는 쉼표입니다.

일찍이, 하느님을 본 사람은 아무도 없다. (그러나) 아버지의 품속에

계신 외아들이신 하느님께서 하느님을 알려 주셨다. (요한 1:18)

"일찍이," 하느님을 본 사람은 아무도 없었습니다. 요한은 이를 통해 예수 없이도 하느님을 알 수 있다는 모든 주장에 일격을 가합니다. 구약성서에 등장하는 인물들은 하느님을 직접 보지 못했습니다. 모세는 하느님이 지나가실 때 바위틈에 숨어야 했습니다. 하느님을 안다고 주장하는 신비주의자들도 하느님을 직접 보지는 못했습니다. 하느님의 유일한 계시는 예수 그리스도 안에 있으며, 이는 앞으로 서술될 예수의 이야기 안에서만 찾을 수 있다고 요한은 말합니다.

너희가 나를 알았더라면 내 아버지도 알았을 것이다. 이제 너희는 내 아버지를 알고 있으며, 그분을 이미 보았다. (요한 14:7)

나를 본 사람은 아버지를 보았다. 그런데 네가 어찌하여 "우리에게 아버지를 보여 주십시오" 하고 말하느냐? (요한 14:9)

다른 모든 종교적 주장은, 그 주장들이 아무리 경건할지라도 요한복음은 거짓으로 간주합니다. 하느님을 진정으로 알 수 있는 유일한 방법은 예수와 그의 이야기, 십자가의 길, 그의 사랑뿐입니다. 이 계시는 이어지는 본문에서 독자들의 눈 앞에 펼쳐집니다.

(3) 순서대로 읽기

　요한복음에서 이야기는 본문의 순서, 시간의 순서를 따라 차례로 이어집니다. 한 이야기에 이어 다른 이야기가 나오지요. 본문 순서를 따라 다양한 용어와 주제, 개념이 반복되고 또한 발전됩니다. 특정 구절의 몇몇 측면은 처음에는 불분명했다가 이야기가 이어짐에 따라 이후에 의미가 명확해질 수 있다는 뜻이지요. 이를테면 가나의 혼인 잔치 이야기에서 예수는 말합니다.

　　아직도 내 때가 오지 않았습니다. (요한 2:4)

이때 "내 때"란 무엇을 의미하는지 처음 글을 읽는 독자는 알 수 없습니다. 기적을 행하는 때를 말하는 것일까요? 그러나 이때는 이미 이루어진 것처럼 보입니다. 그 말을 한 직후에 물을 포도주로 만드는 기적을 행하기 때문이지요. 그것이 아니라면 다른 때를 말하는 것일까요? 이 단어의 의미는 요한복음 7장 30절과 8장 20절에 이르러서야 명확해집니다. 사람들이 예수를 붙잡으려고 하지만, "그의 때가 아직 이르지 않았기 때문"에 붙잡지 못하는 부분이지요. 이 지점에 이르러서야 독자는 이 "때"라는 것이 예수의 수난과 관련이 있으며, 예수가 죽음을 맞이하는 시간임을 이해하게 됩니다. 이처럼 본문의 의미는 서서히 드러나며, 독자는 이야기의 흐름을 따라가는 가운데 더 깊은 의미를 깨닫게 됩니다. 그렇기에 요한복음은 때때로 반복해서 읽어야 할 필요가 있습니다. 요한은 그런 방식으로 복음의 의미가 전달되게, 본문이 자신을 설명하게 복음서를 기술했습니다. 그리고 이러한 면에서 요한복음은 신비로운 본문, 봉인된 본문이 아니라 독자에게 분명한 교훈을 주려는, 계시를 알리려는 본문입니다.

(4) 개방성을 존중하기 - 상징 언어

요한복음은 분명 우리에게 그 의미를 밝히 드러내려는 본문입니다. 그럼에도 불구하고 요한복음 이야기에는 모호한 부분, 열린 구절들이 존재하며, 이는 그 나름대로 중요합니다. 이 지점에서 독자들은 이야기와 의미에 대해 능동적으로 곱씹어 볼 수 있기 때문이지요. 정확하고 명확하게 묘사되지 않는 부분에서 우리의 상상력은 발동하고 생각이 활발해지기 마련이며, 본문에 더 적극적으로 참여하게 됩니다. 그렇기에 이야기와 상징은 논증이나 교리(이를테면 바울 서신)보다 더 효과적으로 의미를 전달합니다.

요한은 특히 상징 언어를 자주 사용합니다. 요한복음에서 예수는 자신을 포도나무에, 신자들을 가지에 빗댑니다.

나는 참 포도나무요, 내 아버지는 농부이시다. 내게 붙어 있으면서도 열매를 맺지 못하는 가지는, 아버지께서 다 잘라버리시고, 열매를 맺는 가지는 더 많은 열매를 맺게 하시려고 손질하신다. 너희는, 내가 너희에게 말한 그 말로 말미암아 이미 깨끗하게 되었다. 내 안에 머물러 있어라. 그리하면 나도 너희 안에 머물러 있겠다. 가지가 포도나무에 붙어 있지 아니하면 스스로 열매를 맺을 수 없는 것과 같이, 너희도 내 안에 머물러 있지 아니하면 열매를 맺을 수 없다. 나는 포도나무요, 너희는 가지이다. 사람이 내 안에 머물러 있고, 내가 그 안에 머물러 있으면, 그는 많은 열매를 맺는다. 너희는 나를 떠나서는 아무것도 할 수 없다. (요한 15:1~5)

가지가 생명을 유지하려면 나무에 접해 있어야 하며, 믿는 이들의 상황도 이와 같다고 예수는 이야기합니다. 또한, 그는 선한 목자에 대해 말하며 모든 사목자가 해야 할 활동의 기준을 설정합니다.

나는 선한 목자이다. 선한 목자는 양들을 위하여 자기 목숨을 버린다. 삯꾼은 목자가 아니요, 양들도 자기의 것이 아니므로, 이리가 오는 것을 보면, 양들을 버리고 달아난다. 그러면 이리가 양들을 물어가고, 양 떼를 흩어 버린다. 그는 삯꾼이어서, 양들을 생각하지 않기 때문이다. 나는 선한 목자이다. 나는 내 양들을 알고, 내 양들은 나를 안다. 그것은 마치, 아버지께서 나를 아시고, 내가 아버지를 아는 것과 같다. 나는 양들을 위하여 내 목숨을 버린다. (요한 10:11~15)

이와 같은, "나는 ... 이다"라는 공식을 통해 예수는 자신을 빵이라고, 빛이라고, 문이라고 말합니다. 어디에서든 흔히 볼 수 있는 소재들이어서 누구나 이를 이해할 수 있지요. 모든 사람은 생명을 유지하려면 빵을 먹어야 합니다. 영원한 생명으로 이끄는 참된 양식, 더 깊은 의미에서는 우리를 참으로 배부르게 하는 유일한 빵, 아침에 모든 피조물에 빛을 비추는 빛, 그가 바로 예수입니다. 또한, 예수는 아버지께 이르는 유일한 문이자 유일한 길, 즉 양의 문이라고 스스로를 설명합니다.

물론 요한이 쓰는 모든 은유가 처음부터 그렇게 명확하게 이해되지는 않습니다. 사전을 찾는다고 그 의미가 명료해지지도 않습니다. 어떤 은유는 그 의미가 본문에서 뒤바뀌고 변형되니 말이지요. 사마리아 여인 이야기를 보십시오.

> 한 사마리아 여자가 물을 길으러 나왔다. 예수께서 그 여자에게 마실 물을 좀 달라고 말씀하셨다. 제자들은 먹을 것을 사러 동네에 들어가서, 그 자리에 없었다. 사마리아 여자가 예수께 말하였다. "선생님은 유대 사람인데, 어떻게 사마리아 여자인 나에게 물을 달라고 하십니까?"(유대 사람은 사마리아 사람과 상종하지 않기 때문이다.) 예수께서 그 여자에게 대답하셨다. "네가 하느님의 선물을 알고, 또 너에게 물을 달라는 사람이 누구인지를 알았더라면, 도리어 네가 그에게 청하였을 것이고, 그는 너에게 생수를 주었을 것이다." (요한 4:7~10)

여기서 예수가 사마리아 여인에게 "생수"를 주겠다고 말할 때, 그 물이 무엇을 뜻하는지는 분명하지 않습니다. 우물이 아닌 곳에 흐르는 물을 말하는 걸까요? 단순한 음용수보다 좋은 성분의 물을 뜻할까요? 믿음을, 혹은 성령(요한 7:39 참조)을 뜻하는 걸까요? 이 선물은 예수 자신일까요? 바로 뒤에 나오는 구절들을 읽으면 독자들은 다시 한번 혼란에 빠집니다.

> 예수께서 말씀하셨다. "이 물을 마시는 사람은 다시 목마를 것이다.
> 그러나 내가 주는 물을 마시는 사람은, 영원히 목마르지 아니할 것
> 이다. 내가 주는 물은, 그 사람 속에서, 영생에 이르게 하는 샘물이
> 될 것이다." (요한 4:13~14)

이 심상들은 단 하나의 의미로 번역되지 않으며, 우리는 각각의 의미
를 숙고하면서 저 심상 안에 머물러야 합니다. 그래야 깊은 이해에
다다를 수 있습니다. 요한은 이러한 심상들을 통해 독자들을 본문에
참여시키고 머무르게 하고 생각하게 합니다. 어쩌면, 예수는 여기서
"나는 ...이다" 공식을 다시 사용해 "나는 살아 있는 물이다"라고 말
할 수도 있었습니다. 어쩌면 그러한 공식을 만들어 보라고 요한이 우
리에게 영감을 주고 있는지도 모르지요. 실제로 사르데스의 주교 멜
리톤Melito of Sardis과 같은 초기 그리스도교 작가들은 이런 작업을 했습
니다. 이러한 은유에 대해 계속 생각하다 보면, 그 은유가 빚어내는
심상이 우리를 사로잡고 마침내 변화되는 경험을 할 수 있습니다. 이
요한복음의 말들은 강력한 힘을, 사람을 변화시키는 힘을 가지고 있
습니다. 교회의 역사가 이를 분명하게 보여 주고 있지요.

(5) 등장인물들과 놀기

요한복음은 등장인물들도 아주 효과적으로 다룹니다. 그렇기에

우리는 예수의 제자들뿐만 아니라, 예수를 만나는 다른 인물들, 즉 나타나엘과 니고데모, 사마리아 여인, 태어나면서부터 눈이 멀었던 사람, 라자로의 자매들, 빌라도와 막달라 마리아도 진지하게 살펴보아야 합니다. 우선 예수가 대화를 나눈다는 점에 주목하십시오. 예수는 그들에게 질문하고, 그들의 필요에 귀를 기울입니다. 신앙은 이런 식으로 인간과 인간의 만남을 통해 전달됩니다.

> 나타나엘이 그(필립보)에게 말하였다. "나자렛에서 무슨 선한 것이 나올 수 있겠소?" 필립보가 그에게 말하였다. "와서 보시오." 예수께서 나타나엘이 자기에게로 오는 것을 보시고, 그를 두고 말씀하셨다. "보아라, 저 사람이야말로 참으로 이스라엘 사람이다. 그에게는 거짓이 없다." 나타나엘이 예수께 물었다. "어떻게 나를 아십니까?" 예수께서 대답하셨다. "필립보가 너를 부르기 전에, 네가 무화과나무 아래에 있는 것을 내가 보았다." 나타나엘이 말하였다. "선생님, 선생님은 하느님의 아들이시요, 이스라엘의 왕이십니다." 예수께서 그에게 말씀하셨다. "네가 무화과나무 아래 있을 때에 내가 너를 보았다고 해서 믿느냐? 이것보다 더 큰 일을 네가 볼 것이다." (요한 1:46~50)

여기서 예수는 "네가 무화과나무 아래에 있는 것을 내가 보았다"고 말하고, 이 말에 놀란 나타나엘은 이전에 품었던 회의적인 생각을 버립니다. 부활 후 도마를 만났을 때 예수는 마치 그가 원하는 것을 알고 있다는 듯 "네 손가락을 이리 내밀어서 내 손을 만져 보고, 네 손을 내 옆구리에 넣어 보아라"고 말합니다. 이에 도마는 "나의 주님, 나의 하느님"이라고 고백합니다. 상처를 만질 필요가 없어졌던 것일 테지요. 후대에 포티나로 불렸던, 영리한 사마리아 여인의 질문도, 스스로 모든 것을 알고 있다 여기나 실상 아무것도 이해하지 못하는 학식 높은 교사 니고데모의 질문도 예수는 소화해 냅니다. 이렇게 많은 인물과 함께 독자들은 예수의 정체가 밝히 드러나는 여정을 따라가고, 때로는 등장인물과 자신을 동일시하기도 합니다. 요한복음이 독자들을 그곳으로 초대하기 때문입니다.

이 과정에서 요한은 다시금 섬세한 문학 기술을 발휘합니다. 서문을 통해 독자는 이미 예수가 육신을 입은 말씀이며 하느님의 외아들임을 알고 있습니다. 그러나 이야기 속 인물들은 이 진리를 모릅니다. 그들은 계속해서 오해하며 독자들은 이 모습을 지켜봅니다. 니고데모는 어리석게도 "사람이 늙었는데, 어떻게 그가 태어날 수 있겠습니까? 어머니 뱃속에 다시 들어갔다가 태어날 수야 없지 않습니까?"(요한 3:4)라고 예수에게 묻습니다. 사마리아 여인은 매일 물을 길으러 가는 수고에서 벗어나기 위해 예수에게 물을 달라고 구합니다. 하다못해 베드로도 마찬가지입니다.

시몬 베드로의 차례가 되었다. 이 때에 베드로가 예수께 말하였다. "주님, 주님께서 내 발을 씻기시렵니까?" 예수께서 그에게 대답하셨다. "내가 하는 일을 지금은 네가 알지 못하나, 나중에는 알게 될 것이다." 베드로가 다시 예수께 말하였다. "아닙니다. 내 발은 절대로 씻기지 못하십니다." 예수께서 그에게 말씀하셨다. "내가 너를 씻기지 아니하면, 너는 나와 상관이 없다." 그러자 시몬 베드로는 예수께 이렇게 말하였다. "주님, 내 발뿐만이 아니라, 손과 머리까지도 씻겨 주십시오." (요한 13:6~9)

이 장면에서 처음에 베드로는 자신의 '주님'이 발을 씻어 주기를 원하지 않았지만, 예수의 말을 듣자 아예 온몸을 씻어달라고 말합니다. 예수 곁에 머물며 많은 일을 함께 겪고 그의 가르침을 직접 들은 제자가 어떻게 이렇게 어리석은 요구를 할 수 있을까요? 요한복음은 왜 그를 이토록 어리석고 이해력이 부족한 사람처럼 묘사할까요?

어떤 학자들은 이 구절이 분파 성향이 있던 요한 공동체와 베드로로 대변되는 다수파 교회의 논쟁을 반영하고 있으며, 요한 공동체가 다수파 교회를 거부하는 것이라고 보기도 했습니다. 하지만 베드로가 어리석게 그려진다고 해서, 특정 인물들이 예수를 오해한다고 해서 이를 요한 공동체 외 다른 특정 집단을 가리킨다고 해석해서는 안 됩니다. 그보다는 독자들이 베드로, 니고데모, 사마리아 여인, 혹은 막달라 마리아보다 더 예수를 잘 이해하기를 바라는 요한의 마음이 반영된 것으로 읽어야 합니다. 그러한 면에서 이 인물들은 일종의 훈육 수단입니다. 독자인 우리는 이미 예수가 누구이며 무엇을 주는지 알고 있지만, 본문 속 등장인물들은 그렇지 못합니다. 이렇게 독자는 자신이 베드로나 다른 제자들보다 예수를 잘 이해하고 있음을 깨달음으로써 이 책을 계속 읽어나갈 동기를 얻을 뿐 아니라 제자들과 자신을 완전히 동일시하지 않게 됩니다. 독자가 '아, 내가 거기 예수와 함께 있었고 예수를 직접 볼 수 있었다면 더 쉽게 믿을 수 있었을 텐데!'라고 생각하는 유혹에 빠지지 않도록 돕는 것이지요. 요한은 부활 이후의 시대를 살아가는 우리가 역사적 예수의 시대를 살았던 제자들보다 더 나은 상황에 있다는 점을 분명히 하고자 합니다. 우리는 더는 예수를 눈으로 볼 수 없고, 손으로 만질 수 없습니다. 하지만 우리에게는 복음서의 증언이 있고, 성령이 우리를 가르칩니다. 그분이 우리가 성서를 이해하도록, 새로운 방식으로 예수가 우리와 함께 있음을 경험하게 해줍니다. 예수는 말했습니다.

> 내가 떠나가는 것이 너희에게 유익하다. 내가 떠나가지 않으면, 보혜사가 너희에게 오시지 않을 것이다. 그러나 내가 가면, 보혜사를 너희에게 보내 주겠다. (요한 16:7)

(6) 근원적인 관점

이로써 우리는 복음서를 전체로 읽는 눈을 갖게 되었습니다. 당연히, 요한복음은 예수의 이야기를 전하는 책입니다. 그러나 요한은 부활 이후, 예수의 생애를 회고하는 관점에서 그 이야기를 전합니다.

> 우리는 그의 영광을 보았다. (요한 1:14)

이전에는 많은 것을 이해하지 못했지만, 부활 이후 이해의 문이 열립니다. 부활 이후의 이해, 즉 부활 이후 시대 성서의 빛 아래, 그리고 성령의 도움으로 예수 이야기를 새롭게 성찰한 신학, 새롭게 열린 신학을 요한복음은 제시합니다. 이 신학은 다양한 인물의 입을 통해 표현됩니다. 이 복음서에서는 예수도 지상에서 활동하던 당시에 했으리라고는 상상할 수 없는 말을 합니다. 십자가와 부활 이전에 이미 그는 자신이 "세상을 이겼다"(요한 16:33)고 말합니다. 그리고 실제 사건이 일어나기도 전에 "이 세상의 통치자가 심판을 받"(요한 12:31, 16:11)습니다. 요한복음 17장에 나오는 고별 기도에서 예수는 아직 제자들과 함께 있음에도 불구하고 과거 시제로 말합니다.

> 나는 이제 더 이상 세상에 있지 않으나, 그들은 세상에 있습니다. 나는 아버지께로 갑니다. 거룩하신 아버지, 아버지께서 내게 주신 아버지의 이름으로 그들을 지켜주셔서, 우리가 하나인 것 같이, 그들도 하나가 되게 하여 주십시오. 내가 그들과 함께 지내는 동안은, 아버지께서 내게 주신 아버지의 이름으로 그들을 지키고 보호하였습니다. 그러므로 그들 가운데서는 한 사람도 잃지 않았습니다. 다만, 멸망의 자식만 잃은 것은 성경 말씀을 이루기 위함이었습니다. (요한 17:11~12)

이처럼 복음서는 십자가와 부활을 이미 실현된 것으로 표현합니다. 또한, 부활 사건에 근거해, 부활의 관점으로 우리가 어떻게 믿음에 이를 수 있는지에 관한 진리를 우리에게 소개합니다.

요한에게 가장 중요한 것은 예수의 죽음을 올바르게 이해하는 것이었습니다. 그래서 수난 이야기가 나오기 훨씬 전부터 요한복음에는 이 사건을 암시하고 이해를 돕는 많은 단서가 담겨 있습니다. 예수는 하느님의 어린양이며(요한 1:29), 광야의 뱀처럼 들어 올려져야 합니다(요한 3:14). 또한, 예수를 넘겨주기로 했던 유다와 예수를 죽이려 한 유대 당국의 지도자들에 관한 이야기가 있습니다. 예수 본인도 선한 목자는 자기 양들을 위해 목숨을 내놓는다고 하고(요한 10:11), 사람이 자기 친구를 위하여 목숨을 내놓는 것보다 더 큰 사랑은 없다고 하지요(요한 15:13).

복음서 저자가 처음 요한복음을 기록할 당시 곤경에 처한 요한 공동체는 예수의 수난과 죽음을 어떻게 이해해야 하는지 질문을 던졌을 것입니다. 이를 잘 보여 주는 대목이 고별 담화입니다. 여기서 우리는 예수가 떠나면서 자신이 고아가 된 것 같다며 슬픔에 빠진 (후대 공동체를 대변하는) 제자들을 발견합니다. 그들은 세상의 조롱 섞인 비웃음에 시달려야 했습니다. 하지만 이제 그들은 예수의 말을 통해 좋은 변호사처럼 그들을 곁에서 도울 보혜사, 성령을 약속받습니다. 그 성령은 진정한 죄가 불신앙(요한 16:9)임을 알려 주고, "의"(혹은 진리)는 예수가 사라진 게 아니라 아버지께로 간 것임을, 이것이 그가 우리 눈에 보이지 않는 이유임을 깨닫게 해줍니다(요한 16:10). 그래서 제자들이 예수의 부재와 보이지 않음에 괴로워할 때, 예수는 그들에게 말합니다. 자신은 하느님 곁에 있으면서 그들을 위해 중보하고,

그들을 도우며, 자신의 대리인인 보혜사 성령을 보내리라고. 성령은 지상에서 그들과 함께 있으며 예수가 걸은 길의 진정한 의미를 이해하도록 도우리라고 말이지요. 요한은 시종일관 예수의 죽음이 인간의 음모로 인한 것이 아니라, 하느님의 뜻, 자신의 사명에 뿌리를 두고 있다고 힘주어 말합니다. 예수는 자유로운 순종으로 십자가를 졌습니다. 그러한 면에서 십자가는 실패가 아니라 승리이며, 끝이 아니라 새로운 시작입니다.

(7) 수난 이야기를 통해 보는 법을 배우기

요한복음은 수난 이야기를 통해 더 깊은 의미를 향해 가도록 독자를 독려합니다. 애초에 그런 의도로 이 책이 기록되었으니 말이지요. 물론 예수의 수난은 끔찍한 처형입니다. 그는 극도의 불명예를 안고 벌거벗은 채 죽음을 맞이했습니다. 하지만 본디오 빌라도와의 대화 중에 예수는 자신이 왕이라고 말합니다.

> 예수께서 대답하셨다. "내 나라는 이 세상에 속한 것이 아니오. 나의 나라가 세상에 속한 것이라면, 나의 부하들이 싸워서, 나를 유대 사람들의 손에 넘어가지 않게 하였을 것이오. 그러나 사실로 내 나라는 이 세상에 속한 것이 아니오."
>
> 빌라도가 예수께 물었다. "그러면 당신은 왕이오?" 예수께서 대답하셨다. "당신이 말한 대로 나는 왕이오. 나는 진리를 증언하기 위하여 태어났으며, 진리를 증언하기 위하여 세상에 왔소. 진리에 속한

사람은, 누구나 내가 하는 말을 듣소." (요한 18:36~37)

비록 로마 황제와 같은 왕위가 아닌, 다른 차원에 있는 왕국과 그 통치를 가리키는 것이지만 예수는 왕입니다. 앞장에서 살펴보았듯 요한의 수난 이야기는 왕위 즉위식으로 읽을 수 있는 요소들을 포함하고 있습니다. 비록 가시관이기는 하나 예수는 왕관을 씁니다. 비록 "만세"라는 외침이 아니라 "십자가에 못 박으시오"라는 외침이기는 하지만, 하여간 사람들은 그에게 경의를 표합니다. 그는 "유대인의 왕"이라는 호칭을 받고, 마지막 부분에서는 이 말이 히브리어와 그리스어, 라틴어로, 즉 당시 세계를 아우르는 언어들로 선언됩니다. 그렇기에 이 비극적이고 잔인한 사건을 찬찬히 들여다보면 우리는 표면 너머의 의미, 진정한 의미를 발견할 수 있습니다(일종의 아이러니라 할 수 있습니다). 달리 말해 우리는 여러 인간의 행위 뒤에서는 진정한 왕의 즉위식이 진행되고 있음을, 그의 말을 듣는 이들을 다스리는 이가 왕으로 등극하고 있음을, 또한 이제 하느님 나라의 통치가 시작되었음을, 예수에 의해 그것이 나타났음을 깨닫게 됩니다. 우리는 이 점을 깨우쳐야 합니다. 요한복음에만 기록된 예수의 마지막 말에서 이를 엿볼 수 있습니다. 예수는 말합니다.

다 이루었다. (요한 19:39)

이는 하느님이 예수를 버리셨다는 것에 대한 탄식이 아니라, 승리의 외침입니다.

예수의 마지막 말은 구약성서 창조 이야기의 마지막 부분을 가져
온 것입니다.

> 하느님은 하늘과 땅과 그 가운데 있는 모든 것을 다 이루셨다. (창세
> 2:1)

이 말은 하느님이 일곱째 날에 안식하셨을 때 등장한 표현이지요.

이제 예수의 이야기는 새로운 창조의 이야기로, 인류를 새롭게 창
조하는 하느님의 활동으로 해석됩니다. 예수는 십자가에서 이것이
이루어졌다고 선언합니다. 그리스도 안에서의 생명과 삶, 그의 죽음
과 부활을 통한 생명과 삶, 영원한 생명, 이것이 우리 생명, 우리 삶
의 유일하고 참된 기초입니다.

⑻ 나중에 태어날 사람들을 위한 특별한 대우

부활 이야기의 마지막 부분에 나오는 도마라는 인물을 통해 요한
은 마지막으로 또 하나의 관점을 소개합니다.

> 열두 제자 가운데 하나로서 쌍둥이라고 불리는 도마는, 예수께서 오
> 셨을 때에 그들과 함께 있지 않았다. 다른 제자들이 그에게 "우리는
> 주님을 보았소" 하고 말하였으나, 도마는 그들에게 "나는 내 눈으로
> 그의 손에 있는 못자국을 보고, 내 손가락을 그 못자국에 넣어 보고,

또 내 손을 그의 옆구리에 넣어 보지 않고서는 믿지 못하겠소!" 하고 말하였다. 여드레 뒤에 제자들이 다시 집 안에 모여 있었는데 도마도 함께 있었다. 문이 잠겨 있었으나, 예수께서 와서 그들 가운데로 들어서서서 "너희에게 평화가 있기를!" 하고 인사말을 하셨다. 그리고 나서 도마에게 말씀하셨다. "네 손가락을 이리 내밀어서 내 손을 만져 보고, 네 손을 내 옆구리에 넣어 보아라. 그래서 의심을 떨쳐버리고 믿음을 가져라." 도마가 예수께 대답하기를 "나의 주님, 나의 하느님!" 하니, 예수께서 도마에게 말씀하셨다. "너는 나를 보았기 때문에 믿느냐? 나를 보지 않고도 믿는 사람은 복이 있다."(요한 20:24~29)

이 이야기에서 도마는 제자들이 모인 곳에 늦게 도착했고, 그래서 다른 이들이 부활한 주님을 만났을 때 그 자리에 없었습니다. 부활한 예수는 도마를 따로 만나고, 그를 특별하게 대우합니다. 이 이야기는 사람은 자신이 보고 파악한 것만 믿을 수 있다는 이야기가 아닙니다. 앞서 살펴보았듯 도마는 불가지론자가 아니며 전형적인 회의론자도 아닙니다. 그런 식으로 책망을 받지도 않습니다. 대신, 우리는 예수가 그의 의심을 알고, 그 의심을 온전히 받아들이고, 사목적인 방식으로 반응하는 모습을 봅니다. 도마는 늦게 온 이들의 대표자, 시간이 흘러 더는 예수를 눈으로 볼 수 없고, 손으로 만질 수도 없지만, 여전히 믿기로 결심한 이들의 대표자입니다. 그리고 예수는 그를 축복합니다.

나를 보지 않고도 믿는 사람은 복이 있다. (요한 20:29)

이 말은 분명 후대의 독자들에게 건네는 말입니다. 이 복음서는 부활 이후의 시대, 즉 나중에 태어난 이들, 우리가 속한 시대의 사람들도 예수에 대한 믿음에 이를 수 있도록 기록되었습니다. 요한복음을 읽는 행위를 통해 그 신앙은 전수됩니다.

4. 요한복음을 세 가지 차원에서 읽기

앞서 했던 질문을 다시 가져와 보겠습니다. 오늘날 우리는 어떻게 요한복음을 해석할 수 있으며, 어떻게 해석해야만 할까요? 저는 세 가지 차원을 강조하고 싶습니다.

우선 요한복음은 세계 문학에서 중요한 위치를 점하고 있는 문헌임을 강조하고 싶습니다. 1장 1절의 시작은 그리스어로 번역된 구약성서의 시작을 능가합니다. "태초에 하느님이 천지를 창조하셨다"는 말은 이제 "태초에 '말씀'이 계셨다"는 말로 변모되며, 이는 1장 3절에서 언급한 창조 이전의 시작을 가리킵니다. 또한, 요한복음은 책을 읽고, 책을 사랑하는 이들을 위한 책입니다. 이 복음서는 "예수께서 하신 일은 이 밖에도 많이 있어서, 그것을 낱낱이 기록한다면, 이 세상이라도 그 기록한 책들을 다 담아 두기에 부족할 것"이라는 말로 끝을 맺습니다. 요한복음은 책의 세계 속에서 기록된 책입니다. 요한복음이 기록되던 그 시기 에페소에 유명한 켈수스 도서관이 들어섰던 것은 우연이 아닙니다. 요한복음은 교회뿐 아니라, 그 울타리 너머까지, 세계 문학에까지 커다란 영감을 주었습니다. 중세 독일 최초의 시인인 오프리트 폰 바이센부르크Otfrid von Weissenburg, 러시아 작가 표도르 도스토예프스키Fjodor Dostojewskij의 유명한 소설들, 요한복음의 서문과 로고스에 대해 언급한 괴테의 『파우스트』는 그 대표적인 예입니다. 독일 문학이나 러시아 문학, 영미권 문학에 관심이 있는 사람이 성서와 그 전통, 그리고 그 중심에 있는 요한복음을 알지 못하면 그 문학을 제대로 공부할 수 없습니다. 이는 요한복음이 교회에서 쓰인 것, 읽힌 것 이상으로, 인류 문화와 사회에 광범위한 영향을 미쳤음을 보여 줍니다.

둘째, 요한복음은 다른 모든 정경 복음서와 마찬가지로, 그리스도교 교회의 기본이 되는 책입니다. 요한복음은 그리스도의 선교와 죽음, 부활의 이야기를 전합니다. 그렇기에 이 책을 읽고, 해석하고, 묵상하는 가운데 그리스도께서는 우리와 함께하십니다. 성령이 독자인 우리를 가르치고 우리 안에서 신앙이 창조됩니다. 성서 없이 그리스도의 교회는 존재할 수 없으며, 교회가 성서를 무시한다면 교회는 죽음을 맞이할 수밖에 없습니다. 더는 교회라 할 수도 없겠지요. 현대 성서학 연구는 서사와 상징 언어가 의사소통을 할 때 매우 효과적임을 보여 줌으로써 요한복음이 지닌 힘을 이해하는 데 도움을 주었습니다.

세 번째 차원은 요한복음이 인격적이고 영적인 본문이라는 점입니다. 이 복음서는 독자를 향해 복음을 선포하고, 독자가 예수와 만나도록 이끕니다. 정교회의 성화처럼, 요한의 예수는 실제로 독자의 눈앞에 나타나, 독자를 바라보며, "나는 ...이다"라고 말합니다. 요한복음에는 예수와 독자가 관계를 맺도록 이끄는 힘, 신앙이 생겨나게 하는 힘이 있습니다. 특정 가르침이나 교리에 동의하는 믿음뿐 아니라, 그리스도와 새로 태어난 이들의 관계를 가능하게 하는 믿음 말이지요. 이 책을 읽기 시작한 이들, 이 이야기 속에, 이 책의 상징 속에서 살기 시작한 이들은 생명이 주는 힘을 선물로 받게 될 테고, 삶에서 이를 느끼게 될 것입니다. 요한복음은 진실로 그것을 받아 마시는 사람들을 변화시키고 현재의 삶에 생명력을 주는, 그들을 영원한 생명으로 이끄는 샘물의 원천입니다.

예수께서 말씀하셨다. "이 물을 마시는 사람은 다시 목마를 것이다. 그러나 내가 주는 물을 마시는 사람은, 영원히 목마르지 아니할 것이다. 내가 주는 물은, 그 사람 속에서, 영생에 이르게 하는 샘물이 될 것이다." (요한 4:13~14)

이 책은 요한복음을 평생 연구해 온 외르크 프라이 교수가 2023년 10월 세르비아에 있는 베오그라드 대학교 신학부의 초대를 받아 강연한 내용을 바탕으로 쓰였다. 옮긴이의 말을 쓸 때면 번역한 책의 내용을 중심으로 일종의 간략한 해설을 썼지만, 여기서는 외르크 프라이라는 이름이 다소 생소할 수 있는 한국 독자들을 위해 그에 대한 소개를 중심으로 글을 쓰려한다.[1]

외르크 프라이는 독일의 루터교 배경을 가진 개신교 신약학자이다. 튀빙겐 신학교에서 15년간 학사와 박사, 박사 후 과정을 밟으며 공부했다. 박사 학위를 마친 뒤엔 독일의 예나 대학교와 뮌헨 대학교, 스위스의 취리히 대학교에서 교수로 일하며 제2 성전기 유대교 문서와 그리스-로마 문헌, 신약성서와 초기 그리스도교 문서들을 망

---

1 프라이 본인이 자신의 신학 여정에 관해 쓴 다음 두 편의 글을 참조했다. Jörg Frey, 'My Journey with John: An Introduction to the Present Collection', *Glory of the Crucified One* (Waco, Tx: Baylor University Press, 2018). Jörg Frey, 'Eine persönliche Zwischenbilanz: Mein Weg vom Lesen des Neuen Testaments zur Neutestamentlichen Wissenschaft', *Von Jesus zur neutestamentlichen Theologie* (Tübingen: Mohr Siebeck, 2016).

라하여 연구해 왔다. 2001년부터는 신약학계에서 가장 높은 권위를 가진 단행본 시리즈인 WUNT Wissenschaftliche Untersuchungen zum Neuen Testament의 편집장으로 일하고 있으며, 독일어권에서 가장 영향력 있는 성서 주석 시리즈인 EKK Evangelisch-Katholischer Kommentar의 요한복음 주석을 집필하고 있다. 2018년에는 신약학 분야에서 빛나는 업적을 남겼거나 중요한 연구를 수행한 학자들을 초청하는 예일대학교 신학대학원의 쉐퍼 강의 시리즈Shaffer Lecture Series의 강연자로 나섰고, 해당 강연은 『요한복음의 신학과 역사』Theology and History in the Fourth Gospel(새물결플러스)로 출간되었다. 2024년에는 신약성서와 고대 유대교에 대한 그간의 학문 업적과 공로를 인정받아 스웨덴 웁살라 대학교에서 명예박사 학위를 받았다.

프라이는 남부 독일 슈바벤 지역의 경건주의 영향을 받아 루터교회의 목사가 되기 위해 1983년 튀빙겐 대학교 개신교 신학부에 입학했다. 당시 튀빙겐 대학교 신학부에는 훗날 그의 지도교수이자 제2성전기 및 헬레니즘 시대 연구에 커다란 족적을 남긴 마르틴 헹엘Martin Hegel뿐 아니라 피터 슈툴마허Peter Stuhlmacher, 하르뭇 게제Hartmut Gese, 에버하르트 융엘Eberhard Jüngel, 위르겐 몰트만Jürgen Moltmann 등이 교수로 활동하고 있었다. 교회의 목사로 섬기기 위해서는 철저하게 지적 훈련을 받아야 한다고 생각했기에, 학부 시절 프라이는 튀빙겐 강의실의 지적인 자극들을 즐기며 성서학뿐 아니라 조직신학과 교회사를 두루 공부하였다.

목사가 되려던 그의 계획이 틀어진 것은 은사였던 마르틴 헹엘의 영향 때문이다. 프라이는 학부 2학년 때 수강한 요한복음 수업에서 '요한복음 고별 담화의 문학적, 신학적 통일성'The Literary and Theological Unity of the Johannine Farewell Discourses이라는 글을 발표했는데, 헹엘은 이 글을 높게 평가했고 그에게 학생 조교student assistant 자리를 제안했다. 그날 이후 프라이는 헹엘의 폭넓은 연구들에 조금씩 참여하게 되었다. 특히 헹엘은 매월 둘째 주 화요일 저녁 8시부터 자정까지 제자들을 모아 세미나를 열었는데, 이를 통해 뛰어난 선배 연구자들과 교류하면서 신약성서뿐만 아니라 헬레니즘 유대교와 그리스-로마 문화에서 나온 여러 문서들(에녹서, 요세푸스와 필론, 쿰란문서, 이레네우스를 중심으로한 교부문헌, 랍비문헌 등)에 대해 두루 살필 수 있었다. 헹엘은 언제나 학생들에게 "신약성서만 아는 사람은 신약성서에 대해 아무것도 알 수 없다"라고 당부했고, 프라이는 이를 자기 신조로 삼았다.

1988년, 프라이가 학부 졸업 시험을 마친 날, 헹엘은 전화를 걸어와 그에게 박사 과정에 진학할 것을 권했고 심지어 박사 논문의 주제도 미리 제시해 주었다. 헹엘은 프라이에게 요한복음의 종말론을 연구해 보라고 했다. 헹엘에게 종말론은 요한복음 연구에서 불트만 학파의 그림자를 제거하기 위한 핵심 문제였기 때문이다. 프라이는 스승의 권유를 받아들여 박사 과정을 시작했고 해당 주제에 대한 연구를 시작했다. 요한복음의 종말론은 예상보다 훨씬 더 크고 복잡한 주제여서 프라이는 이 논문을 마치는데 무려 9년(1988~98년)의 시간을 들여야만 했다(이후 이 논문은 WUNT 시리즈에서 3권의 책으로 출간되었다). 논문의 방대함을 보고 헹엘은 연구사 부분만을 따로 빼서 박사 논문으로 인정해 주었고, 나머지 두 권(II. 그리스어 시제에 대한 언어학적 이해 및 시간에 대한 논의, III. 요한복음 및 요한서신의 종말론 해석)을 묶어 하빌리타치온(교수자격논문)으로 인정해 주었다. 이렇게 튀빙겐 대학교에서 15년 간의 신학 교육을 받고 나서야 프라이는 학자로 세상에 나올 수 있었다.

프라이가 발표한 요한복음 종말론 연구는 당시 학계에 큰 반향을 일으켰고 이후 해당 주제를 연구하는 학자들은 누구나 그의 책을 주요 대화 상대로 삼을 수밖에 없게 되었다. 울리히 루츠Ulrich Luz는 프라이의 책을 읽고 나서 독일어권의 저명한 성서주석 시리즈인 EKK의 요한복음 주석을 집필해달라고 부탁했으며, 예나 대학교는 그에게 교수 자리를 제안했다. 프라이는 이 제안을 받아들여 예나 대학교에서 학생들을 가르쳤고, 이후 뮌헨 대학교에서 10여 년간 교수로 활동했으며, 2010년부터는 취리히 대학교에서 초기 유대교 및 신약성서를 연구하며 가르치고 있다.

세계 성서학계에는 언젠가부터 작고 세분화된 주제만을 다루는 전문가들이 늘어나고 있고, 해당 주제의 주요 문헌, 문서가 아닌 다른 문서를 연구하거나 상이한 비평양식을 사용하는 학자들과 대화를 나누는 일은 사라지고 있다. 프라이는 학계의 이러한 상황에 몇 남지 않은 '대가'형 학자다. 교수로서 신약성서 여러 분야를 강의하면서부터, 또한 WUNT 시리즈의 책임 편집자로 일하면서부터 그의 연구 관심사는 더욱 깊고 넓어졌다. 요한 문헌을 30년 이상 연구해 온 전문

가이지만, 그의 연구 관심사는 요한 문헌을 넘어 역사적 예수와 바울 서신, 공동 서신, 요한계시록 등 신약성서의 다른 문서들과 사해 사본, 초기 유대교 문헌, 교부 문헌, 영지주의 문헌과 외경 등의 초기 그리스도교 문헌을 망라하며 실제 해당 분야들에 많은 논문과 학술서를 집필한 바 있다.

하지만 이러한 신약 전반에 걸친 관심에도 불구하고 프라이가 늘 가장 가까이 두고 씨름하는 문헌은 요한복음이다. 그에 따르면 요한복음은 신약성서 신학의 정점이다.[2] 물론 그렇다고 해서 다른 성서 본문들의 가치를 폄훼하는 것은 아니다. 하지만 프라이는 신약성서를 이루는 다양한 신학 전통 가운데 요한 신학이 매우 독특하고 중요한 자리를 차지하고 있으며, 요한 문헌, 특히 요한복음이 후대의 신학 논의와 그리스도교 교리 형성에 결정적인 영향을 미쳤다고 본다. 요한이 제시한 고그리스도론은 초기 그리스도교의 신학 사고와 교리, 특히 삼위일체 교리 및 예수의 신성, 인성에 대한 교리 형성에 결정적인 역할을 했다. 요한이 사용한 이원론의 언어들은 이 복음서의 신학적, 문학적 정교함을 보여 주며, 요한이 하느님을 표현하며 사용한 여러 은유와 상징은 이후 그리스도교 독자들에게 하느님이 어떤 분인지 보다 풍성한 이해를 돕는 언어를 제공했다.

이 책, 『요한복음과 만나다』는 신약성서와 그리스도교의 교리, 인

---

2 다음을 참조하라. Jörg Frey, 'Johannine Theology as the Climax of New Testament Theology', *Glory of the Crucified One*.

류의 사상사와 문화사에서 중요한 위치를 차지하는 요한복음을 소개하는 입문서다. 입문서의 성격에 맞게, 프라이는 요한복음의 구조나 구성, 문체뿐 아니라 저자 및 저작 환경 등 기본적이면서도 핵심적인 문제들을 다룬다. 그뿐만 아니라, 계몽주의 이후 시기, 즉 19세기와 20세기의 학자들이 이 복음서를 어떻게 연구해 왔는지에 대한 간략한 역사를 제공하고 최신의 연구 동향에 대해 설명하기도 한다.

무엇보다도 이 입문서가 빛나는 지점은 요한 신학의 여러 측면을 다룬 후반부다. 복음서의 신학적 해석에 관심이 많은 프라이는 요한이 그려낸 예수의 죽음과 부활, 예수의 신성이 당시 시대 상황에서 얼마나 대담한 해석이었는지, 또한 요한의 신학적 해석이 그가 풀어낸 이야기와 얼마나 정교하게 연결되어 있는지 설명한다. 프라이에 따르면, 예수의 정체에 대해 논하는 요한복음의 모든 이야기는 "하느님은 어떤 분인가?"라는 질문에 대한 답이다. 요한은 하느님의 참된 계시가 그리스도라는 인물을 통해, 역사 속에서 드러났다고 확신하기에 예수의 일대기뿐 아니라 우리를 둘러싼 현실, 삶의 이유와 목적을 이 기준 아래 평가했다. 이 믿음에 기대어, 성령의 인도를 받은 눈으로 과거, 현재, 미래를 아우르는 그림을 제시했다는 점에서 요한복음은 거대한 신학적 건축물이며 이후 모든 신학적 건축물에 영향을 미쳤다. 그리스도교 신앙을 진지하게 받아들인 이든, 교양의 차원에서 그리스도교를 살피려는 이든, 그리스도교라는 거대한 세계를 순례하고자 하는 이는 이 건축물을 지나칠 수 없다. 그리고 『요한복음과 만나다』는 이 건축물의 특징과 매력을 잘 보여 주는 안내도다.

박사 과정 학생으로서 지도교수님의 책을 한국에 번역 출간하게 된 것을 커다란 기쁨으로 여긴다. 특히 『요한복음과 만나다』는 기존에 외국에서 출간되었던 책을 번역한 것이 아니라, 미출간된 원고를 한국어로 번역하고 편집해, 세계 최초로 한국에서 선보이는 책이기에 그 의미가 남다르다. 이 책은 추후 영어판과 독어판, 헝가리어판, 세르비아어판 등으로 출간될 예정이다. 이 얇지만 단단한 책을 통해 독자들이 수십 년간 한 책을 연구해 온 거인의 어깨에 올라서서, 그리스도교와 인류의 역사에 짙은 흔적을 남겼고, 또 남길 요한복음의 지평을 보다 넓고 깊게 이해하게 되기를 바란다.

2024년 9월
취리히 슈테파,
프라이 교수님의 포도밭에서
김경민

더 읽을거리

외르크 프라이의 저술들

· Jörg Frey, The Glory of the Crucified One. Christology and Theology in the Gospel of John (Waco, Texas: Baylor University Press, 2018)

· Jörg Frey, Theology and History in the Fourth Gospel: Tradition and Narration (Waco, Texas: Baylor University Press, 2018) 『요한복음의 신학과 역사』(새물결플러스)

· Jörg Frey, Vom Ende zum Anfang. Studien zum Johannesevangelium (Tübingen: Mohr Siebeck, 2022).

주석

· Francis J. Moloney, John (Sacra Pagina 4) (Collegeville, MN: The Liturgical Press, 1998) 『말씀을 믿다』 (대한기독교서회)

· Hartwig Thyen, Das Johannesevangelium (HNT) (Tübingen: Mohr Siebeck, 2005)

· Marianne Meye Thompson, John: A Commentary (NTL) (London: Bloomsbury T&T Clark, 2015)

· Jean Zumstein, Das Johannesevangelium (KEK 2) (Göttingen: Vandenhoeck & Ruprecht, 2016)

· Johannes Beutler, A Commentary on the Gospel of John (Grand Rapids, MI: Eerdmans, 2017)

· David F. Ford, The Gospel of John: A Theological Commentary (Grand Rapids, MI: Baker Academic, 2021)

단행본

- Udo Schnelle, Antidocetic Christology in the Gospel of John : an investigation of the place of the fourth Gospel in the Johannine school (Minneapolis: Fortress Press, 1992)

- Mark Stibbe, John as Storyteller: Narrative Criticism and the Fourth Gospel (SNTS Monograph Series 73) (Cambridge: Cambridge University Press, 1992)

- Craig R. Koester, Symbolism in the Fourth Gospel: Meaning, Mystery, Community (Minneapolis: Fortress Press, 2003)

- Jean Zumstein, Kreative Erinnerung: Relecture und Auslegung im Johannesevangelium (AThANT 84) (Zürich: Theologischer Verlag Zürich, 2004)

- Richard Bauckham, Gospel of Glory: Major Themes in Johannine Theology (Grand Rapids, MI: Eerdmans, 2015) 『요한복음 새롭게 보기』(새물결플러스)

- Harold W. Attridge, History, Theology, and Narrative Rhetoric in the Fourth Gospel (Milwaukee, WI: Marquette University Press, 2019) 『요한복음 강연』(감은사)

- Jan G. van der Watt, A Grammar of the Ethics of John: Reading John from an Ethical Perspective, vol. 1, WUNT 431 (Tübingen: Mohr Siebeck, 2019)

- Klaus Scholtissek, Textwelt und Theologie des Johannesevangelium (Tübingen: Mohr Siebeck, 2021)

요한복음과 만나다

- 신약성서 신학의 정점, 그리스도교 신학의 원천

초판 발행 │ 2024년 10월 4일

지은이 │ 외르크 프라이
옮긴이 │ 김경민

발행처 │ ㈜룩스문디
발행인 │ 이민애
편　집 │ 민경찬 · 정다운
검　토 │ 손승우 · 홍동우
제　작 │ 김진식
디자인 │ 민경찬 · 손승우

출판등록 │ 2024년 9월 3일 제301-2024-000093호
주　소 │ 서울특별시 중구 세종대로19길 16 1층 001호
주문전화 │ 010-3320-2468
이메일 │ luxmundi0901@gmail.com(주문 관련)
　　　　　viapublisher@gmail.com(편집 관련)

ISBN │ 979-11-989272-1-7 (03230)
한국어판 저작권 ⓒ 2024 ㈜룩스문디